# CNMC

## 融合10年 笃行致远

# 2023中国新媒体大会
### CHINA NEW MEDIA CONFERENCE

中国记协新媒体专业委员会
湖南省新闻工作者协会 编

学习出版社

**图书在版编目（CIP）数据**

2023中国新媒体大会 / 中国记协新媒体专业委员会，湖南省新闻工作者协会编. -- 北京：学习出版社，2024.3

ISBN 978-7-5147-1242-1

Ⅰ．①2… Ⅱ．①中… ②湖… Ⅲ．①传播媒介－发展－中国－文集 Ⅳ．①G219.2-53

中国国家版本馆CIP数据核字（2023）第230097号

## 2023中国新媒体大会
2023 ZHONGGUO XINMEITI DAHUI

中国记协新媒体专业委员会
湖南省新闻工作者协会 编

责任编辑：宋　飞
技术编辑：刘　硕
装帧设计：映　谷

出版发行：学习出版社
　　　　　北京市崇外大街11号新成文化大厦B座11层（100062）
　　　　　010-66063020　010-66061634　010-66061646
网　　址：http://www.xuexiph.cn
经　　销：新华书店
印　　刷：旭辉印务（天津）有限公司

开　　本：710毫米×1000毫米　1/16
印　　张：29
字　　数：389千字
版次印次：2024年3月第1版　2024年3月第1次印刷

书　　号：ISBN 978-7-5147-1242-1
定　　价：91.00元

如有印装错误请与本社联系调换，电话：010-67081356

# 融合十年　笃行致远
# 2023 中国新媒体大会在长沙举办

7月12日至13日，2023中国新媒体大会在湖南长沙举办。会议深入贯彻落实习近平总书记关于"加快传统媒体和新兴媒体融合发展"重要指示精神，全面展示10年发展成效，系统总结实践经验，共话共商媒体深度融合发展。

党中央高度重视新闻舆论工作，重视媒体融合发展。中央政治局委员、中央书记处书记、中央宣传部部长李书磊出席大会开幕式并发表主旨演讲，深情传递党中央、习近平总书记对广大新闻工作者的亲切关怀和殷切期望，深刻总结10年来媒体融合发展取得的成绩、积累的经验，深入阐述媒体融合发展面临的形势任务和下一步工作重点，强调要把握方向导向，巩固壮大主流思想舆论；推进深度融合，加快建设全媒体传播体系；坚持综合治理，持续营造良好网络生态；加强队伍建设，不断激发人才创新活力；凝聚发展合力，形成齐抓共促生动格局。湖南省委书记沈晓明、中国记协主席何平出席大会开幕式并致辞，中央宣传部副部长、国务院新闻办主任孙业礼，湖南省委副书记、省长毛伟明，中央网信办副主任牛一兵，国家广播电视总局副局长杨小伟等同志出席。中国记协党组书记、副主席刘思扬，湖南省委常委、省委宣传部部长杨浩东分别主持开幕式和主题发言环节。

大会议题设置丰富，聚焦融合趋势，回应业界关切。围绕"融合十年　笃行致远"主题，设置 11 场活动，包括 1 场开幕式暨主论坛，内容创新论坛、国际传播论坛、社会责任论坛、技术应用论坛、"媒体＋"论坛、省级融媒创新论坛等 6 场平行论坛，"马栏山时间"文创活动、2023 中国新媒体技术展、中国记协新媒体专业委员会年度工作会、"强'四力'　促深融"专题培训班等 4 场主题活动，其中，"媒体＋"论坛、省级融媒创新论坛为首次开设。此外，启动"新时代新征程新伟业"融创精品、新媒体工作室优秀案例、2023 中国新媒体联合公益行动暨优秀案例征集展示活动，举办"媒体＋"创新案例库、2023"融媒有技"优秀案例库上线仪式，成立省级融媒协作圈，发布新时代国际传播"马栏山倡议"。

业界积极参与，深度研讨交流。本届大会由中央宣传部指导，中国记协、湖南省人民政府主办。中央和地方有关部门、新闻单位负责人，新闻院校、研究机构专家学者，互联网技术公司、商业传播平台代表等 800 余名嘉宾报名参加，比上届增加 60%。人民日报社副总编辑徐立京、新华社副社长刘健、中央广播电视总台副台长胡劲军、上海交通大学党委书记杨振斌等中央新闻单位和高校负责人，新华日报、上海报业、湖南广电、四川广电、澎湃新闻、重庆华龙网、贵州多彩新媒体公司、浙江安吉融媒体中心等媒体代表，"侠客岛"工作室、张扬工作室、小彭工作室等新媒体工作室代表，中国人民大学、中国传媒大学等新闻学院专家学者，东方航空、中国中车、三一集团等企业宣传部门负责人，腾讯、微博、抖音、B 站等商业传播平台负责人致辞演讲，多视角、立体化展示媒体融合发展成效、经验启示，深入研讨媒体融合高质量发展的形势任务、思路举措。

　　大会舆论氛围浓厚，实现破圈传播。中国记协"一网双微"连续推出多期大会宣传信息，中国记协新媒体专业委员会联合成员单位创作一系列联名海报、短视频、H5、长图，在自有平台以及各商业平台重点推送，同频共振、形成热潮。长沙市内公交地铁移动电视、主城区户外电子显示屏，以及机场、高铁、主城区道路两侧持续播放展示大会信息，长沙"一江两岸"城市景观刊播主题灯光秀，营造浓厚热烈氛围。大会召开后，人民日报刊发2个整版对大会进行特别报道，新华社播发大会开幕式新闻通稿及综述文章，中央电视台《新闻联播》播发大会消息，"学习强国"学习平台开设"2023中国新媒体大会"专题。截至7月13日，有关报道全网传播总点击量超12亿次，百度"2023中国新媒体大会"词条搜索结果超2400万条，新浪微博大会有关话题阅读量超1.4亿。

　　中国新媒体大会自2018年起举办，至今成功举办5届，着力打造内容精品的创作盛典、人才建设的交流窗口、融合发展的合作渠道、社会责任的联动矩阵，已成为团结引领新媒体及其从业人员、推动媒体深度融合发展的全国性权威平台和年度行业盛会。

# 2023 中国新媒体大会

# 目 录 CONTENTS

◆ **开幕式暨主论坛**

◆ **内容创新论坛**

# ◆ 国际传播论坛

## 领导致辞

## 主题演讲

# ◆ 媒体 + 专题论坛

# ◆ 省级融媒创新论坛

## 马栏山时间文创活动

### 领导致辞

### 园区推介

### 主题演讲

## ◆ 媒体报道

# 2023中国新媒体大会

CHINA NEW MEDIA CONFERENCE

## 开幕式暨主论坛

# 牢记总书记嘱托
# 加快构建湖南媒体融合新格局

**沈晓明**

　　推动媒体融合发展，是以习近平同志为核心的党中央作出的一项重大决策部署，中共中央政治局委员、中宣部部长李书磊同志发表的主旨演讲，为我们深入学习贯彻习近平总书记关于推动媒体融合发展的重要论述精神，做大做强新型主流媒体指明了努力方向。2023 年是习近平总书记提出媒体融合发展理念 10 周年，10 年来，湖南坚持导向为魂、移动为先、内容为王、创新为要，积极探索媒体融合发展路径，加快建立媒体融合传播矩阵，新湖南、芒果 TV、风芒、时刻新闻等新媒体平台的引领力、传播力和影响力进一步提升。习近平总书记视察过的马栏山视频文创产业园，朝着具有全球影响力的数字视频产业链基地和媒体融合新地标目标迈出了坚实的步伐，长沙也被联合国教科文组织授予"媒体艺术之都"称号。伴随新一代信息技术蓬勃发展，媒体格局、舆论生态、受众对象、传播技术，正在发生广泛而深刻的变化。湖南将以此次大会为新的起点，主动试变、应变、求变，加快构建融为一体、合而为一的全媒体传播格局。一是在壮大主流媒体上彰显新担当，把加强内容创新摆到突出位置，全面准确宣传好党的创新理论和党中央的决策部署，充分反映湖南牢记习近平总书记殷殷嘱托，落实"三高四新"美好蓝图的生动实践，推出各类受众群体，特别是广大青年喜闻乐见的全媒体内容，唱响主流舆论的湖南好声音，让正能量拥有大流量。二是在推动技术变革上力求新突破，坚持以技术创新，引领媒体变革，将5G、大数据、云计算、人工智能等技术，充分运用到信息采集、生产、传播、反馈等各环节，推动媒体形态、传播方式加快迭代升级。三是在促进融合发展上探索新经验，推进体制机制改革创新和流程优化、平台再造，有效整合各类媒体资源、生产要素，催化融合质变，加快推动传统媒体与新兴媒体由简单相加，向全面相融转变。四是在做强实体产业上展现新作为，以马栏山视频文创产业园为龙头，加快文化创意产业发展，助力长沙建设全球研发中心城市，为全国文化创意产业发展贡献力量。

（作者为中共湖南省委书记）

▶▶

# 融合十年，我们再出发

**何 平**

本次大会的主题是："融合十年　笃行致远。"

此时，当我们在这里回顾 10 年来媒体融合发展的实践探索、进展成效与经验启示时，我不由得想起这样一句话：理念引领行动、方向决定出路。

我们都感同身受：正是由于党的十八大以来，习近平总书记基于对媒体格局、舆论生态、传播趋势的深刻洞察、准确把握，高瞻远瞩、审时度势作出这一战略谋划，才有了如今媒体融合百舸争流、千帆竞发的生动局面。

一个个新型媒体集团应运而生，一个个爆款产品竞相涌现，主流媒体的影响力得到有效提升，主流舆论的版图得到不断扩大，新闻行业发生历史性变革，传播格局出现根本性转变。

试想一下，如果没有这一"先手棋"，使一子落地，全盘皆活，传统媒体很可能会处于尴尬的局面，甚至陷入被边缘化的困境。

实践证明，走融合发展之路，既是传统媒体改革创新突围破局之路，也是主流媒体做大做强的必由之路。

10年砥砺奋进，10年笃行致远。

### 新的起点上，我们要笃信党的创新理论，在筑牢政治"根与魂"中行稳致远

作为新闻媒体，要担负举旗帜、聚民心、育新人、兴文化、展形象的使命任务，就必须以习近平新时代中国特色社会主义思想凝心聚魂、强基固本，就应当把"读者在哪里、受众在哪里"作为着力点和落脚点，通过融合发展，让主力军挺进互联网这一主战场，掌握舆论引导的主动权。

要运用全媒体手段形成正面舆论强势，打通网上网下，联动大屏小屏，通过真实可信、生动可亲、形象可感的鲜活故事，引导人们从当代中国取得的历史性成就、发生的历史性变革的根本原因中，从马克思主义中国化时代化"两个结合"的成功实践中，从中华民族伟大复兴的战略全局和世界百年未有之大变局的时代方位中，深刻领悟"两个确立"的决定性意义，以真理的力量增进思想认同，统一意志行动，使全体人民在理想信念、价值理念、道德观念上紧紧团结在一起。

## 新的起点上，我们要遵循媒体融合发展规律，在提升传播"效与能"上行稳致远

当信息时代的背景板上，交替出现 5G、元宇宙、虚拟现实甚至是生成式人工智能时，我们对"未来已来"有了更深切的感受。

我们要充分认识这一深刻变革的底层逻辑，积极顺应媒体融合的发展趋势，准确把握"四全"媒体的特点规律，转变思想观念、重塑发稿流程、优化要素配置、创新体制机制，真正实现从"相加"到"相融"的跨越，建成新型主流媒体，构建现代传播体系。

要积极拥抱新技术。在"万物皆媒"的环境中，拓展更多应用场景。在人机协同的交互中，让数字更好地赋能。要让"主流算法"破除"信息茧房"，以主流价值引领多元舆论，构建舆论引导新格局。

但无论怎样变，坚持内容为王不能变。要在海量信息中以独家深度报道取胜，在众声喧哗中彰显专业权威优势，让理性代替偏激，让共识超越分歧，让虚假信息没有立足之地，让清风正气充盈网络空间。

## 新的起点上，我们要坚守初心使命，在履行媒体"职与责"中行稳致远

尽管人们获取信息的门槛越来越低，但作为媒体人，发布新闻的标准不能降低。特别是党的新闻工作者，必须以马克思主义新闻观为"定盘星"，自觉担负传播党的声音、记录时代风云、守望公平正义、推动社会进步的神圣职责。

要把宣传党的主张同反映人民心声有机统一起来，以小切口反映大主题，用大白话讲清大道理，从尊重人民主体地位和首创精神中提炼报道主题，在反映党领导人民进行的伟大实践、伟大创造中选取报道素材，

以反映人民呼声愿望、维护群众切身利益增强报道温度，推出为人们喜闻乐见的"镇版""刷屏"之作，让主旋律在亿万人民的奋斗中更加响亮，让正能量在广大群众的共鸣中更加强劲。

习近平总书记指出，媒体融合发展是一篇大文章。中国记协作为党领导全国新闻界的人民团体，将继续助力媒体融合发展，与新闻界同行一道，共同书写媒体融合更加精彩的篇章。

（作者为中国记协主席，第十四届
全国政协常委、外事委员会主任）

# 统筹推进媒体融合纵深发展

## 徐立京

　　新时代新征程，2023 中国新媒体大会以"融合十年　笃行致远"为主题，全面贯彻落实党的二十大精神，共话新媒体高质量发展，具有重要意义。

　　党的十八大以来，习近平总书记深刻把握时代发展大势，高瞻远瞩提出"加快传统媒体和新兴媒体融合发展"，亲自擘画和推进了媒体融合发展的重大战略决策。十年守正创新，十年笃行不怠，各级各类主流媒体爬坡过坎、转型升级。在推进融合发展中，主力军纷纷挺进主战场，创新活力迸发，传播力、引导力、影响力、公信力提升，推动舆论生态发生积极变化；传统媒体和新兴媒体从"相加"迈向"相融"，形成网上网下一体、内宣外宣联动的主流舆论格局；坚持导向为魂、移动为先、内容为王、创新为要，走出了中国特色媒体融合发展之路。精彩纷呈的探索实践和浓墨重彩的丰硕成果有力地表明，融合发展十年取得突破性进展、发生格局性变化，根本在于有习近平总书记掌舵领航、有习近平新时代中国特色社会主义思想的科学指引。

2016 年 2 月 19 日和 2019 年 1 月 25 日，习近平总书记先后两次到人民日报社考察调研，多次对人民日报工作作出重要指示批示。牢记习近平总书记嘱托，人民日报扎实推进媒体深度融合，发展成为拥有报、刊、网、端、微、屏等 10 多种载体，综合覆盖用户总数超 13 亿人的新型主流媒体，不断扩大地域覆盖面、人群覆盖面、内容覆盖面，充分发挥在舆论上的导向作用、旗帜作用、引领作用。

党的二十大明确提出，"加强全媒体传播体系建设，塑造主流舆论新格局"。牢牢把握以中国式现代化全面推进中华民族伟大复兴的使命任务，面对百年变局的加速演进，面对数字化发展的时代潮流，媒体融合发展的责任更加重大、使命更加光荣、任务更加繁重。

## 一、砥砺初心使命，筑牢融合发展的"根"与"魂"

紧扣强国建设、民族复兴这一中心任务，围绕新时代新的文化使命，主流媒体必须筑牢坚定拥护"两个确立"、坚决做到"两个维护"的思想根基。人民日报始终把做好习近平总书记报道和宣传，阐释好习近平新时代中国特色社会主义思想作为首要政治任务。2023 年我们全新打造"习语"短视频专栏，展现大党大国领袖的人格魅力和思想伟力，目前推出 30 余期，全网阅读量超 40 亿次。要坚持正确政治方向、舆论导向、价值取向。面对复杂多变的舆论态势，主流媒体当守土有责、守土尽责，不断提高政治判断力、政治领悟力、政治执行力，精心组织开展主题宣传、形势宣传、政策宣传、成就宣传、典型宣传，及时提供更多客观真实、观点鲜明的信息内容，做到原则问题旗帜鲜明、立场坚定，敢于引导、善于疏导，牢牢掌握舆论场主动权和主导权。

## 二、坚持系统观念，统筹融合发展的"破"与"立"

经过 10 年的夯基垒台，媒体融合发展已进入新阶段，更加注重改革创新的系统性、整体性、协同性，在立破并举、善破善立中塑造发展新优势。要统筹发展与安全，确保安全可靠是实现长远发展的基石。生成式人工智能等新技术带来新机遇新挑战，在媒体融合发展中必须强化风险意识，守住底线，确保意识形态领域绝对安全。要统筹内容创新与技术驱动。通过新闻内容与传播技术的相加、相融，持续进行内容供给侧结构性改革，生产更多有思想、有温度、有品质、接地气的新闻内容，让党的声音传得更开、更广、更深。要统筹建好自有平台和用好社会化平台。在找准用好社会化传播平台的同时，主流媒体要下更大力气发展壮大自有平台，实现对各种媒介资源、生产要素的有效整合，让主流声音在各类平台牢牢占据传播制高点。2022 年 12 月 30 日，名为"视界"的人民日报视频客户端正式上线，这是首个以 PUGC 为特色的中央媒体视频平台，我们围绕视频全产业链进行布局，努力探索遵循互联网规律、体现人民日报特色、符合自身实际的视频发展路径。

## 三、强化数字赋能，把握融合发展的"时"与"势"

媒体融合因技术创新而兴，也必将因技术创新而盛。放眼世界，数字化发展浪潮澎湃向前，智能互联网时代加速到来。我们要增强数字化发展的紧迫感和使命感，要聚焦核心技术自主可控。只有把传播领域核心技术掌握在自己手中，才能真正掌握竞争和发展的主动权。目前，人民日报社正加强对生成式 AI 的研究和应用，将全力打造人民日报传播大脑，落实"用主流价值导向驾驭算法"的要求；将更好运用智能技术守牢安全底线。人民网2023年3月发布内容风控产品"人民审校"V3.0版，全新上线视频审校功能。要聚焦广泛多样的技术合作，推进数字赋能，离不开"开放共享"的胸怀与态度。我们将坚持在不同层面、不同领域与各类主体加强合作，吸收新技术、借鉴新经验、掌握新应用、用好新平台。

守正创新才能赢得主动，笃行不辍才能行稳致远。展望未来，媒体融合向纵深推进，既要有系统清晰的战略规划，也要有精准有力的具体举措。人民日报将强化创新驱动，拓展移动化优势，顺应视频化趋势，坚定平台化方向，建设兼具主流价值和创新活力的传播生态体系。

新征程新使命，召唤着我们以全新的状态去奋斗、去创造，在媒体深度融合发展中不断作出新的更大贡献，为推进中国式现代化提供坚强舆论支撑。

（作者为人民日报社副总编辑）

# 加快媒体深度融合
# 抢占新时代创新发展制高点

刘 健

习近平总书记深刻指出，谁掌握了互联网，谁就把握住了时代主动权。作为这个时代最大的变量，互联网为媒体行业带来颠覆性变革，推动舆论生态、媒体格局、传播方式持续深刻变化。建设新型主流媒体成为我们面临的一项紧迫课题。对此，以习近平同志为核心的党中央登高望远，从治国理政的高度紧抓信息化时代化战略机遇，就推动传统媒体和新兴媒体融合发展作出重大部署。作为党的新闻舆论工作主力军主渠道主阵地，新华社见事早、行动快、方向对、措施实，媒体融合发展取得重大进展和显著成效。10年来，我们坚持内容为王、终端为重、技术为先、人才为本，在国内，新华社新闻信息产品覆盖全部传统媒体和新兴媒体；在国际，我们正在依托融合发展优势实现"换道超车"，全球媒体发展迈上新台阶。

十年磨一剑。本次大会以"融合十年 笃行致远"为主题，共同探讨主流媒体如何在全媒体时代守正创新、融合发展，一定能为媒体融合发展下一程开拓新思路、探索新方向、开创新局面。

## 一、以习近平总书记报道为龙头，唱响时代最强音

新华社始终把用心用情、出新出彩做好习近平总书记报道作为履职尽责"第一工作"，大力推进融合创新，2023 年上半年共有 400 余组融媒体产品全网置顶，同比增长 12%。加强习近平总书记报道融合创新，积极运用新技术、新媒体、新手段，精心策划思想境界深、创意形式佳、能量密度大的重点产品。迎接党的二十大重点融媒体产品《近镜头·温暖的瞬间》，以"特写照片＋创意海报＋故事叙述＋音频短剧"形式，生动讲述习近平总书记治国理政感人故事、动人细节，引起网友"追剧"热潮。持续深入研讨"第二个结合"重大理论创新，近期独家策划"解码文化自信的城市样本"系列融合报道，围绕国内 22 个城市制作精美视频，放大融媒体传播力，充分反映文化自信生动实践，彰显神州大地"郁郁乎文哉"的万千气象。加强习近平总书记报道栏目建设，做强"第一观察""学习进行时"等重点栏目，打造基于社交平台的短视频常态化栏目"学而时习之"，2022 年共播发 500 期，累计播放量近 45 亿次，深受网络受众特别是青年网民喜爱。把讲好习近平总书记故事这个"中国封面故事"作为重中之重，加强对外话语创新，历时半年精心采制人物特稿《新征程领路人习近平》，被海外主流媒体大篇幅转引，策划推出《习近平经济思想的时代特质和实践价值》《习近平主席倡导的全球治理观深刻启迪世界》等智库报告和重点报道，实现全球采集、全球到达、全球反馈，向世界展示习近平总书记大党大国领袖的形象风范。

## 二、以习近平总书记贺信精神为引领，国际一流新型全媒体机构大事业取得良好开局

习近平总书记在致新华社建社90周年的贺信中指出，新华社要"努力建成国际一流新型全媒体机构"，这为我们指明了新的奋斗目标，是我们奋进新征程、建功新时代的思想指引和行动指南。为此，新华社党组经过半年多的深入调研，制定《新华社努力建成国际一流新型全媒体机构工作方案》，明确到2025年的阶段性目标任务，即在忠实履行党中央喉舌耳目智库职责上深化"五个巩固"，在全面提升国际传播工作水平上做到"七个增强"，形成全媒体机构治理"六个体系"。2022年以来，我们重点聚焦"新型"和"全媒体"，把握"四全"媒体发展态势，用好信息化之利，探索具有通讯社特色的融合发展道路，加快构建与国际一流新型全媒体机构相适应的新闻采编组织体系、调度机制、业务流程，健全统合有力的全媒体生产传播体系，推动采编力量、媒体资源整合，采集、制作、传播方式统合，重大主题、重大活动、重要节点报道聚合，传播力、引导力、影响力、公信力汇合，推动融合报道生产关系更好适应新生产力发展要求，实现"守正＋创新＋务实＋高效"的有机统一。

## 三、以融合创新、渠道建设为重点，加快构建全球全媒体传播体系

我们坚持胸怀天下，瞄准国际一流，以融合发展带动提升国际传播效能，努力当好中国故事"主讲人"、国际舆论斗争"扛旗者"、对外传播工作"生力军"。我们生动讲好中国故事，结合2023年全国两会宣介阐释全过程人民民主，统筹制作双语视频《时政科普：中国两会为何如此重要？"洋记者"为你解答》，被CNN黄金时段新闻节目大幅采用，

海外媒体平台浏览量超 1100 万次。我们深化对美舆论斗争，坚持长短结合、起底反制，亮剑发声，2023 年上半年舆论斗争稿件被境外媒体采用转引 17 万次，境外网络总传播量约 24.7 亿次。抓住国会山骚乱 2 周年、伊拉克战争 20 周年、北溪管道被炸等舆论热点、斗争靶点、事件节点，推出"起底美国"系列报道和《扯牌屋》等融合产品，有力揭批美西方劣迹。我们强化全球到达覆盖，对 1900 家海外主流媒体覆盖率达 87.3%，海外社交媒体账号粉丝量达 2.8 亿，培育粉丝量百万以上级"大 V"账号 20 个、10 万以上级"网红"账号 23 个，外宣"网红"粉丝总量近 5000 万。近期，新华社记者徐泽宇应邀在美国知名期刊《外交学者》上发表题为《中国式现代化将对世界产生什么影响？》的署名文章，被其官方网站首页重点展示，并在其推特账号重点推荐，徐泽宇工作室积极进行二次传播，海外总浏览量超 600 万次，引发海外学者广泛讨论和积极反响。

## 四、以技术赋能为关键，抢占创新发展制高点

新华社始终保持对媒体融合发展的前瞻性和敏锐性，登高望远、锐意进取，抓住技术有效赋能的机会，把握新媒体形态，努力走在全球媒体融合第一方阵。加强关键核心技术自主创新，推出覆盖采、编、发全流程的智能化工具超 190 个，发布人工智能平台"媒体大脑"，建设移动在线直播平台"现场云"，打造"媒体创意工场"，不断提高智能化融媒体生产传播效率效能。创意赋能、技术赋能、美学赋能壮大主流思想舆论，依托 XR、卫星大数据、数字人等技术，策划播发一系列"内容＋技术＋灵感＋美学"有机统一的重点产品，推动"正能量"产生"大流量"。卫星政论片《C 位是怎样炼成的》，首次将党在中国大地上的"C"字轨迹与"中国 C 位"的意象打通，融合使用卫星遥感、三维建模等前沿技术，制作数个党史经典红色地标从太空到天空到地面到人物"一镜到底"式画面，赋予政论片罕见的视觉冲击力，系列产品总浏览量超 10

亿次，互动量超 500 万次，受到海内外受众认可肯定。近期，我们推出 AIGC 短视频《"棱镜门"十周年，美国监控帝国的本质从未改变》，通过 14 种语言播发，海外媒体平台总浏览量超过 258 万次，总互动量超 1.8 万次，国外网友评论积极。该片脚本和图像生成、剪辑特效、语音合成等全流程 AI 制作，实现技术赋能国际传播新突破。

作为通讯社，近年来，新华社通过供稿服务、技术支持、传播推广等形式，与全国媒体同行建立紧密联系。独行快，众行远。推进媒体融合，需要汇聚各方智慧力量。我们将以开放、协作、联接的思维，加强与媒体同行的横向联合，与产业实体的跨界融合，促进媒体资源、政务资源、公共服务资源的融会贯通，努力把社会思想文化公共资源、社会治理大数据、政策制定权的制度优势转化为巩固壮大主流思想舆论的综合优势，共谱融合发展未来新篇章。

10 年融合，在这个自信自强、守正创新的新起点，让我们携起手来，继续用好信息革命成果，推动媒体深度融合，加强全媒体传播体系建设，塑造主流舆论新格局，为推进中国式现代化、实现中华民族伟大复兴作出新的贡献。

*（作者为新华社副社长、党组成员）*

# 构建全媒体传播体系
# 奋力打造国际一流新型主流媒体

胡劲军

　　党的二十大提出"加强全媒体传播体系建设，塑造主流舆论新格局"的重要任务，中国新媒体行业发展踏上了新征程。中央广播电视总台（以下简称"总台"）成立5年来，习近平总书记7次发来贺信并作出一系列重要指示批示。2023年习近平总书记就总台成立5周年、《新闻联播》栏目开播45周年、总台《领航》国际版专题片播出等作出重要指示批示，给予总台继续奋力前行、开拓创新的强大指引和动力。面对全媒体时代的全新挑战，我们坚持从习近平总书记的重要思想、重要论述、重要指示中找思路、找启迪、找答案，以"大象也要学会跳街舞"的精神风貌拥抱互联网、打造全媒体，创新"思想＋艺术＋技术"融合传播，在新媒体领域的引领力、传播力、影响力大幅提升，着力引领新媒体行业健康发展。

## 一、牢记职责使命，弘扬网络舆论主旋律

巩固壮大奋进新时代的主流思想舆论，塑造主流舆论新格局，打造具有强大影响力和竞争力的新型主流媒体是重要支撑。作为党的意识形态重镇和国家广播电视台，总台创新升级"头条工程"，针对互联网受众特点进一步加强融合传播，打造独家视频、时政微视频、时政现场评等"总台时政"新媒体品牌集群，做优做强《主播说联播》《联播+》《时政新闻眼》《大国外交最前线》等一大批轻量化、易传播、接地气的新媒体产品，牢牢占据舆论制高点，让党的创新理论宣传阐释春风化雨、更具"网感"。2022 年，总台全年出品时政新媒体产品 770 余条，央视新闻客户端全网首发 584 条重要时政快讯，同比增长近 23%。我们将认真总结《领航》国际版专题片成功经验，遵循互联网传播规律，扎实推进《平"语"近人（国际版）》《经典里的中国智慧》《典籍里的新思想》等外宣新媒体产品创作，鼓励支持总台"网红"记者、主持人在海外社交平台发声，以网络为平台进一步提升中国智慧、中华文明的传播力影响力。

## 二、打造媒体平台，建强网络传播主阵地

中央广播电视总台成立以来，我们高度重视全媒体传播体系建设，打造涵盖网站、客户端、手机电视、IPTV、互联网电视、户外电视等自主可控、具有强大影响力的新媒体新平台。目前，总台推出的首个国家级 5G新媒体平台央视频已经达到亿级传播规模，下载量突破 5 亿次，激活用户数超 2 亿，月活最高突破 7200 万，日活多次突破 1000 万；央视新闻客户端正着力打造全网新媒体直播第一品牌、新闻类短视频第一平台，新媒体

全网用户总数超 9.3 亿；"云听"客户端不断丰富和拓展收听场景，用户量近 2 亿；作为中央重点新闻网站的央视网，全球覆盖用户数已超 20 亿。总台新媒体平台矩阵正以强大的融合传播优势，扩大主流价值影响力版图。

## 三、科技创新赋能，掌握网络发展主动权

科技进步是媒体变革的重要引擎。总台把科技强台摆在突出位置，积极构建"5G+4K/8K+AI"战略格局，加快推进全链条、全方位、全领域创新，媒体科技创新实力稳步走在世界第一方阵，科技创新这个"关键变量"正成为推动总台高质量发展的"最大增量"。从 2021 年春晚总台实现全球首次 8K 超高清电视直播，到 2022 年北京冬奥会总台圆满完成首次奥运会开、闭幕式 8K 国际公用信号制作、首次奥运会赛事全程 4K 制播；从建党百年宣传报道中拍摄出无数"刷屏"镜头的"天琴座""天鹰座"索道拍摄系统，到影迷们高分点赞的我国首部黑白转彩色 4K 修复故事片《永不消逝的电波》……总台 4K/8K、AR、XR、裸眼3D、三维菁彩声等新技术新手段层出不穷、精彩连连，为全球受众带来了身临其境、震撼人心的视听观感和交互体验。2023 年 3 月，总台国家电子竞技发展研究院揭牌成立，我们希望通过国家媒体力量，助推电竞行业健康发展。面向未来，总台还将推进国家重点实验室、北京超高清示范园、"百城千屏"、国家（杭州）短视频基地等项目建设，以科技创新促进新媒体产业高质量发展。

一个时代有一个时代的媒体故事，奋进中国式现代化新征程，媒体融合的未来将有无限可能。中央广播电视总台愿与各界朋友携手奋进、同开新篇，推动构建全媒体传播体系，塑造主流舆论新格局，奋力书写中国新媒体事业的崭新篇章。

*（作者为中央广播电视总台党组成员、副台长）*

# 蓄力人工智能　助推媒体融合

杨振斌

　　党的十八大以来，以习近平同志为核心的党中央作出推动媒体融合发展的重大战略部署。党的二十大提出，要"加强全媒体传播体系建设，塑造主流舆论新格局"，"加快构建中国话语和中国叙事体系，讲好中国故事、传播好中国声音，展现可信、可爱、可敬的中国形象"，为推动媒体融合发展进一步指明了前进方向、提供了根本遵循。

　　近年来，随着新一轮科技革命和产业变革孕育兴起，媒体格局和传播方式发生了深刻变化。人工智能、大数据、云计算、区块链、物联网等新技术飞速发展，移动应用、社交媒体、网络直播、聚合平台等新应用新业态不断涌现，正在改变着受众获取信息以及与媒体互动的方式。我们要准确识变、科学应变、主动求变，坚持守正创新，以人工智能为发力点，强化技术创新和应用，为以中国式现代化全面推进中华民族伟大复兴营造良好的舆论氛围。

## 一、准确把握媒体格局重塑趋势，深入认识"智媒"发展规律和挑战

当前，人工智能技术以惊人的速度发展，媒体行业是率先受到冲击的领域之一。在 2013 年的人工智能浪潮中，判别式人工智能（如人脸识别、算法推荐等）颠覆了以"发行"为主体的传统大众媒体传播网络，网络社交媒体异军突起；2022 年以来，以 ChatGPT 为代表的生成式人工智能技术引起广泛关注，并将给媒体传播带来深刻的变革。一是传播内容自动生成，生成式人工智能将能够辅助内容生产，推动视觉艺术创作、数字孪生、自动编程等，使得利用人工智能技术替代人类从事具有创造性的活动成为现实，如文字、绘画、音乐等多媒体内容即时生成。二是传播对象精准定位，能够满足媒体行业对于语音、图像、视频等跨模态数据的交互转化需求，并精准匹配用户，提升媒介传播能级，如根据新闻稿自动生成配图和视频；根据用户阅读喜好，用算法精准推送文章。三是传播方式虚实结合，将进一步加速内容数字化，成为虚拟内容生成器、虚实连接器、效率加速器。随着技术的突破、算力的提升和数据的积累，人工智能在媒体创作和传播的各个方面将会得到更加广泛的应用，如结合虚拟现实等设备还原新闻现场和历史场景。

与此同时，生成式人工智能也带来了诸多挑战。一是知识盲区。算法模型的先进性依赖海量数据，如果算法模型采集的数据不足，产生的结果很可能可靠度和可信度都不高。二是数据失真。如果只专注于算法模型开发，较少考虑数据事实的准确性，数据自带的错误、偏见、失实等问题将成为隐患。三是产品侵权。"AI 换脸""AI 绘画"等人工智能产品屡见不鲜，将严重侵害著作者和个人权益。四是舆论操控。对人工智

能的过多依赖，会使得以上问题被进一步放大，有可能转化成舆论与意识形态操控、虚假信息传播扩散等"媒体风险"，造成巨大影响。

## 二、不断完善新型媒体发展环境，持续凝聚强国建设的磅礴力量

面对挑战和机遇，我们要主动谋划、提前布局，充分发挥人工智能对媒体融合发展的驱动引领作用，搭建更加优质有效、绿色安全的传播场域，为中国式现代化注入强劲动能。一是完善综合治理体系。当前与人工智能有关的法律条文比较分散，需要结合技术快速迭代的发展趋势形成系统的规范体系，如与之相关的法律包括网络安全法、数据安全法、个人信息保护法等。二是推动基础设施搭建。积极进行基础设施搭建及技术开发，形成"以我为主，兼收并蓄"的人机对话训练体系，使人工智能在文明、规范、有序中不断发展，如在融媒体中心建设中搭建更多的人工智能应用场景。三是提升从业人员专业素养。引导从业人员了解使用生成式人工智能的范围与边界，自觉按照国家规定和要求开展内容生产，如举办面向记者队伍的人工智能培训班。四是打造联合创新生态。构建教育科研机构、互联网企业、媒体行业跨界融合、开放融通的生态系统，不断完善人工智能成果孵化和人才培育，形成有竞争力的产学研用融合业态。

## 三、积极发挥高校创新策源功能，全力塑造媒体融合发展新动能

高校是教育、科技、人才的集中交汇点，承担着为党育人、为国育才的重任。在媒体融合的大背景下，以教育融媒体为载体，以数字化和新技术为驱动，聚焦青年关切，创新工作手段，加强高校与媒体平台之

间的合作互动，在科技创新、内容创造、人才培养、智库建设等方面贡献力量，是高等教育的责任担当。

近年来，上海交通大学主动适应新形势新任务新要求，作为入选全国首批教育融媒体建设试点高校，积极发挥自身在人工智能领域的学科优势，在传播领域作出了一些探索和创新。上海交通大学于 2018 年成立了人工智能研究院，组建实体化研究团队，将人工智能与媒体融合作为重要的研究领域；于 2019 年和光明日报社共建联合研究院，在新一代媒体技术领域进行创新性布局。2023 年 4 月，获得第 19 届国际科技传播学会双年会主办权，这一盛会将首次在中国举行，为进一步推动中国科技传播的国际化贡献力量。

习近平总书记指出："人工智能是引领这一轮科技革命和产业变革的战略性技术，具有溢出带动性很强的'头雁'效应。"我们要深入贯彻习近平总书记重要讲话精神，积极拥抱和主动用好新兴人工智能技术，敏锐洞察和准确把握潜在的风险与挑战，循序渐进地将人工智能新技术融入现实应用，从而实现用 AI "引擎"驱动融媒体创新传播。

（作者为上海交通大学党委书记）

# 媒体融合 10 年的"芒果"思考与实践

张华立

10 年前，习近平总书记作出媒体融合发展的战略部署，成为新时代媒体发展的指路明灯。湖南广电从湖南卫视、芒果 TV "一体两翼"到"合二为一"，从 5G 智慧广播到"小芒"、"风芒"，10 年风雨兼程，形成了地方媒体建设主流新媒体集团的基本面貌。

## 一、主力军挺进主战场，党媒要勇于驾驭新媒体

习近平总书记指出，"互联网已经成为舆论斗争的主战场"。党媒要履行使命任务，就要求我们能够塑造战场形态、匹配锋利武器，才能成为主战场上的决定性力量。

毋庸讳言，一个时期以来，包括湖南广电在内的传统媒体，一度陷入集体焦虑，既有曾经辉煌的故步自封，又有对未来不可知的彷徨不决，羞羞答答、茫然无措。

目前，湖南广电确立了"一个党委、两个机构、一体化运行"的体制机制，完成对湖南卫视的互联网化改造，和芒果 TV 一起建设了较完备的统一的管理和服务中台，内容创新一线得到更大支持；建设长视频网络平台芒果 TV 及国际 App，有能力参与传播的正面竞争；建设 5G 智慧电台，让古老的广播焕发生机，把党的声音送到田间地头；建设小芒电商，组建 MCN 团队，颠覆传统电视台的经营逻辑，打造全新的商业运营闭环，有效反哺主流宣传。

实践证明，只要坚定落实习近平总书记重要指示精神，真正拿出斗争精神开展平台建设，真正做到"口到、心到、身到"，媒体融合发展一定能开花结果。

## 二、坚持内容为王，以内容优势赢得融合发展优势

传统媒体尽管面临困难，但并非江郎才尽。湖南广电拥有无法取代的优势，譬如公信力、譬如高门槛现场直播、譬如长视频戏剧。面对短视频的挤压，仔细想想，也许《新闻联播》才是最有力量的短视频。

内容创新没有"新老"之分。物理平台导致的传播规律与效果却有"新老"之别。因此深度融合之后的内容创新，空间更加自由、更加广阔。

2020 年以来，湖南广电"一年一主题"，高扬思想旗帜，深耕文化根脉，总计 55 部主旋律作品，覆盖新闻、综艺、电视剧、纪录片、理论片等体裁，全部主投主控、主题牵引、全品矩阵，几何级地放大了传播声量。

内容创新要符合新媒体传播规律。《声生不息》以音乐传情，讲述两岸血脉相连的故事，马英九参观湖南广电时，现场连线，形成共鸣。节目播出期间，芒果 TV 在我国台湾地区日活环比提升 24%，新增用户中

青年群体占比 90%。

内容创新要理解、尊重市场规则。形成购买的传播才是效率最高、效率最好的传播。湖南广电有 130 多部作品发行海外，《乘风破浪》等多个综艺实现模式输出，最新一季《中餐厅》即将和匈牙利国家电视台同步上线播出。

## 三、积极参与未来传播形态竞争，做一场高质量发展的大实验

2020 年 9 月，习近平总书记视察马栏山时关于文化和科技融合的重要指示，引领着我们的技术探索。AI、VR 等新技术正在给行业带来新挑战、新机会。

新媒体的故事都是从新技术开始的，而只有穿透人心的技术，才更有时代光彩和人性温度。国家广电总局将 5G 重点实验室放在湖南广电，为主流新媒体的未来带来更广阔的战略可能性。

我们通过自研"光芒云制播系统"，实现超高清超大型节目同步上云，在云端制作、审核与分发，比较成本节约最高可达九成，为行业数字化转型提供解决方案。

我们关注虚拟应用，打造芒果幻城。虚拟数字人已实现产品化，可进入现场直播。《全员加速中》，将数字人和真人、虚拟与现实打通，更重要的是，这样一个面向青少年的节目，放在"三高四新"建设的主战场，力争用新传播讲好湖南故事。

纪录片《中国》（第三季）将在 2023 年下半年上线，以虚拟技术追溯中国神话和上古三代，展现中华文明"如太阳一样冉冉升起的风度"。

10 年风雨，10 年如歌。湖南广电的探索，只是融合浪潮中的一朵小小浪花。我们深知未来道阻且长，然而我们信心满怀，因为，我们信仰不灭、使命永恒。

*［作者为湖南广播影视集团（湖南广播电视台）党委书记、董事长］*

# 努力打造新型主流媒体的
# "新华方面军"

**双传学**

2023 年适逢《新华日报》创刊 85 周年，作为党的第一张面向全国公开发行的政治机关报，曾被毛泽东同志誉为"党的一个方面军"。进入新时代，新华报业传媒集团传承红色基因，勇立时代潮头，努力推动媒体深融发展，一批作品获中国新闻奖等各类奖项；经营利润连续 5 年大幅增长，所属报纸均实现盈利，前不久首次获评"全国文化企业 30 强"提名单位；精神文明建设结出硕果，荣获全国文明单位。

## 一、高质量推进内容与技术互融共生

以先进技术巩固内容之本，以精品纷呈彰显融媒有技。新华报业传媒集团投入近亿元建成全域型、全过程、全链条的全媒体指挥中心，新设 5000 万元新媒体发展专项基金，组建新华日报大数据公司，积极探索数字人、超高清视频、智能媒资库、内容风控、区块链版权等新技术应用。技术支撑越给力，融合生产越深入。《习近平点赞的古代人物》《红色丰碑——寻访影视剧英雄原型》等产品赢得粉丝如潮，融媒报道《6397 公里的守护》《听·见小康》两度荣获中国新闻奖媒体融合类一等奖，《Home Story in Jiangsu》等产品获得中国记协"党的二十大报道融创精品十大案例"。

## 二、高质量推进理论与舆论互融共振

理论是载道之魂，舆论是弘道之器。党报既要发挥科学理论"定盘星"作用，也要发挥社会舆论"放大器"作用。我们强化言论评论矩阵，构建层次清晰、功能完善的党报评论体系，着力"影响有影响力的人"，让有思想含量的"头部产品"自带传播流量。立足党报独特资源禀赋，构建"经济橙""思想红""文艺紫""科技蓝""人文青""智库绿"周刊矩阵，形成"手持彩报当空舞"的绚烂景色，以分众化、深阅读提高新闻能见度。创建江苏首家主流媒体高端智库——新华传媒智库，推出舆情大数据分析、政务服务评价体系等 10 多种服务品牌。

## 三、高质量推进传媒与社会互融共美

深度融合推动媒体开门跨界，社会治理需要媒体拓展边界。我们以互联网思维增强用户黏性，"交汇点""紫牛""新江苏"错位发展、各展所长，打造 12 个特色融媒工作室，"少年志""钱眼"等垂直平台以其特色精准服务深受群众喜爱。以"传媒 +N"广泛聚合社会资源，延伸传媒服务链。推进"传媒 + 企业"，与江苏交通控股合作共建江苏交通文化传媒公司，成为全国首个"传媒 + 交通"的融合范本；推进"传媒 + 投资"，新华资管公司 5 年来累计盈利 3.18 亿元，投资板块成为新华报业新增主业；推进"传媒 + 政务"，集团运维的党务政务网群规模达 160 家；推进"传媒 + 红色文化"，运营"苏南小延安"红色李巷、南京江北红色广场等一批红色 IP。深耕基层一线，13 个分社以细致化、精致化、极致化服务，全方位融入地方经济社会发展。

## 四、高质量推进管理与人才互融共进

制度变革推动全员共融，凝聚人心方显管理能效。新华报业传媒集团连续 7 年每年确定一个主题，一锤接着一锤敲，一年接着一年干，带动集团治理能力和治理水平全面提升。设立 400 万元年度创业创新奖，狠抓风控合规、人才管理、党建引领等七大治理体系建设。新建新华日报报史馆，敬立周恩来塑像，编排话剧《新华方面军》，形成"传承新华红基因、发扬新华拼精神"的良好氛围。成立新华传媒管理学院，打造江苏首个传媒专业省级博士后创新实践基地，通过业务大练兵、岗位大比武、名师结对带徒等方式培养全媒型、复合型人才，每年投入数千万元提高员工收入、社保、医保及工会福利，奔跑的新华人成为集团最美的风景。

10 年过往，我们融合不止、探索不歇；面向未来，我们任重道远、笃行致远。融合之路，没有现成模式，也不可能一蹴而就。我们一定深入学习习近平总书记关于媒体融合发展的重要论述，把握好社会效益与经济效益、传统媒体与新兴媒体、服务发展与自身发展的关系，推动媒体深融纵深挺进，让互联网"最大变量"化为报业脱胎换骨、凤凰涅槃的"最大增量"，打造新时代新型主流媒体的"新华方面军"。

（作者为新华日报社党委书记、社长）

# CNMC

# 2023中国新媒体大会
## CHINA NEW MEDIA CONFERENCE

## 内容创新论坛

▶▶

# 推动优质内容生产　壮大主流思想舆论

### 张百新

　　2023 年是媒体融合发展 10 周年。融合发展 10 年的成功实践充分证明，习近平总书记关于"内容永远是根本，融合发展必须坚持内容为王，以内容优势赢得发展优势"的科学论断，是完全正确的。在全媒体时代，优质内容依然是舆论场中的"硬通货"，解锁流量密码的"金钥匙"，群众喜闻乐见的"营养餐"。

　　中国记协作为党领导的全国性人民团体、党和政府密切联系新闻界的桥梁纽带、繁荣发展党的新闻事业的重要力量，始终把中央要求、媒体需求与记协优势有机结合，把推动主流媒体创新内容生产作为建设新时代"记者之家"的重要工作，取得积极成效。

## 一、提高政治站位，强化政治引领

党的新闻舆论工作本质上是政治工作，坚守党性原则，坚持正确政治方向是新闻舆论工作的根和魂。无论时代如何变化、媒体融合如何发展，这一根本原则不能有丝毫改变。党的二十大吹响了全面建设社会主义现代化国家、全面推进中华民族伟大复兴的进军号角，对新闻舆论工作提出新的更高要求。新闻媒体要提高政治站位，坚持以习近平新时代中国特色社会主义思想为指导，忠实履行职责使命，不断提高新闻舆论工作的传播力、引导力、影响力、公信力。牢牢占领舆论制高点，让习近平新时代中国特色社会主义思想成为时代最强音，为实现中华民族伟大复兴提供强大精神动力和有力舆论支持。

## 二、坚持正确导向，壮大主流舆论

内容创新要始终坚持正确舆论导向，坚持团结稳定鼓劲，坚持正面宣传为主的基本方针，什么时候都不能有丝毫偏离。中国记协充分发挥中国新闻奖、年度融创精品案例等品牌的龙头带动作用，明确把守导向之正、创内容之新作为择优的重要依据。2022 年，中国新闻奖新增"融合报道"和"应用创新"两个新奖项。2023 年年初，我们发布党的二十大报道融创精品十大案例。2023 中国新媒体大会开幕式暨主论坛上启动"新时代新征程新伟业"融创精品案例征集展示活动，展现了融合创新最新实践成果。引领新闻工作者胸怀"国之大者"，牢记举旗帜、聚民心、育新人、兴文化、展形象的使命任务，推出更多有思想、有温度、有品质的"镇版""刷屏"之作，让大流量澎湃正能量，持续巩固壮大主流思想舆论。新闻工作者要树立崇高职业理想，靠新闻的内涵吸引人、靠思想的力量感染人，千万不可急功近利，片面追求轰动效应而忘记神圣职责和职业操守。

## 三、持续深化改革，服务融合发展

媒体融合需要汇聚各方面力量共同参与。中国记协通过持续深化改革，加强与新闻界的联系沟通合作，齐心协力推动主流媒体内容生产供给侧结构性改革。我们坚持"开门办记协"的理念，让更多新闻工作者尤其是奋斗在融合发展一线的编辑记者参与到新时代"记者之家"建设之中。打造好记者讲好故事、中国新媒体大会等一系列品牌活动，突出内容建设，搭建交流平台，扩大展示窗口。引领新闻工作者保持内容生产定力，专注内容质量，增加优质产能，创新表现形式，提升传播效果，展示好新时代伟大成就，讲好当代中国故事，为奋进新征程凝聚强大精神力量。

## 四、加强队伍建设，提升本领能力

媒体竞争关键是人才竞争，媒体核心优势是人才优势。实现内容创新，需要有一支坚强有力的新闻工作者队伍，需要培养更多本领高强、有几把刷子的新闻人才。中国记协把政治过硬、业务过硬、作风过硬有机统一起来，持续深化马克思主义新闻观教育，组织新闻工作者开展"新春走基层"活动，引导编辑记者"走基层、转作风、改文风"，赴革命老区、基层一线开展革命传统教育和主题采访调研等。中国记协正在积极筹建增强"四力"新闻培训基地，努力打造精品培训课程、采访路线、教育基地。2023 年上线的"记者之家"大学堂网络培训平台，成为马克思主义新闻观教育的大课堂，一经推出就受到广大新闻工作者的热烈欢迎和广泛好评。希望新闻单位用好这个平台，教育引导广大编辑记者做政治坚定、业务精湛、作风优良、党和人民放心的新闻工作者。

（作者为中国记协党组成员、书记处书记）

# 提升内容创新能力
# 加快构建全媒体传播新格局

**黄 海**

  2023 年是习近平总书记作出"加快传统媒体和新兴媒体融合发展"重要指示 10 周年。10 年来，在媒体融合重要理念的科学指引下，湖南始终坚持导向为魂、移动为先、内容为王、创新为要，全面加强全媒体传播体系建设，着力塑造主流舆论新格局，为加快建设社会主义现代化新湖南营造良好舆论环境。搭乘媒体融合的浩荡东风，省内新媒体平台迅速兴起，新湖南、芒果 TV、时刻新闻、湘视频、犇视频等竞相绽放，县区融媒体实现全面覆盖；新技术被广泛应用，"新湖南云"、5G 智慧电台、"元宇宙"新闻直播间、超算平台等相继落地。特别是我们把内容创新作为全媒体时代的立身之本，持续办好《在习近平新时代中国特色社会主义思想指引下》，推出《击水中流——走进红色潇湘》《湖湘潮·百年颂——庆祝中国共产党成立 100 周年》《大道向前·沿着总书记足迹》《百炼成钢·党史上的今天》《出海记·走进非洲》等一大批好作品，凝聚起奋进新征程、建功新时代的强大精神力量。

当前，信息革命方兴未艾，传播技术日新月异。但无论技术、环境如何变化，内容为王始终是不变的法则。正如习近平总书记所强调的，"对新闻媒体来说，内容创新、形式创新、手段创新都重要，但内容创新是根本的"。此次论坛以"坚守初心　内容为本"为主题，必将进一步推进内容生产供给侧结构性改革，持续巩固壮大主流舆论阵地。我们将以此次论坛为契机，抢抓信息化机遇，紧盯内容创新这个根本，因势而谋、应势而动、顺势而为，加快构建融为一体、合而为一的全媒体传播格局，持续提升主流媒体传播力、引导力、影响力、公信力。

## 一、把牢正确方向，努力创作更多主旋律高昂、正能量强劲的优质内容

始终坚持党性原则，积极践行马克思主义新闻观，自觉用习近平新时代中国特色社会主义思想武装头脑、指导实践，真正把政治方向、政治要求体现到新闻采编工作中去，充分反映湖南始终牢记习近平总书记殷殷嘱托、奋力实现"三高四新"美好蓝图的生动实践，持续做大做强主流思想舆论，让党的声音传得更开、更广、更深入。

## 二、坚持守正创新，努力创作更多与时代同频共振的优质内容

习近平总书记在文化传承发展座谈会上强调了"两个结合"的重大意义，深刻阐明"第二个结合"是又一次的思想解放，为在新的起点上继续推动文化繁荣、建设文化强国指明了方向。在媒体融合中，我们要坚持同中华优秀传统文化相结合，坚持解放思想与实事求是相统一、培元固本与守正创新相统一，用守正创新的正气和锐气传承中华文化瑰宝的魂脉，汇聚激昂澎湃的文化动能，在推动建设中华民族现代文明中彰显媒体融合的内容价值与使命担当。

## 三、践行根本宗旨，努力创作更多群众喜闻乐见的优质内容

江山就是人民，人民就是江山。在内容创作中，要坚持以人民为中心，把人民群众作为源头活水，切实贴近人民的需求，及时关注民生、反映民生、服务民生，积极回应社会关切，让报道为老百姓共情共鸣。同时，坚持用5G、大数据、云计算、人工智能等新技术加持和赋能，让内容创新更加鲜活、更接地气、更具深度。

（作者为湖南省委宣传部部务会成员、省政府新闻办副主任）

▶▶

# 内容创新，永远在路上

**姜协军**

习近平总书记指出，融合发展，内容永远是根本，必须坚持内容为王，以内容优势赢得发展优势。2023 年是"一带一路"倡议提出 10 周年，4 月，湖南日报社派出 3 个小分队、12 名记者，远赴非洲 6 个国家实地采访，并赶在第三届中非经贸博览会开幕前夕，推出融媒体产品《出海记·走进非洲》。这组开创报社历史的境外采访报道，在博览会开幕现场吸引了许多非洲朋友驻足观看、点赞喝彩，得到众多主流媒体转发，全网阅读量也超过 10 亿次。这让我们深刻体会到，进入移动互联网时代，内容为王的理念没有过时，依然是主流媒体的看家本领和以"不变"应"万变"的重要法宝。这也是内容创新论坛"坚守初心、内容为本"的题中应有之义。

内容创新，永远在路上。聚焦主责主业，创新宣传阐释好习近平新时代中国特色社会主义思想，是党报肩负的重大政治责任。从 2020 年起，我们创新推出《走向胜利》《击水中流》《大道向前》《思想领航》等贯穿全年的主题宣传报道，让主流舆论道正声远、直抵人心；对习近平总书记念兹在兹的精准扶贫、生态文明等"国之大者"，我们持续多年蹲点跟踪，采写制作了《十八洞村龙金彪的 Vlog》《村里最远那一户》《欧美黑杨砍掉之后》等一批荣获中国新闻奖一等奖的融媒作品，充分展现习近平总书记的思想伟力和湖南贯彻落实的生动实践。

内容创新不是高高在上、不是闭门造车，而是要贴近生活、贴近群众，尤其要贴近青年。我们始终把青年作为应该争取也必须争取到的用户群体，努力用青年视角、青年观点、青年语言推动内容生产和表达创新。这两年，报社联合共青团湖南省委、相关高校先后推出了《新湖南青年学习小组，开课啦》《青春合伙人》《小镇新青年》等系列融媒报道，举办"青春学习堂"短视频大赛，招募"青年观察员"深度参与重大主题宣传，通过青年的视角发掘湖南好故事、传递中国好声音。实践中，我们越发感受到，只有多一些扎实深入的采访、触动人心的表达、饱含温度的关切、设身处地的着想，才能在群众特别是广大青年心中产生共鸣，才能让我们说的话，他们能听进去；我们写的文章，他们能读下去；我们拍的视频，他们会转发点赞。

*（作者为湖南日报社党组书记、社长）*

# 守正创新，做"四有"新媒体

## 丁　伟

　　2012 年 7 月 22 日凌晨，人民日报微博正式上线，人民日报新媒体由此起步。10 年来，以习近平同志为核心的党中央对人民日报新媒体的成长关怀备至。2016 年 2 月 19 日、2019 年 1 月 25 日，习近平总书记先后两次到人民日报社考察调研，亲临新媒体中心指导，专门听取新媒体建设情况汇报，为人民日报新媒体产品点赞并提出明确要求。

　　牢记习近平总书记嘱托，人民日报新媒体抓创新、做精品，建平台、拓版图，强技术、促融合，坚持内容为王，做到"有料"；坚持贴近群众，做到"有情"；坚持拓展服务，做到"有用"；坚持人民至上，做到"有心"，成为广大党员干部特别是年轻人喜爱的"四有"新媒体，在移动互联网上持续提升人民日报的传播力、引导力、影响力、公信力。

## 一、从单向到互动，引领网民从感动到行动

2018 年春节期间，人民日报新媒体牵头发起"牵妈妈的手"网络互动活动，主题片嵌入习近平总书记与母亲牵手散步的照片和吟诵《游子吟》的原声，线上征集网友与父母的照片、视频，线下引导大家在春节回家期间，牵起妈妈的手，与父母合张影，多说说心里话。通过互动，激发起千万网友心中的亲情，让习近平总书记的家国情怀温暖了整个春节。

我们始终认为，传播的主要目的是引领人的行为，网上宣传要的不仅是流量，还要带动有价值的行为，要把单向传播变为动员式传播，从线上到线下，引导网友身体力行社会主义核心价值观。

## 二、"创意＋技术"，爆款产品的流量密码

2017 年，为做好中国人民解放军建军 90 周年报道，人民日报新媒体创作推出 H5《快看呐！这是我的军装照》，带动不同地域、不同行业的网友参与制作自己的军装照，通过晒自己的军装照既表达了对人民军队的崇敬和热爱，也满足了每个人心里都有的"军人梦"。这个产品页面浏览量（PV）近 11 亿次，创造了 H5 产品的传播纪录。

《快看呐！这是我的军装照》刷屏移动互联网，核心是"创意＋技术"，背后是"人脸融合"技术的有效运用。实践表明，推进媒体深度融合发展，必须高度重视技术的强大力量，围绕"创意＋技术"，持续推出现象级爆款产品，占据舆论引导制高点。

## 三、永远保持年轻态，和年轻人一起玩

"时光博物馆"是人民日报新媒体打造的品牌活动。2018 年"时光

博物馆"以改革开放 40 周年为主题,具象化呈现改革开放给人民生活带来的最深切的变化,并受邀参与中国国家博物馆庆祝改革开放 40 周年大型展览。2019 年"时光博物馆"搭上高铁、乘上邮轮,以流动的形式庆祝新中国成立 70 周年。2021 年建党百年,我们设计推出"复兴大道 100 号"互动体验馆,网友沉浸其中,通过观看、倾听、触摸,感受百年征程。2023 年"时光博物馆"以"新征程 再出发"为主题,创新主题教育形式,生动呈现新时代 10 年的成就变革。

"时光博物馆"活动将关注视角聚焦于每一个国人的生活与成长,特别是以青少年网友为重点受众,和年轻人一起玩,带给他们不一样的体验,这也是我们办新媒体的一个重要原则:永远保持年轻态,始终以"年轻态"的内容赢得年轻用户。

## 四、探索"新闻 +",拓展媒体服务半径

移动互联网时代,与海量用户进行深度连接成为可能,这也给中央主流媒体精准服务受众提供了新机会。2020 年年初,为助力打赢新冠疫情防控武汉保卫战、湖北保卫战,人民日报新媒体紧急开发"征集新型冠状病毒肺炎求助者信息"平台,收到有效信息超过 4.2 万条,帮助近万名患者得到及时救治。

10 年来,我们持续提供垂直化、下沉式服务,推出的"河南暴雨紧急求助通道"、"为烈士寻亲"活动、疫情防护和居家治疗咨询平台、村集体免费领药公益平台等均产生广泛影响。我们体会到,主流媒体不仅要扩大内容供给、创新表达形式,更要扑下身子,发挥聚合优势、用户优势,以"新闻 +"拓展媒体融合的深度和广度。

## 五、以"中国范儿"打造文化新 IP

党的二十大期间，我们把新时代 10 年的发展成就和奋斗故事融入王希孟的名画《千里江山图》，推出了动画视频《新千里江山图》，通过传统与现代呼应、科技与艺术交融、人文与自然美美与共，带领受众极致化体验"人民江山"壮美画卷，全网阅读量超过 6.6 亿次。2023 年，我们又打造《新千里江山图·地方篇》，讲好各地正在经历的新时代故事，目前已推出"江苏篇"和"陕西篇"，"福建篇""四川篇""浙江篇"等产品和系列活动正在推进中。

习近平总书记强调，"第二个结合"是又一次思想解放。这也启示我们，主流媒体内容创新要从中华优秀传统文化宝库中挖掘资源，创新创意打造新 IP，以更有"中国范儿"、更富"文化味儿"的融媒体产品，让中华优秀传统文化"动"起来、"活"起来、"燃"起来，实现融合传播、"破圈"传播。

## 六、以"国际范儿"实现跨境传播

党的二十大期间，我们推出了中国共产党国际形象网宣片《CPC》，以英文旁白、朴素话语、生动影像，讲述中国共产党奋斗历程，回答了"我是谁""为了谁"的重要问题。2023 年全国两会期间，我们又精心制作最新国家形象网宣片《PRC》，以中华人民共和国第一人称视角自述，向受众展现了一个"既古老深邃又年轻开放""既富饶进取又友善和平""曾经一穷二白但永远心怀梦想"的中华人民共和国形象，实现"跨境"传播，增进了国际社会真实客观的认知。

当前，百年未有之大变局加速演进，网上网下、内宣外宣边界日益融为一体。在日常外宣工作中，我们常常讨论的两个词是"全球化"和"国际范儿"，只有树立全球视野，遵循海外传播规律，才能讲好中国故事，讲好中国共产党故事，讲好我们正在经历的新时代故事。

## 七、坚持平台化，提升内容聚合能力

10年来，我们一直坚定推进平台化战略，2018年人民日报客户端推出全国移动新媒体聚合平台"人民号"，目前已聚合全国政务机构、专业机构、新闻媒体、优质自媒体等超过3.2万个。顺应视频化趋势，2022年年底，名为"视界"的人民日报视频客户端全新上线，这是首个以PUGC为特色的中央媒体视频平台。目前，入驻视频账号已突破1.9万个。

事实证明，谁拥有了平台，谁就能占有内容、吸引用户。未来，在不断提高原创能力的同时，我们将继续大力提高聚合能力，以开放平台吸引广大用户参与，实现新闻生产方式"开源"，搭建兼具主流价值和创新活力的生态体系。

## 八、拥抱智能化，布局人机共创共生新场景

移动互联网仍然是当前信息传播主渠道。但随着人工智能技术的发展和应用，信息生产传播方式正在不断被改变甚至颠覆，以ChatGPT为代表的生成式人工智能开启了智能互联网时代。人民日报新媒体提早布局，瞄准智能分发，在主流媒体算法领域进行了多年探索，已经具备技术基础和实践经验。2020年发布的人民日报"创作大脑"平台，具备直播智能拆条、在线视频快编、图片智能处理、可视化大数据、实时新闻监测等20多项功能。

2023年，我们将结合AIGC技术发展，规划人民日报"创作大脑"和主流媒体算法推荐应用场景的升级工作。在人工智能新技术加速发展的时代，努力做到不缺席、不落伍，跟得上、用得好，借助新技术优化用户体验，提升用户黏性，全面提高舆论引导能力。

（作者为人民日报社新媒体中心主任）

# 坚持"在场在线在理"
# 在话语创新中再出发

## 李 俊

2023 年是中央提出媒体融合发展的第 10 个年头。融合 10 年，千帆竞发，百舸争流，万众笃行，推动我国融合发展水平跃居全球最前列。

2023 年也是媒体融合发展下一个 10 年的新起点。新 10 年如何再出发？这是摆在每一位新闻工作者面前的必答题。在元宇宙、大模型、生成式人工智能等新技术浪潮"乱花渐欲迷人眼"的时代中，我们需要给出响亮的回答：内容创新是再出发的根本和底色，也是使命和责任。

习近平总书记指出，融合发展必须坚持内容为王，以内容优势赢得发展优势。新华社新媒体中心是主流媒体中最早成立的专门从事新媒体建设和媒体融合工作的机构。10 年来，我们经历了社交媒体的繁荣、短视频的流行、人工智能的爆发，从试验田一步步成长为新媒体主阵地，最深的体会是，内容创新是一切创新的根本和出发点，无论技术如何演进、传媒如何变革，承载着先进文化、主流价值的优质内容永远是主流媒体安身立命之本，而以话语创新谱写主旋律则是全媒体时代内容创新的起点和根基。

最近，我们推出话语创新专栏"千笔楼"，播发《记者手记：在总书记心中，这个会"具有标志性意义"》《今日玉麦，如您所愿》《关于长津湖，我们该如何对待历史？》《这种做法，是新的形式主义》等一批爆款"刷屏"之作，引发网友共鸣，被广泛转发和点赞。推出"千笔楼"创新专栏，是新媒体中心落实有关"话语创新"要求，在媒体融合下一个 10 年的探索和尝试。"千笔楼"已成为全社新媒体话语创新的窗口和阵地，聚焦社会重点热点难点，持平常心、说家常话，发挥"手机上的新华社"矩阵覆盖 10 亿用户的传播优势，形成强大影响力传播力引导力公信力。

## 一、内容创新要"在场"，要还原感性的在场

在场是记者的天职。脚下有泥，心中有光，才能笔下有神。从重庆抗洪救灾里"没得问题"的沙哑声音，到贵州村党支部书记离任时村民含泪相送"真的舍不得"的感人场景；从西藏阿里狮泉河镇野狼扒帐篷的艰难坚守，到山东淄博长者食堂"一碗饭"的温暖善意，一条条热搜见证了记者本色——只要采访深入了，话语创新水到渠成。

在场是记者的优良传统。《今日玉麦，如您所愿》记录了几代新华社记者对玉麦乡的执着——从 1979 年记者群桑的偶遇，到 1997 年骑马走了 3 天成为第一个到达玉麦的摄影记者索朗罗布；从几个人的"中国人口最少乡"到三代人见证的"今日玉麦，如您所愿"，新华社记者是抵达新闻现场的历史记录者，也是历史的推动者。

在场也是舆论斗争的好方式。在《在印度，中国记者太难了》中，

新华社记者胡晓明娓娓道来。他常驻印度 6 年，常年扎根一国有利于驻外记者开展工作，却成为印方下达"驱逐令"的说辞。离印之际，他不禁感慨，中国记者苦印度签证久矣，在印度工作真是太难了！

在场，还要还原感性的在场。我们运用新技术不是为了"秀肌肉"，而是让新闻更加有力量！微电影《小事大时代》以"厕所革命"为观察点温情道出家国之变；《你好，二十大！跟着连线看中国》首次运用 5G 技术报道党代会，"沉浸式连线"传递新时代之声；《60 万米高空看中国》用卫星影像记录了脱贫攻坚、高质量发展带来的历史巨变，卫星的宏大叙事与基层一线的涓涓细流，汇聚成强大的感染力和感召力。

我们发挥新华社全球布点优势，发动一线记者担纲，在夹叙夹议中融入鲜活见闻与"刚出炉""冒热气"的现场采访。注重现场、强调当场，面对社会重点热点迅速介入，不缺位、不回避、不失声，有力有效引导舆论。

## 二、内容创新要"在线"，要感同身受的在线

感同身受的在线，是新媒体的基因。搞好网上传播，准确引导舆论而不"翻车"，必须知网民、懂网民，与网民感受同频共振。响应网络新闻热点，首先把功夫下在调研上，第一时间了解网民怎么看、怎么想、怎么说，从中寻找最大公约数。

当网络热播淄博烧烤的时候，我们推出了《给淄博烧烤，泼一盆"冷水"》，肯定淄博"自降热度"行为，指出"与有的地方唯流量论不同，淄博保持着一种难得的敬畏"；当河南滑县瓦岗寨乡政府打开大门让农民晒粮食的时候，我们推出了《"这麦子地毯，比什么装修都好看！"》，群众利益无小事，一枝一叶总关情；当网络标题党以"退林还耕"误读国家政策，我们说，没有退林还耕，只有"整改复耕"。千万别被一些不准确的提法混淆了概念，曲解我们耕地保护和粮食安全的政策。

在线，体现了互联网时代新闻工作者的网络素养，本质上是走好群众路线的新渠道、新能力。不在线，难以互动，不能共情，无法共鸣。

## 三、内容创新要"在理"，要直抵人心的在理

直抵人心的在理，是主流媒体的品格。新闻作品突出正确导向，把深深的道理浅浅地讲，把话说到网民心坎上。起承转合是需要的，但关键是看到真问题，讲明真道理，说到人心坎上。

《记者手记：在总书记心中，这个会"具有标志性意义"》这样说理：天下黄河为何唯富一套？答案就在于尊重自然、顺应自然、保护自然，遵循自然规律、善用自然之力。人不负青山，青山定不负人。这是中国式现代化的题中应有之义，也是天人合一、万物并育的中国智慧。

《关于长津湖，我们该如何对待历史？》这样说理：对自己不利的虚无，对自己有利的不虚无；自己不喜欢的虚无，自己喜欢的不虚无；有流量的虚无，没流量的不虚无，历史虚无主义的危害可见一斑。

《跟风制造文旅局长"网红"，请适可而止》这样说理：地方着急发展文旅产业的心情可以理解，但不在于跟风炒作，而是要着眼长远，练好内功。这可比推"网红"文旅局长要迫切得多、重要得多。

在理，才能引导舆论。在理，才能树立标杆。

以思想为引领，以文字为起点，善用新技术、新手段、新方法，不断推动新媒体时代话语创新，在众声喧哗中定基调，在思想激荡中立主脑，在人流涌动中树标杆，这是我们奋力推进内容创新、话语创新的思考与探索。

（作者为新华社新媒体中心主任、党委书记）

# "象舞指数"，发现短视频更好的样子

## 汪文斌

　　为引领带动媒体主力军进入网络主战场，中央广播电视总台着力构建短视频融媒体传播评价体系，"象舞指数"是短视频融媒体传播评价体系的品牌化名称。"象舞指数"以"流量与质量相融"为价值观，以"数据入围，价值定榜"为方法论，以日、周、月、年为周期推出主客观数据相辅相成的各类榜单，包括综合、文化、体育、科普等分类榜单。

　　"象舞指数"以"思想＋艺术＋技术"融合传播理念深刻洞察行业发展态势，总结出优质短视频的几个特征：

　　第一，大题"小"做，细节讲活故事。以小切口呈现大主题，引发舆论共振、共情与共鸣。全国两会期间，央视新闻发布的短视频《三位

"牛"代表 共"犇"富裕路》，用个体成长经历呈现国家发展全景。

第二，借"题"发挥，标题开篇破题。"象舞指数"从海量案例中总结出好标题的 7 个特点，包括直击新闻热点、表达新锐观点、呈现故事看点等。2023 年春节，央视新闻与浏阳日报共创的短视频《300 秒沉浸式焰火陪你过春节，这份过年的仪式感不能少！》登陆"象舞指数"榜单。

第三，古为今"用"，国风点燃新风。短视频遇见传统文化，总能创造出突破圈层的爆款作品。2023 年端午节，河南卫视推出的短视频《龙舟竞渡》，以热情豪迈的民族音乐串联非遗元素，呈现出百舸争流的火热场景。

第四，与"己"相关，相关引发围观。"接地气"能让人产生亲切感、代入感，以引发关注和讨论。2023 年春节，新华社发布的短视频《这就是回家的意义》，UGC 的素材，PGC 的制作，引发共鸣共情，戳中大众泪点。

第五，引"人"入胜，人设塑造特色。丰满鲜活的人物设置，可以精准击到用户"爽点"，生产出具有黏性的内容。

第六，记"忆"犹新，创意玩转回忆。在重要时间节点，让历史与当下相遇，蒙太奇式的临场感，能够制造出记忆的"爆点"。

第七，"萌"动人心，可爱激发热爱。"短视频＋二次元"正成为内容生态的重要标签，二者"珠联璧合"，表现十分亮眼。

第八，"倍"受青睐，直播促动传播。"直播＋短视频"极大提升了视频内容的传播力、影响力，用户"跟""追""评"的互动方式，不断制造"刷屏"效应。

第九，绘"声"绘色，音乐赋能创作。声与画的相辅相成，能够加深对主题的表现与诠释。2023 年贵州"村 BA"和"村超"火遍全网，引起全民关注和赞叹。我们通过一条短视频，一起体验乡土中国里朴素而又热烈的幸福与美好。

第十，一"技"之长，技术提升艺术。技术迭代升级，驱动短视频构建出更具沉浸感、丰富性的叙事空间，从而成为吸引用户驻足的有效话术。

（作者为中央广播电视总台融合发展中心主任）

# 媒体内容生产方式创新的边界

## ——以光明图片为例

**陆先高**

　　我分享的主题是媒体内容生产方式创新的边界，核心观点是内容生产方式创新肯定要有先进性、科学性，但同时作为机构媒体，在这种创新中是有约束的，也是有边界的。

　　话题从生产方式直接切入。几年前，我们在通过开展对外合作拓宽宣传渠道过程中，和抖音平台一拍即合，想把高校在毕业季的一些场景，以短视频征集的方式来体现，在平台上展播。活动只进行 3 天，就收手了。为什么？因为征集上传的内容，和我们选优、审稿的底线实在不符。具体没法细细展开，但确实和报社以前的内容生产标准要求差距太大，简单说就是失去了边界。我们就在原策划基础上转变了征集方式，主动和高校的学生会、团委、新闻传播学院直接约稿，由他们策划和完成新的毕业季视频作品。这种方式，实际上是让内容生产回归到了报纸当年做征文活动的约稿和选优的传统逻辑下，但从效果看，转变是正确的：高校的学生们很积极，自己去排练，想到许多很有创意的角度，拍的片子也不错。而整体去复盘这个创新的纠偏过程，对我们是有一定教训的。

以此为引子，我们进入对创新方式的讨论。做新媒体建设尤其是 PC 网站建设的同行，大约都有过这样的经历，就是随着媒体融合发展步伐的加快，图片在内容生产和传播中的使用数量呈现出井喷式增长态势，与此同时，伴随图片版权纠纷而来的问题甚至官司也扑面而来。我印象中亲历过的图片版权纠纷，对方狮子大开口的时候一张图片要到 50 万元，这让我们完全不能接受。在 2011 年我们意识到，光明日报要有自己的图片库，要能够自己解决图片生产问题。但是如果仅仅靠我们原来摄影部的几个记者背着相机到处跑，那样的生产能力远远不能够满足各个媒体终端对新闻图片的需求。那如何来解决这个问题呢？我们开始搭建光明图片库。

光明图片库的属性是新闻图片。图片库的内容生产方式采用的是互联网众筹模式。我们邀请各兄弟媒体的摄影记者、各级宣传部门的新闻摄影干事、全国各地基层的摄影爱好者，动员他们作为我们的签约摄影师，当然也要求他们有一定的新闻素养，比如要会写图片说明。依托光明日报和光明网的号召力，当这个平台搭建起来的时候，大家的投稿非常踊跃，于是光明图片慢慢形成以投稿为基础、编辑选优为原则，又具有展示功能的综合性图片平台。所有光明的媒体终端开始选用光明新闻图片库征集来的作品，当然最高端的出口，就是光明日报见报。更大量的使用是 PC 网站光明网的应用，再到"两微一端"的应用，各端口的选用与光明新闻图片的生产，形成了良性的相互激励、激活。

自 2012 年建设以来，光明新闻图片库品牌和影响力不断扩大，截至 2023 年 7 月，图片库注册摄影师有 24430 人，库存图片达 668 万幅。考虑到图片库的新闻图片生产属性，我们更在乎它的即时生产能力。目前，光明图片库新闻图片生产能力是每天 2200 幅 /300 组，光明系全媒体终端自用在 150 幅左右。每天下午 4 点，光明日报包括报纸、新媒体终端一起开编前会的时候，有一个议程是光明图片演示当日推荐作品。如果有特别策划，比如总编辑说需要一组麦收开始"开镰啦"的主题图片，我们还来得及在系统内发"江湖令"，定向征集，通常晚上七八点钟，一系列相应的图片就上传过来了。这种即时、精准的生产能力，解决了光明日报各端口对新闻图片的使用需求。

光明图片库还能服务重大主题宣传。比如《建党百年"七一"特刊》《56 个民族一起奔小康》报道、"百年奋斗　百年答卷——庆祝中国共产党成立 100 周年新闻摄影展"等，都是由新闻图片库来征集和挑选出主要作品。

2020 年武汉新冠疫情防控阻击战期间，光明日报连续推出了几十个摄影专版，在短短一周时间内以"集结""赛跑""奉献""聚力""希望"等报道主题连续累计出版了 25 个摄影专版，用可视化新闻全方位、立体化地报道了湖北、武汉疫情防控的壮阔场景。在武汉新冠疫情最吃紧的时候，我们派往一线的记者团队中只有一名摄影记者，而那个时候摄影记者半天可能只能去一个地方，上午去一个，回来消毒，下午再去一个。这样的报道能力，要满足大量新闻报道图片需求是不可想象的。此时互联网众筹的生产能力就凸显出了优势，"江湖令"发出后，当地所有的新闻摄影爱好者、市民，包括武警战士，包括支援武汉的医疗队成员，都成为我们的摄影"记者"。他们有些本来就是光明图片的签约摄影师，有的是被临时动员加入，当时图片库供稿量，每天竟然有 800—1000 幅，这样的生产能力是我们完全没有想到的。

当看到我们的摄影报道系列特刊，很多人问我，你们哪来这么多图片，我都很诚实地回答，是我们生产方式创新之后产生的效应。移动互联网时代，人们大都手机随身，可以拍照，可以上传，可以发布，这一点可以有效提升媒体的图片生产时效性。

大家翻看光明日报，会发现版面上有很多图片署名是"光明图片／视觉中国"，这是我们利用光明图片库现有的库存图片和即时生产能力与视觉中国做的置换。在视觉中国的网站里，有光明图片的专区、板块，光明日报选用视觉中国的图片和视觉中国选用光明图片库的图片，不管在哪个平台领域推送，都只需要支付摄影作者稿费。这样的合作运作起来非常简单，包括我们自己的版面编辑，在用图的时候，只要记住"光明图片／视觉中国"双署名，版权问题就解决了。我们也给业界的同行提供这样的服务，媒体也可以在光明图片库里开设专区，然后从中选用我们的图片，只要记得向摄影作者支付稿费就可以。

经过 11 年多的潜心经营，光明图片库的业务外延也在不断扩大。除了服务新闻出版，还能向社会提供图片相关服务。我们曾连续 6 年承担北京国际摄影周主题展板内容组织工作，其中包括 2020 年打造的北京国际摄影周"中国抗疫新闻摄影展"、"百年奋斗　百年答卷——庆祝中国共产党成立 100 周年新闻摄影展"等重大主题大型展览。抗疫新闻摄影展在中华世纪坛本来计划展出 1 个月，因效果太好，延长到 3 个月，整个策展、组织稿件到活动宣传，都由光明图片库完成。此外，光明图片库还依托技术优势，高标准服务中国新闻奖新闻摄影作品初评工作；发挥资源优势，与中国图片集团合作支持"中国图片大赛"；发挥主题策划和活动组织优势，与地方政府开展广泛合作。

内容生产方式的创新，是媒体可持续发展的能力和核心竞争力。作为机构媒体，我们对自建平台还是第三方平台发布的内容，都承担主体责任，所以相应地，不同于自媒体，我们的生产方式创新是有边界的。这种边界，是在先进性、科学性的基础上，有约束和规则，包括我们的内容把关、编辑选优、互动管控、舆情应对等生产全流程，都必须做到可管可控。

（作者为光明日报社副总编辑）

# 内容为本　守正创新
## 努力做好经济领域舆论宣传压舱石

季正聚

　　习近平总书记指出，内容永远是根本，融合发展必须坚持内容为王，以内容优势赢得发展优势。创刊 40 年来，经济日报在宣传党的创新理论、解读经济政策、报道经济成就等方面发挥了重要作用。其中最重要的经验就是始终心无旁骛地深耕内容建设。不管是在传统的"铅与火"时代，还是现在的移动互联全媒体时代，经济日报始终把内容建设作为立社之本、发展之基。

## 一、深耕内容，打造经济宣传"正解"

近年来，经济日报坚守内容为王，秉持"评论立报、理论强报、调研兴报、开门办报"理念，坚持"减量化改革、高质量发展"，进一步夯实"优质经济报道内容提供商"地位。

我们以定位各异、特色各具的评论专栏汇聚成富有战斗力和影响力的评论矩阵，成为经济宣传领域的"正声"和"正解"。在我们的评论矩阵中，"经济论坛""金视角""经世言""民生谈"等评论专栏，就重要经济话题及时表态发声，奏响主流经济舆论的新时代强音；为13名中青年记者开设的"市场监管""三农瞭望""每周经济观察""国际经济观察"等个人言论专栏，以对热点话题的快速反应和鲜明的个人风格迅速"出圈"，产生了一定的品牌效应和社会影响，使我们的优质内容供给力大幅提升。

我们的地方调研、产业调研、企业调研"三驾马车"，以长时间深度调研打造的深度，以全媒体精彩呈现形成的力度，获得了起步过亿、最高超6亿次的高传播量。《柳州惊奇》《东莞豪迈》《亦庄探新》《鹭岛妆成》《强农兴川》等精品力作，挖掘这些地方践行习近平经济思想的经验做法，破解当地的经济发展密码，让这些各具特色的"实力担当"变成了名副其实的"流量担当"。

我们越来越深刻地体会到，无论媒体形态如何发展变化，优质内容永远是舆论场上的"硬通货"。不管媒体融合以何种方式推进，不管互联网的风口如何变换，优质内容都是我们的核心优势，也是我们的安身立命之本。

## 二、深度融合，以创新表达实现"双赢"

当前，媒体融合发展已经进入任务更重、难度更大的深水区。媒体融合作品的表达形态已经基本超越"炫技"层面，编创重心开始转向内容与技术的深度结合和精准匹配。

在互联网思维下重构和锻造新的内容生产力，是当下挺进互联网阵地和主战场的入场券。媒体融合发展的出发点和落脚点，都是让优质内容顺应移动互联时代的变化，更好满足受众不同需求，产生更大影响力，进而更好实现舆论引导。融到深处，回归内容，鲜明主题和专业报道始终是主流媒体精准掌握话语权、发挥舆论引导力的关键。

为了宣传好党的二十大精神，经济日报推出了融媒体作品《时间向前，中国向上！"十画十说"中国经济历史性跃升！》。该作品根据党的二十大报告提出的"我国经济实力实现历史性跃升"这一重大论断，精心策划在报、网、端、微、视等平台推出了"10 篇重点评论"+"10 块数据版面"+"10 个数据可视化视频"+"1 个重点融媒体产品"，选取经济总量、粮食产量、市场主体、居民收入等 10 个最有代表性的指标数据，以系列评论、数据版面、手绘海报、动图、视频等形式，综合运用图文、SVG 动效、视频、GIF 图等手段创新传播视效，充分展现新时代我国经济取得的历史性成就、发生的历史性变革。通过动与静的结合、篇与版的联动、纸与屏的链接，全方位、多角度呈现十年来中国经济取得的非凡成就。作品站位高、分量重、内容实、设计巧、形式美，获得广泛社会影响，在经济日报各平台的传播量累计约 1.8 亿次，获得了第二届视听媒体融合创新创意大赛一等奖。

## 三、开门办报，以资源整合放大影响

经济日报的主责主业是经济宣传，以我们目前的财力、物力、人力，尚无法以一己之力打造一个强大的平台。"虽有智慧，不如乘势。"移动互联时代，新媒体平台的"玩法"如雨后春笋般不断迭代换新，对技术资源、人才资源的要求更高，任何一家媒体单独创建运维一个有影响力的平台都是不现实的。我们的解题思路之一，是开门办报、开门办新媒体。在牢牢把握作品质量和舆论引导话语权的前提下，我们秉持开放心态，向所有有利于提高新闻作品质量、有利于提升舆论引导效果、有利于推进融合发展的新技术新业态新平台新创意敞开怀抱。

征集活动的成功举办是经济日报"开门办报"理念的生动体现。我们做好优质内容的策划者和组织者，与微信、抖音、快手、今日头条、"学习强国"学习平台等主流平台合作，为全国乃至全球的优秀作品提供展示播放机会。近年来，我们组织了多次摄影、视频征集活动，以征集活动网聚积极能量、凝聚奋进共识，实现了放大主流舆论体量声量、推动融合发展走深走实的初衷。其中"记录小康生活 见证时代变迁——庆祝中国共产党成立 100 周年"微视频征集活动共收到征集作品 7000 余件，在各平台累计播放量超过 8 亿次；"春节七天乐"摄影征集活动收到来自海内外的 4.8 万余幅作品；"喜迎二十大 奋进新征程"活动累计传播量超 1.7 亿次，征集活动成为新的高质量作品聚合体和吸引力高地。当前，我们正在组织开展"美好新时代"微视频征集活动，仅 1 个多月时间相关作品及话题累计阅读量已超 8500 万次。

2023 年 1 月 1 日，习近平总书记致信祝贺经济日报创刊 40 周年，明确要求"经济日报深入学习贯彻党的二十大精神，坚持正确政治方向，创新经济报道理念和方式，加快构建全媒体传播体系"。当前，经济日报正以习近平总书记贺信精神为指引，坚定正确政治方向，打造精品优质内容，完善融合运行机制，放大主流舆论的声量和体量，讲好新时代中国经济发展故事，努力做经济领域舆论宣传压舱石，推动中国经济高质量发展。

*（作者时任经济日报社副总编辑）*

# 为建设中华民族现代文明
# 提供坚实内容支撑

**龚政文**

　　习近平总书记在文化传承发展座谈会上指出："在新的起点上继续推动文化繁荣、建设文化强国、建设中华民族现代文明，是我们在新时代新的文化使命。"这为新时代的传媒工作者指明了前进方向，明确了根本任务。文明的基础是千百年来积累并可以传承下去的优秀的、丰富的文化成果。建设中华民族现代文明，内容建设是根本。对于新时代的传媒工作者而言，创造、传播属于我们这个时代的、足以进入文明序列和文明史册的优秀内容，是我们的最大使命。

## 一、我们要创造什么样的内容

当今的媒体形态是多样的，内容也是极其丰富多样的。作为党领导下的主流媒体，为社会提供引领风向、堪为范式的文化主粮，是我们的主责主业。

何谓主流内容？体现主流价值是根本之道。主流媒体的内容，都必须是宣传习近平新时代中国特色社会主义思想、弘扬社会主义核心价值观和全人类共同价值的。这些年，我们连续推出《总书记来信》《学"讲话"·六堂课》《思想的旅程》《思想耀江山》《十讲二十大》等湘派新闻、理论大片，生动解读习近平新时代中国特色社会主义思想。我们强调，所有的内容创制，无论是电视剧、综艺、晚会还是广播节目、纪录片、动画片，都必须以社会主义核心价值观为底色、为追求。

做好主题创制是可行之法。遵循党之所指，围绕"国之大者"，开展主题创制，是近年来主流媒体的一个成功经验。从 2020 年开始，湖南广电以"一年一主题"的方式规划并推进主旋律创制。从 2020 年的"脱贫攻坚三部曲"到 2021 年的"庆祝建党百年交响乐"，从 2022 年的"奋进新时代洪波曲"到 2023 年的"新征程上谱新篇"，总计 50 多个项目，囊括新闻、文艺全形态。2020 年的《从十八洞出发》《大地颂歌》《江山如此多娇》，都是脱贫攻坚题材；2021 年围绕建党百年，我们推出了《理想照耀中国》《百炼成钢》《党史上的今天》《为有牺牲》《十八岁的你》等一大批革命历史题材视听作品；2022 年以迎接党的二十大为主题，我们创制了《麓山之歌》《底线》《这十年》《唯有登攀》等现实题材作品；2023 年，我们已经和正在谱写《声生不息·宝岛季》《问苍茫》《日光之城》《大地之子》《新山乡巨变》等内容新篇。

符合时代主潮是"破圈"密码。我们反复强调，内容创作者要深刻感受时代之变、人心之变、审美之变，要呼应人民群众内心最深刻的呼唤。《乘风破浪的姐姐》《披荆斩棘的哥哥》《时光音乐会》《青年π计划》，以及每年的跨年演唱会、小年夜春晚，之所以受到欢迎，就是因为这些作品较好感应并表达了 2020 年以来国人的心灵追求。

这样的内容应该是高品质的。当前是一个创作者风起云涌的时代，是一个内容爆炸的时代，也是一个内容泥沙俱下、盲目跟风、同质化严重的时代。在这样一个时代，作为专业机构，该如何捍卫自己在内容上的地位、声誉，找到核心竞争力和制胜之道？我们认为还是应该坚守高品质高价值的内容制作、传播标准。湖南广电一直坚持，我们的新闻精品应该走新闻大片之路而不仅仅是即时性、浅表化报道；我们的事件和晚会播出应该努力做到全程化直播；我们的长视频必须高举高打，大型化、高门槛，几个团队几百人几个月云集一流嘉宾打造一档大型季播节目是常态；我们的节目应该具有极致美学风格和视听效果，例如大型音综《声生不息》，例如大型竞演《乘风 2023》，例如纪录片《中国》《岳麓书院》，例如每天一小时的广播评论节目《国生开讲》。当然，这并不意味着我们不做小而美的节目。

这样的内容应该是大众的。我们的文艺是以人民为中心、服务人民大众的文艺，我们的媒体进行的是大众传播，这就决定了我们输出的视听内容必须是广谱的，是能够抵达并为尽可能多的受众所喜爱的。大众的某种程度上既是流行的，也是恒久的。过去湖南卫视的节目深受观众喜爱，伴随着几代人的成长记忆，其中有深刻的创作逻辑和心理逻辑。现在，我们仍然孜孜以求、希望源源不断打造爆款和超级爆款。当然，随着去中心化和全民创作时代的到来，某一两个爆款"大杀四方"、通吃数年越来越难了。

这样的内容应该是创新的。"要么做第一，要么第一个做"，在湖南广电，创新是基因，也是方法论。我们最鼓励的是创新，最警惕和看不起的是经验主义、路径依赖、自我重复。我们庆幸，马栏山上，有一大批秉承"不创新毋宁死"精神的创意人才，多年如一日匠心打造优质内容。他们中，有频频斩获中国新闻奖的新闻团队，有集结于湖南卫视、芒果 TV 双平台旗下的 50 个节目团队、22 个影视团队、34 个战略工作室，"风芒"短视频平台也已构建起 10 个内容工作室。湖南广电每年产出近百档节目，原创性比例不低于 40%。没有创新，出不了《一张照片背后的这七年》和《普利桥种粮记》；没有创新，出不了将高深理论生动化呈现的《学"讲话"·六堂课》和奇妙体验的《思想的旅程》；没有创新，出不了《乘风破浪》《声生不息》。

这样的内容应该是双效统一的。在确保导向正确和社会效益优先的前提下，创造最大的经济效益，是传媒机构所不能不考虑的。能够形成购买的传播才是最有效的传播。通过内容变现让内容产生价值，获得回报，才能形成良性循环。应该承认，在传播形态和商业模式发生巨变的当下，当前主流媒体在内容营销上面临的形势不容乐观：长视频变现能力减弱，电视剧广告无法支撑剧场的成本，新闻和短视频尚没有建立很好的商业模式，版权价值不见增长，而优质视听产品的创制成本非常高。我们期盼政府、行业和广告主共同努力，一起建立良性的内容生态，促进优质内容的可持续发展。

## 二、做强内容的两个支点

内容不仅是内容，内容背后需要一个庞大的体系支撑。对于媒体来说，有两者不可或缺。

一是融合发展的平台矩阵。没有强大的自有平台，没有深度融合、品类齐全的平台矩阵，我们的内容创制和传播就没了依托，没了自主性。十年来，湖南广电打造了居于长视频行业前三的新媒体平台芒果 TV，而湖南卫视的收视率、品牌力、传播力依然位居省级卫视第一，更重要的是，湖南卫视和芒果 TV 正在深度融合、共同成长；2020 年以来，我们建立了短视频平台"风芒"、内容电商平台"小芒"和智能广播 5G 智慧电台；芒果 TV 国际 App 下载量达 1.2 亿次，覆盖全球 195 个国家和地区，"凡有华人处，必闻芒果声"。现在的湖南广电，构建了涵盖长视频、短视频、音频，支撑新闻与文艺、内宣与国际传播、内容与商业的平台矩阵，一个主流新媒体集团的大模样已经形成，为内容生产创造了广泛需求，也提供了多种载体。

二是牵引赋能的技术支撑。AIGC 等创新技术的飞速发展，给传媒的内容制作带来很大挑战，也打开了广阔空间。近年来，湖南广电格外重视创新技术的牵引赋能，我们以"IP 化、云化、智能化"为理念，对传统广播电视技术进行转型升级；以 5G 实验室为牵引，开展面向未来的创新技术研发，点亮节目内容、焕彩节目传播；我们依托 800 多人的工程师团队，与内容团队紧密结合，打造视听新物种。时空凝结、高动态范围影像、AI 现实增强系统、虚拟数字人"小漾"、光芒云制播系统、光芒密集传输系统……全面升级的数字化制播技术，让创意插上技术的"翅膀"，让内容呈现全新的形态。

## 三、下一步我们的努力方向

近年来，湖南广电在内容创制上付出了极大努力，也收获了丰硕果实。我们获得 28 个中国新闻奖、5 个飞天奖星光奖、3 个金鹰奖、25 个黄河奖，还有 1 个长江韬奋奖、1 个金声奖。

但成就只代表过去，内容创新永不停歇、永无止境。

我们要进一步把习近平新时代中国特色社会主义思想解读好传播好。重点围绕新思想、新观点、新论断，在做好新闻宣传头条工程、置顶工程的同时，深入做好学理化、体系化解读和生动化、可视化传播，打造好《当马克思遇见孔夫子》等理论大片。

我们要持续把中华优秀传统文化挖掘好展示好。重点做好《中国·第三季》，回溯中华文明之源，揭示中华文化成因。我们还要围绕湖湘文化精华，利用好湖南博物院的丰富资源和马王堆汉墓 IP，研发创制文化精品节目。

我们要继续把"新征程上谱新篇"书写好。紧扣毛泽东诞辰 130 周年、"精准扶贫"10 周年、"一带一路"10 周年等重要时间节点，抓好电视剧《问苍茫》《日光之城》，纪录片《大地之子》，新闻纪实大片《十八洞村的新故事》等项目的创制。

作为传媒人，做好内容是我们的热爱，热爱可抵岁月漫长、人世沧桑。做好内容是我们的安身立命之本，我们注定是不折不扣的内容手艺人和产品经理。做好内容更是我们不可推卸的使命，一个伟大民族的伟大复兴，需要文化的繁荣兴盛；一个伟大国家的现代化历程，需要记录、书写、传播；一个伟大文明的更新再造，需要新的文化精品支撑。面向未来，我们将在习近平总书记关于新的文化使命的召唤下，守正创新，砥砺奋进，为赓续历史文脉、谱写当代华章作出更大的努力。

[ 作者为湖南广播影视集团（湖南广播电视台）

台长、总经理、总编辑 ]

# 主流媒体的初心"坐标"

## 曹 斯

2023 年是习近平总书记提出媒体融合发展 10 周年。这些年，主流媒体纷纷在互联网的汪洋大海乘风破浪，希望在新介质上迭代出更坚实的履职尽责的平台、安身立命的饭碗、干事创业的舞台。

南方＋也在实践探索。我们立志于建设广东传播主平台、湾区第一端、全国标杆新媒体，目前已实现了亿级下载，每天与数百万用户发生关联，成为他们掌握权威资讯的主渠道、分享内容创作的新天地、获取特色服务的"百宝箱"。

对移动互联网新动态、新风向保持敏锐，是许多媒体人的职业自觉。中国互联网络信息中心（CNNIC）最新数据显示，截至 2022 年 12 月，我国网民规模达 10.67 亿人，互联网普及率达 75.6%。趋缓的增幅说明，互联网用户已进入存量时代。而主流媒体生存发展的"命门"就在传播力，又可解构为采编实力、传播能力、技术支撑力与传播效力。

南方报业传媒集团上下最大的共识是"没有传播力就没有一切"。甚至在转型探索爬坡过坎最艰难时，仍有同事放出"豪言壮语"："内容始终是最有价值的投资""只要采编貌美如花，经营就能赚钱养家"。这默契地呼应了论坛主题——"坚守初心　内容为本"，提醒着我们记得本来、勿忘原点，也要应势而动、引领潮流。

回到职业本身，我们是从事意识形态工作、新闻舆论工作、内容生产与传播工作的。当用户、技术、数据……纷纷被冠以"王"的称号，主流媒体的"王"仍然在内容。这不是落伍的说法，而是由主流媒体的本质属性决定的。在资讯欢腾甚至鱼龙混杂的当下，我们竭尽全力在无远弗届的互联网上占一席之地，表象上是通过流量"云圈地"，内核是希望主流价值直抵人心、影响人心，才得以履职尽责，将互联网的"变量"变成"增量"。

因此，南方＋的内容创新锁定了3个初心"坐标"。

## 一、"国之大"

第一个初心"坐标"是"国之大"。主流媒体要心有家国天下，胸怀凌云之志。广东在地理位置上是"交汇处"，在文化上是"交融处"，在意识形态领域是"交锋处"。习近平总书记赋予粤港澳大湾区新发展格局的战略支点、高质量发展的示范地、中国式现代化的引领地的战略定位和历史使命，讲好大湾区故事，就是讲好家国故事。在香港回归祖国26周年之际，南方＋推出《本色湾区人｜7分01秒"港"新声》融媒体产品。当创业者高月华在深圳拥有"稳稳的幸福"的踏实，舞狮人夏敬文传承文化血脉的执念，"搭桥人"叶文悦为港青在大湾区安居乐业的奔忙通过镜头传递，全网3000万＋的传播，让更多湾区人的情感阀门被打开，血脉本色被唤醒。一些原本持怀疑态度的青年也发出真切的留言："有机会，确实可以去看看。"在南方+每年刊发的数十万条原创稿件中，近六成在讲述大湾区故事，"我们都是湾区人"的理念得到有力传播，更多港澳青年感受到家的灯火可亲。

## 二、"省之要"

第二个初心"坐标"是"省之要"。广东是改革开放的排头兵、先行地、实验区。"走在前列"是习近平总书记立足中国式现代化建设战略全局赋予广东的使命任务。这里面有怎样的广东实践？聚焦广东 21 个地级以上市，南方+编委会进行了数月调查研究，策划推出《21 城・21 问——广东城市微调研报告》融合报道，以微观视角、锐度观察，为城市画像，为发展助力，为时代特写，为中国式现代化建设鼓呼。《广州，还有"实"力吗？》《聪明的深圳，还需要哪些智慧？》《珠海，能否再"杀出血路"？》……每一个问号背后都有扎实的研究、深入的思考、多维的比较、针对的建议，是建设性的问号，也是指向未来、共谋发展的问号。截至 2023 年 7 月 3 日，推出 7 期，流量已超过 2000 万，为"省之要事"——广东的高质量发展营造良好氛围。互联网催化的共享生态，使内容生产进入"团购"时代，时而"限免"，更有甚者吃起了"霸王餐"。复制粘贴轻而易举，真知灼见越发稀缺，主流媒体的重要价值之一，在于观察真现象，作出真调研，解决真问题。"南方读+"便在这样的背景下应运而生，两年来已推出将近 700 篇广东纵深观察文章，以近 2 亿次传播量，让海量用户感受到真切的广东、动感的广东、奋进的广东。

## 三、"民之盼"

第三个初心"坐标"是"民之盼"。铁肩道义，妙手文章；脚下有泥，心中有光……出发点、落脚点都应该在人民。网上有奔腾鼎沸的人气，现场才有真实鲜活的人民。在宏阔时代背景下，主流媒体更要去关注个体的体验、认知、期盼，去记录他们的可感、可爱、可亲，再将其"投影"到时代大潮中，生成向上向善的力量。南方＋记者曾在集团主要领导同志的带领下，跋涉 2000 多公里到怒江找到来自广东珠海的"背篓医生"管延萍。眼前是湍急的江水、陡峭的悬崖、扬尘的公路，还有被阳光洗礼过的质朴笑容，融化在真情中的清澈眼神。我们如饥似渴地记录，比如，管医生用爱心使重症精神病患者学罗军走出久居的小黑屋，用真挚卸下自残者李华的心防，用专业使边陲小镇丙中洛的医生拥有更足的工作劲头……我们将医者初心、人性光辉拾掇起来，通过互联网汇成一股暖流。如果将场景扩大、时间轴拉长，这些年，我们踏出了不计其数的"铁脚板"，记录着民之所想、民意所盼、民心所向，也析出了自身最宝贵的价值——巩固壮大主流思想舆论，弘扬主旋律，传播正能量，激发全社会团结奋进的强大力量。

多年前，我们就开始焦虑饭碗。在去中心化的互联网，拥有一支麦克风还不容易吗？今天回望，我们中的许多仍在坚持，生产优质内容、建设优越平台，使主流价值圈不断形成，主流影响力不断扩大。

喧嚣中，我们自持；前行时，我们坚定。

迭代的是介质和技术，永恒的是初心与匠心。

*（作者为南方报业传媒集团编委、南方＋传媒中心总编辑）*

# 守正创新，打造原创 IP "破圈" 突围

## 黄　杨

　　根据中央关于推动传统媒体和新兴媒体融合发展的精神，澎湃新闻于 2014 年 7 月正式上线。作为全国第一个由传统媒体向新兴媒体整体转型的产品，9 年来，澎湃新闻始终坚持党媒党网的核心属性，坚持守正创新、内容为王，把人才、资源、技术、能量集中在做好呈现主流价值观上，实现了传播创新、技术创新和运营创新，成为全国媒体融合转型的标杆性产品之一，成为党在互联网上重要的舆论阵地。现在澎湃新闻正在加快转型为面向全场景、全模态的全链条内容生态服务商、数字生活赋能者。

## 一、守正创新，以原创报道为核心打造开放的内容平台

面对媒体技术、传播格局、舆论生态的重大变化，媒体最无可替代的作用就是把关和引导。作为党媒党网，澎湃新闻牢牢坚持党管媒体原则，始终坚持正确的政治方向、舆论导向、价值取向。

优质原创内容是澎湃新闻的核心竞争力。澎湃新闻始终坚持内容为王，坚持影响力至上，加快全媒体内容供给侧改革，持续提升全媒体原创内容生产力，用好作品、好声音传播网络正能量。目前，澎湃新闻共包含时事、财经、思想、文体等八大板块共计 90 多个栏目。日产原创全媒体内容超 400 条，其中资讯类视频超过一半，每年推出的原创直播也超过 1600 场。

内容为王的另一个重要支点是建立优质的内容开放平台。2017 年，澎湃"问政"官方权威政务平台上线；2018 年，以"邀约 + 精选"为特点的"湃客"专业创作者平台上线；2019 年，进一步整合推出了"澎湃号"频道。截至 2022 年年底，"澎湃号"入驻创作者近 3 万人，初步形成了"金字塔"结构的内容创作者生态。

内容分发是内容为王的重要基础。澎湃新闻不断加强与头部企业在渠道、载体等方面的合作，各平台新媒体账号达 110 个，并不断加强个性化的分众传播和精准传播。2022 年，在微博平台上，澎湃新闻全年1500 个话题登上热搜榜，总阅读量 1000 亿次。微信全年 10 万 + 阅读量超 2000 篇，累计阅读量 12 亿次。抖音年度共计 30+ 播放量过亿爆款视频，单条视频最高播放量达 3.4 亿次。

## 二、打造品牌，以内容 IP 为支点放大声量、"破圈"突围

主流媒体必须全方位挺进互联网主战场、占领主阵地、掌握主动权。

澎湃新闻不断探索将主题报道 IP 化，原创内容品牌化，通过系列 IP 运营带来的用户黏性、用户增长、播放增长，实现放大声量、"破圈"突围。

打造主题报道系列 IP。2022 年 10 月初到 2023 年 1 月底，澎湃新闻推出迎接党的二十大的主题策划"大国大城"系列报道，这是国内首部穿越机视角城市微纪录片，全网点击量超 1.5 亿次，是澎湃新闻自 2019 年推出大国 IP 系列的延展。包括 2019 年推出的"大国大桥"系列报道，2020 年的"大国小路"系列报道，2021 年的"大国小镇"系列报道。

连续 4 年发布的"大国"系列报道关注建设成就、脱贫攻坚、乡村振兴等宏大背景下的"小切口"，先后斩获国家广电总局 2019 年度优秀短视频，2021 年"弘扬社会主义核心价值观共筑中国梦"主题优秀网络视听节目，第十二届北京国际电影节短视频单元（新闻类）三等奖等奖项。

打造数据新闻品牌 IP。澎湃数据新闻部打造了"美数课"和"有数"两个品牌 IP，成为中国引领性的数据新闻及解释性报道团队，不仅爆款频出，2021 年更是包揽了中国数据内容大赛手机交互作品的金银铜全部奖项、获得 SND 新媒体大赛中文参赛作品媒体唯一一枚金奖。近年来，数据新闻部还打造及主办了"数据创作者大会""数据内容年度案例征集""中国数据内容大会""中国数据新闻人访谈录"等 IP 活动。

数据新闻部负责人参与的复旦大学新闻学院本科生课程《数据分析与信息可视化》团队还获得 2022 年高等教育（本科）国家级教学成果奖。

打造全球事实核查 IP。2021 年 9 月，全球事实核查项目"澎湃明查"上线，这是国内第一个将核查重点瞄准外媒及海内外社交平台上不实涉华信息的专业媒体事实核查项目，重点聚焦国内外舆论场中的重大涉华议题以及读者关注度高的全球热点事件。

"澎湃明查"上线以来对全球数十家外媒及社交媒体发布的不实信息和错误报道进行了及时有力的批驳。截至 2023 年 7 月，在澎湃主站发布稿件超 450 篇，有 130 多篇稿件阅读量达百万 +，总阅读量超 4 亿次，在微信平台阅读总量超 2000 万次。

2022 年年初，"澎湃明查"被上海市委宣传部列入国际传播三年计划。中国人民大学等相继将"澎湃明查"的做法作为经验列入专题报告中。

打造国际传播内容产品 IP。澎湃新闻 2016 年创办推出英文新媒体"第六声"（Sixth Tone），坚持"小而美的普通中国人的日常故事"定位，将中国立场、中国视角、中国特色融入有人情味的报道中，追求圈层式扩散影响的涟漪传播：通过首先影响在华外国读者，如驻华使领馆人员、商贸人员、驻华记者等，进而影响到国外的智库、学术机构等，借助其 KOL 作用，影响广泛海外读者群体，成为一批西方知识精英和青年人群体了解和认识中国不可忽略的一个窗口。

2022 年，全球主流媒体及新闻平台引用和推荐"第六声"超 1 万次。海外社交平台活跃粉丝数逾 100 万，年覆盖实现 1.2 亿人次，转赞评等互动量累计超 1100 万次。其中，来自美国的读者占 30%，英国、澳大利亚、加拿大等主要西方国家读者占比超 52%。

打造内容支撑技术平台 IP。澎湃新闻全力打造融媒技术品牌"智媒开放平台"，以技术赋能内容生产与传播，助力传统媒体和内容行业智能化转型，提供包含内容生产、审核、分发、商业化全链路和生态化建设的一站式解决方案。

其中，"澎 π"内容创作平台能实现线索收集、舆情分析、内容审核管理发布、智能分发、广告发布支持系统、后期数据监测等新媒体全流程需求；自主研发的"清穹"内容风控智能平台，以人工智能算法为核心，以自然语言处理、机器深度学习等不断推进与澎湃采编系统的要素融合，并为用户提供全场景的内容审核服务。

（作者为澎湃新闻副总编辑）

# 保持内容定力　守正创新打造融媒精品

李春燕

习近平总书记指出："对新闻媒体来说，内容创新、形式创新、手段创新都重要，但内容创新是根本的。"全媒体时代，面对媒体生态之变、市场格局之变、竞争逻辑之变、突围策略之变，主流媒体发展机遇与挑战并存，内容建设永远是根本，吸引受众、留住用户，引领舆论、凝聚共识，需要始终保持内容定力，不断深化内容生产供给侧结构性改革，生产更多融媒体精品，把正能量和大流量结合起来，让正能量产生大流量，好声音成为最强音。

近年来，华龙网集团坚持党网姓党不动摇、新闻立网不动摇，坚守初心、内容为本，昂起新闻事业龙头。连续 10 年共 14 件作品获得中国新闻奖，其中 6 件作品获得一等奖，尤其是 2018 年、2022 年两次喜获一等奖"双黄蛋"。

## 一、紧扣主题，深挖选题

在新闻宣传方面，我们提出了"三个精准"：党的声音精准传达、政府政策精准解读、突发事件精准引领，这就是我们在内容体系上一直坚持和努力的方向。面对新媒体格局和新时代受众，在重大主题宣传报道中，坚持挖看点、切热点、巧落点、催泪点，让内容上接天线、下接地气。2021 年，围绕庆祝建党百年主题宣传，我们与重庆史研究会合作策划连推 100 期的《百年百篇　留声复兴之路》，请党史研究人员从幕后研究走向台前，讲述厚重历史，让革命文物"活"起来，传播效果和社会评价都非常好，累计浏览量突破 3 亿次，作品也获得中国新闻奖一等奖。近年来，我们还策划推出了《绝壁上的"天路"》《"天路"背后的中国答案》等多个亿级传播量的爆款融媒体作品，挖掘报道了全国脱贫攻坚楷模毛相林等一大批新时代典型人物。

## 二、心系百姓，捕捉"活鱼"

脚下沾有更多泥土，心中就能沉淀更真感情，只有到一线才能抓到最鲜活的"鱼"。触摸山城温情，讲述百姓故事。华龙网获得中国新闻奖新闻名专栏的"百姓故事"栏目，自创办以来，就定位聚焦基层，将笔端和镜头对准百姓，挖掘来自最基层的声音，书写一个又一个血肉丰满、感人至深的凡人故事，迄今已刊载报道 700 多期，推出了众多平民典型。2023 年 6 月，我们刊发一篇报道《百姓故事后续 | 当年感动重庆的留守女足"踢"出了 19 个大学生》。之所以有这篇报道，缘于 2017 年 4 月，我们的"百姓故事"栏目记者深入重庆石柱县三河小学这所偏僻的山区小学，蹲点采访报道了《大山里的留守女童足球队》，讲述她们闪闪发光

的足球梦。此后，女子足球队荣获 2017 年度"感动重庆十大人物"特别奖。2022 年夏天，我们又回访了这支足球队，推出报道《踢出个未来》。记得栏目刚创办时，为了保证栏目常态化更新，编委会协调全集团资源进行栏目内容生产，坚决不允许三天打鱼两天晒网。后来就一直坚持下来成为习惯。

## 三、技术驱动，赋能精品

新技术催生新内容，新技术促进新连接，新技术让内容表达有更多可能。技术不断突破边界，形成融合创新，也在不断冲击扩大人们对新媒体体裁范畴的认知。比如，华龙网作品《2019 对话 1949：时代变了初心未变》通过双屏互动、穿屏等沉浸式体验，让当下的小学生、职场女性、即将就业的青年，分别与"小萝卜头"等革命志士上演一场"平行世界"的"隔空对话"，进而构建起 3 个不同的完整故事场景。形式是锦上添花，让内容如虎添翼，但内容始终是根本、灵魂所在。比如，我们曾推出的党史宣传沉浸式互动视频作品《党员，请选择！》，融入年轻人热衷的"剧本杀"游戏元素，用户可以自己选择角色并会产生不同的剧情走向，让隐蔽战线革命先辈们的"潜伏"故事融合传播实现"破壁出圈"效果，点赞量达 582 万 +。

## 四、革新机制，深融生产

只有不断创新机制，才能激发内生动力，时刻保持新媒体的内容创新力，给融媒精品产出提供优厚土壤。过去，华龙网的采编、技术、视频和美术分散在不同部门，编辑部做个专题还要先下工单，等技术部排期，完全没有时效性。后来，我们在组织结构和机制上对"策、采、编、审、发、馈"进行全方位改革，建立适应互联网生态的新型采编架构。

在融媒体新闻中心内，融合采编、技术、视频、美术等人员组建融媒精品创作工作室，加大音视频、VR、AR、MR等流媒体内容供给，有效提升以视频为主要表现形态、更符合用户阅读习惯的新媒体传播力，实现传统式、单向式传播向互动式、场景式传播转变，塑造了"懂技术的新闻单位，懂新闻的技术公司"品牌形象。

## 五、渠道运营，裂变传播

酒香也怕巷子深，没有传播力就没有影响力。新的传播生态下，媒体单兵作战的时代已经过去，更多的是要集群化作战，需要大家相互联动、整合资源抱团突破。华龙网坚持全域联动、同频共振，通过"1+41"自主平台＋借船出海第三方平台＋中央省市级新闻平台联盟，建立三级协同传播渠道，全媒体覆盖数超过8000万。"1+41"重庆客户端集群建立内容共享互推机制，结合区县特色开展多样化的区域内容联动运营。比如，2023年全国两会开幕前，我们联动重庆相关区县融媒体中心，策划推出《VLOG接力联播|迎着两会春风　感受轨道上的新重庆》，以"直播＋视频"传播、"线上＋线下"互动，在集群平台和第三方平台分发后，传播力成倍放大。

## 六、锻造队伍，激发活力

"得人者兴"，媒体竞争关键是人才竞争，媒体的核心优势是人才优势。我们高度重视一专多能的新媒体复合型人才培养，在华龙网有这样一句话，"不会当记者的编辑不是好主播"，就是打破原来一支笔的格局，文能提笔写稿、俯身P图；武能扛机摄像、出镜主持，外加后期剪辑。我们针对95后乃至现在00后Z世代年轻员工的特点，长效化开展"腾龙计划""乘风计划"等职业素养和专业技能培训项目，给每个人提供机会去发展其最具闪光点的强项，建立完善符合新媒体特性的考核激励机制，激发采编人员的创造活力和聪明才智，使正向激励和鼓励创新良性循环。经过短短几年的培养，很多年轻员工都成长为能独当一面的融媒体达人。

党的二十大提出："加强全媒体传播体系建设，塑造主流舆论新格局。"新时代、新征程、新媒体，新技术、新视觉、新内容。互联网传播更加移动化、社交化、视频化发展的当下，也迎来了优质内容价值回归的风口。唯有守正创新、深融致远，拥抱新变革、勇立新潮头，新征程跑出"内容+"新速度，奏响新时代媒体融合发展强音。

（作者为重庆华龙网集团股份有限公司党委书记、董事长）

# 以新内容建构提升新型主流媒体影响力

**马正华**

　　建设新型主流媒体，推动媒体深度融合，是党中央顺应传播格局深刻变革，着眼巩固宣传思想文化阵地、壮大主流思想舆论作出的战略部署。我们应该积极主动作为，以内容创新来提升自身竞争力，坚守主流舆论阵地，让主旋律唱得响、传得远、留得住。近年来，南京报业传媒集团在以新内容建构提升新型主流媒体影响力方面做了一些思考和探索。

## 一、以新思维做优创新理论传播

　　深入学习宣传贯彻习近平新时代中国特色社会主义思想，让党的创新理论"飞入寻常百姓家"，是主流媒体的首要任务。南京报业传媒集团以移动化、平台化思维，推进全媒体理论传播矩阵建设，做优做强新媒体品牌栏目，全面提升党的创新理论的传播效果。

一是突出平台化思维，打造立体化传播矩阵。《思想理论》周刊是南京日报理论宣传的传统优势项目，在此基础上，集团适应全媒体时代移动互联的传播规律，把握不同类型的读者需求，积极探索创新理论的分众化、精准化传播。经多年实践探索，目前集团已经构建了由南京日报《思想理论》周刊、紫金山新闻客户端、南报网、龙虎网、"学习强国"南京学习平台、"梧桐论语"等渠道组成的理论传播矩阵，实现了从"1"到"N"的转型升级。我们的"梧桐论语"是一个反映和指导全市理论学习、理论宣传工作的大宣讲平台，"学习强国"南京学习平台、紫金山新闻客户端、南报网、龙虎网等新媒体都打造了专门的"理论""网评"频道。通过立体化的传播矩阵的建设，党的创新理论与人民群众之间连接通路更加丰富、生动。

二是突出移动化思维，强化品牌栏目建设。集团各媒体积极尝试音视频、漫画等更适合移动传播的方式，让新思想在更广阔的网络空间生根发芽。《习声》栏目以有声海报形式集纳习近平总书记精彩原声，让网友有"声临其境"的学习体验。理论宣讲微视频栏目《大家谈》，邀请国内知名专家深入浅出阐释新思想伟力，每期仅3分钟，在有限时间内突出脍炙人口的"金句"，让理论宣讲更加生动活泼。可视化网评专栏《龙虎漫评》，通过融合动漫、设计、视频等制作创新评论表现形式。

## 二、以新产品做强重大主题宣传

如何做强重大主题宣传，提高宣传内容到达率、内容影响力？南京报业传媒集团创新产品形态，不断提升主流价值的引导力，尤其注重用年轻人喜欢的方式，用他们听得懂的话语体系弘扬主旋律、传播正能量。

一是以年轻化的创意"破圈"。年轻化不仅仅指内容和活动等传播层面上的年轻化，还需要在产品层面符合青年人的阅读场景、习惯和需

求，让年轻用户愿意看、愿意转。党的二十大召开前夕，我们推出"大道向前·共富体验官看振兴"融媒体行动，邀请 10 名大学生化身"共富体验官"，与记者一起走进南京 10 个特色乡村，通过年轻人的视野，描述乡村振兴美好画卷，系列视频多次登上人民日报客户端、央视频客户端首页，全网阅读量突破 5000 万次。我们推出的《非凡十年 | 这就是南京》飞卡专题 H5，轻盈的表盘交互设计和数据动态化的呈现方式令人眼前一亮，产品被央媒、"学习强国"学习平台、省媒等转发，全网总阅读量超过 100 万次。

二是以游戏化的体验"吸粉"。江苏发展大会期间，我们推出的快闪弹幕视频《江苏·520！看老乡们的最强告白》，融入年轻网友的话语体系，在户外大屏宣传播放，全网总阅读量达 50 万＋。H5 互动产品《这是最动人的双向奔赴！寻找我在故乡的心灵角落》参与人数达 50 万＋。2023 年 5 月 22 日国际生物多样性日，我们发布了可视化产品《今天，我们请 AI "画"了这些生物明星→》，通过内容、技术、设计三方联动，运用 AI 绘图技术将熊猫"花花"、亚洲象、江豚等动物明星"画"出来，成为年轻网友朋友圈里的爆款。

## 三、以新形式做活城市形象塑造

立足本土，深挖资源，以形式新颖的新闻报道让城市形象更鲜活更接地气，这是城市党报媒体集团的使命和责任。

一是深挖地域文化和城市精神内涵，以创新手法展现人文风貌。2018 年集团推出的品牌视频栏目《凌晨四点的南京》，通过类似微电影的制作形式，以故事化的叙事、走心的内容见证平凡人的梦想，该栏目获第二十九届中国新闻奖。2020 年推出的《大美宁》短视频栏目，展现古都南京的颜值与实力担当，已有 400 多期产品，全网阅读量超 10 亿次，成为江苏省广播电视局精品扶持项目，获得 100 万元专项资金。最近推出的视频栏目《根脉的力量》，探寻南京文化发现、保护、传承、创新的故事，被央视新闻移动网首页、人民日报客户端首页等央媒频频选用，全网阅读量超 3000 万次。

二是通过活动场景营造沉浸式体验，激发用户情感共鸣。2022 年，集团参与发起、组织 "TOP100 极美南京" 城市形象网络推广季活动，以城市 "微场景" 为切口，向全网征集展现南京 10 年巨变的图片。征集分为最美长江岸线、最美市民公园、最美别致街巷、最美阡陌交通、最美城市面孔、最美乡间村落六大板块，共收到参赛作品 2700 余幅，最终评选出 120 幅优秀作品，全网 "TOP100 极美南京" 话题阅读量超 8000 万次。

三是精心打造海外宣传阵地，全面准确地向世界讲好南京故事。2022 年 6 月，集团通过 "东风" App 在脸谱、推特、优兔等海外平台注册外宣账号 iNanjing，围绕 "极美南京" "温暖南京" "文化南京" "信息发布" 等主题，向世界宣传南京。截至 2023 年 7 月，共发布原创推文超 450 条，总粉丝数近 4 万，阅读量超 20 万次，互动数近 6 万次。

## 四、以新服务融入社会治理体系

坚持以人民为中心的工作导向，主动融入城市治理体系，及时反映百姓所思所想所盼，有效回应社会关心关切，是主流媒体在新时代扛起社会责任、积极参与社会治理的重要路径。

2021 年 7 月 20 日，禄口机场突发疫情，南京市民诉求和建议激增，集团推出融合应用产品 "听语 +"，集客户端、小程序、热线等为一体，以 "倾听民声 回应关切，汇聚民智 建言献策" 为定位，通过 "新闻 + 政务 + 智库" 服务介入社会治理，践行新时代网上群众路线。

一是回应关切，搭建政府百姓 "连心桥"。平台依托集团旗下 "紫金山" 客户端，承诺 "24 小时不打烊"，市民、网友可通过文字、图片、音视频、LBS 定位等提交诉求建议。面对急难愁盼问题，我们的记者介入、协调办理，诉求从提出到解决无缝连接。"听语+"还与市"12345"政务服务热线互联互补，组建工作专班，协同解决群众诉求。

二是设置议题，探索民生互动"主阵地"。平台主动设置议题，从疫情防控延伸至消费、民生实事等更多经济社会领域，并分主题策划参观交流、圆桌会议、智库研讨沙龙等，充分引导和发动社会力量建言献策，参与"共治共建"。2022年度，在南京抗疫金点子征集、国际消费中心城市创建、民生实事征集等重要节点，"听语+"通过南京报业旗下融媒体、南京发布、省市驻宁媒体、网络媒体等发布后，一批接地气、有见地的意见建议得到党委政府采纳并推广应用。多份智库报告获得市领导批示，咨政效果显著。2023年以来，"听语+"天天有回应，月月有策划。围绕科技创新、产业发展、城市建设、生态文明、民生保障、深化改革等方面，成功开展推动南京高质量发展走在前列、钟山风景区周边交通优化等"金点子"征集行动。目前，"听语+"正策划推进"南京市新闻发布会常态化建议征集""文旅长红""乡村振兴""民企营商环境"等领域的项目。

三是智库服务，做好党委政府"智囊团"。"听语+"运用大数据、AI算法、NLP技术，打造"听语+"人工智能分析数据库、案例库，集团旗下智库在此基础上分析数据、撰写报告，为党委政府精准施策提供智力支撑。截至2023年7月，"听语+"征集到有效建议22500条，常态化推动解决市民"急难愁盼"民生事项3300多件，协同"12345"办理率100%，覆盖人次超800万，形成智库专报100余篇，整体传播点击量超1亿次。

以积极的姿态挺进互联网主阵地，适应全新的传播规律，不断创新内容表达，持续加强移动化、互动化、视听化的优质内容供给，重塑话语影响力，是主流媒体在新时代面临的新课题。南京报业传媒集团将以党的二十大精神为指引，深入学习贯彻宣传习近平新时代中国特色社会主义思想，踔厉奋发，守正创新，不断开创媒体融合发展的新局面。

（作者为南京报业传媒集团党委书记、南京日报社社长）

# "内容生产新空间 融媒发展新动能"圆桌论坛

- **主持人：黄楚新** 中国社会科学院新媒体研究中心副主任兼秘书长
- **嘉　宾：申孟哲** "侠客岛"工作室负责人、人民日报海外版融合协调部副处长

　　　　　张　扬　"张扬工作室"负责人、新华社记者

　　　　　彭译萱　"小彭工作室"负责人、中国日报社记者

　　　　　晏秋秋　"晏秋秋工作室"负责人、新民晚报社运营协调部主任

　　　　　鲁　俊　"急先锋"融媒体工作室负责人、安徽交通广播新媒体部主任

　　　　　于　琪　新浪微博执行总编辑、媒体合作部总经理

　　**黄楚新：**大众媒体发展到今天，已经不再是过去一张报纸、一个频道包打天下的传媒格局，媒体内容也不再以包罗万象为核心竞争力，专业化、垂直化成为全媒体时代的必然选择。

　　如果说"中央厨房"是新闻媒体"航母"级的组织形态，那么融媒体工作室就是轻量级"先锋艇"，它在用人方式、薪酬分配、管理模式、运行方式等方面都与传统的媒体组成单元不同，体现了操作灵活、适应性

强的创新特点。这些融媒体工作室的出现，成为媒体融合3.0时代的重要实践。

## 话题一：内容生产创新

**黄楚新：**人民日报在推进媒体融合上起步早、发展快，"侠客岛"更算得上是国内主流新媒体工作室的先驱了。自2014年开创以来，深耕时政类垂直板块，每当出现重大时政新闻事件，"岛叔""岛妹"的发声都成了全网期待的对象。2018年中国新闻奖首次设立媒体融合奖项，"侠客岛"便摘取了一等奖的桂冠。

那么能否请孟哲和我们分享一下，"侠客岛"最初是如何成立的，也请"岛叔"现场向我们揭秘一下这个全网最受欢迎的时政公众号的内容生产运作机制和"岛叔""岛妹"团队背后的故事？

**申孟哲：**感谢主持人。先介绍一下，"侠客岛"是人民日报海外版旗下的新媒体品牌，创办于2014年2月。我们的slogan是"但凭侠者仁心，拆解时政迷局"，以原创时政解读、社会热点评析、国际舆论斗争为特色，在海内外拥有广泛影响力，被誉为"舆论场轻骑兵"。创办9年多，我们不断改进文风、丰富形式、做强品牌，爆款频出，全网用户2000多万，跻身头部新媒体行列，多次得到中央领导肯定，并荣获中国新闻奖一等奖。不少外媒、国际机构和跨国公司把"侠客岛"作为观察中国的一个窗口。数据显示，"侠客岛"的粉丝年龄集中在20—50岁的中青年群体，职业以公务员、企事业单位员工、高校师生为主，多属于互联网舆论场的发声主体。习近平总书记曾表示，侠客岛"我经常看"。最早的时候我们是一个微信公众号，现在已基本覆盖微信、微博、视频号、B站、抖音、企鹅号等国内主要社交平台，产品形式也已覆盖图文、音视频、直播、线上线下活动等，可读、可听、可看、可参与。

侠客岛是第一批进入微信公众号领域的央媒品牌，是人民日报海外版主动探索媒体融合的创新举措。既然是"轻骑兵"，就要有"十八般武艺"。我们感受，工作室机制是激发内部创新活力的有效制度。

侠客岛团队人数不多，加上我们一起运营的学习小组，全职人员共12人，但人手精干、扁平化管理，效率更高。尤其在面对突发新闻事件的时候，能迅速组织力量回应。比如2023年5月，中国香港国泰航空乘务人员歧视不讲英语的乘客一事，经网络曝光后掀起轩然大波。事发当天，舆论场很快出现了"侠客岛"旗帜鲜明的声音，众多海内外媒体纷纷转引，其中有不少西方一线媒体。这背后是侠客岛工作室的应急机制起了作用。热点出现后，编辑迅速上报舆情并形成初步观点，选题一经通过，可以联合海外版其他部门资深记者快速写作，微博端推出数百字"岛叔微评"率先发声，随后在微信端推出深度评析稿件，短视频同步操作。一个热点事件，做到快速响应、梯次发声、立体呈现。

重大主题报道也是侠客岛的特色，我们的"解局"栏目就是以解读中央政策起家的。这几年，我们继续"主题思想升维，表达方式降维"，在表达形式上做创新。以党的二十大为例，侠客岛视频推出了一组"二十大微观察"系列快评，用大白话讲大政策。选题上特意挑了国内外舆论场非常关心但又经常出现误解甚至抹黑的问题，正面给予正本清源、廓清迷雾式的回答。标题就充满"侠气"："谁说中国要'闭关锁国'？""谁说'八项规定'一阵风？""谁说共同富裕是'劫富济贫'？"……这几期政策解读类短视频语言生活化、表达接地气、风格短平快，很受欢迎。

我们坚持冲在舆论斗争第一线，在涉美、涉港台等话题中，勇于发第一声，努力占据国际舆论场高点。比如在中美经贸摩擦期间，我们连夜翻译了 600 多页的美贸易代表委员会办公室举办的听证会实录，从中精选美企业界最鲜活的反对声音，在海外版报纸、侠客岛微信同步刊发。整版报道是《来，听听美国业界的声音》，头版"侠客岛·解局"刊发评论《美企一片反对，白宫一意孤行》，再配以微信稿件、微博话题，报道推出后相当轰动，当天美贸易代表委员会办公室就悄悄从官网上撤下了听证会实录。

工作室机制有助于激发年轻人活力，使他们始终保持对新技术的敏感度。近些年，我们不断尝试更具互动性、更富现场感的新闻产品。比如微博推出直播连麦这一新兴直播交互方式，侠客岛微博率先试水，新闻热点发生后，我们都第一时间请到当事人或相关专家在线交流，比如请考古专家分享中亚考古故事，请《中国奇谭》主创畅聊"浪浪山"，请冬奥会冠军徐梦桃、齐广璞做客直播间……直播间是侠客岛的小课堂，"岛友"们自由交流有了新的聊天室，现在基本每期直播都有一两百万的网友在线观看，相关内容全网综合阅读量在数十亿量级。

侠客岛已经创办近 10 年，我们之所以能长时间在舆论场输出优质内容、持续产生影响，是背靠人民日报社和人民日报海外版优质采访力量和深厚智力资源的结果。工作室的特点，我的理解是形象 IP 突出、项目制团队构成、机制灵活、靶向特色鲜明。侠客岛在主流媒体中率先创立这一机制，最早由年轻记者编辑利用业余时间发起，之后，在人民日报海外版编委会的大力支持下，先采用项目制方式鼓励大胆探索，项目逐渐壮大后，再成立专职部门归口管理。现在侠客岛由全职团队深耕内容，团队不大，但很精干；熟悉新媒体运营的优秀人才也被充实到领导岗位，委以更重的转型职责。

为了激励更多记者编辑参与新媒体生产，人民日报海外版设计了促进媒体融合发展的考核激励机制，鼓励"移动优先"，提高融媒体作品稿酬。2017年起，设立人民日报海外版"新媒体年度精品奖""最佳融媒人"等专项奖励；2022年开始设立"新媒体月度精品奖"，每两月一评，获奖范围进一步扩大。

实践证明，传统媒体并不会因为互联网用户注意力的分散、大量自媒体的冲击而消亡，而是可以借助媒体融合进一步彰显其权威性、专业性的独有价值。无论载体是微信、微博还是视频，无论是短纪录片、线下沙龙还是观影会，侠客岛在媒体融合之路上走出的每一步探索，都是为了推出更多优质内容，适应不同传播平台风格需求的方式，影响更多受众。未来我们也会进一步更新迭代、探索创新，争取走出一条更有效、更持久、更有活力、更可复制的媒体融合之路。

### 话题二：观念突破与创新

**黄楚新：**全媒体时代，舆论生态、媒体格局、传播方式都发生了深刻变革，越来越考验媒体人的产品思维和内容创新力，如何与新媒体平台的用户产生有效连接，成为主流媒体深度融合发展进程中的关键着力点。"张扬工作室"作为新华社成立的第一个面向国内传播的社级个人工作室，在如何"让正能量收获大流量"方面做了很多非常有益的探索尝试，我看到工作室的一系列访谈作品有着越来越强的传播力和影响力，也荣获了2022年的中国新闻奖。

能否请张扬和我们分享一下，从创立之初到现在，两年多的时间里，已经在全网收获了超过 500 万的粉丝，在新赛道不断尝试、"破圈"的道路上，您和团队都做了哪些探索和尝试？

**张扬：**谢谢主持人。2023 年是"张扬工作室"成立的第 3 年，也是我成为新华社记者的第 15 年。

感谢新华社这个平台，给了我很多在重大新闻现场的采访报道机会，比如全国两会现场、中国空间站建设过程中的发射现场、三星堆重大考古发现现场等。在这样的重大新闻现场，我尝试以更个人化也更清新自然的表达语态和叙事方式，跟大家分享最鲜活的新闻现场，分享更有趣的台前幕后故事。

回顾过去两年多时间，从最开始想迎合不断变化的新媒体潮流，到现在做的内容越来越扎实深入，在新媒体这条"快车道"上，让自己"慢"下来。

我这次带来的代表篇目是《权威访谈｜张扬对话王亚平：重返太空的 183 天》。从第一次采访王亚平到最后出片，历时两年。我们经历了她从训练，到再次飞天，到返回地球，到再次进入训练的全过程。在这样一个长线、动态的跟踪过程中，我们不仅制作了多篇紧抓时效的新闻短片，也依托长期素材积累、对航天领域的持续关注和学习，以及跟采访对象的多次接触，创作了纪录片式的访谈长片，让鲜活的纪实片段和沉浸式的访谈内容有机融合，讲述有深度更有温度的故事。

我们会根据各新媒体平台风格，生成定制化版本，做短视频拆分和二次传播等，让一个作品成为一个融媒体产品组合，提升作品的传播力和影响力，在潜移默化中影响和引导受众。

2023 年，我参加新华社进校园活动，在北航跟同学们面对面聊天。他们说，一直都在关注我们做的报道，通过我们的作品看到了更大的世界，也汲取了很多力量。在这样线上线下的交流互动中，不仅仅是我带给他们温暖和鼓励，他们也在一直支持和陪伴我，让我有动力作出更多好内容。这是我的一些尝试和思考。

## 话题三：生产流程创新

**黄楚新：** 中国日报作为国家英文日报和国际传播主阵地，这几年在产品创新上也是不遗余力，推出了很多年轻态、国际化的产品。比如中国日报社这位"小彭姐姐"也是一位Vlog届的"主流网红"。

我想了解一下，"小彭工作室"在中国日报旗下是一个什么样的定位？与传统工作模式相比，融媒体工作室的运行模式有何不同？比如选题机制、生产流程、产品推广等方面，"小彭工作室"有什么"特权"吗？对工作室产品的传播效果评估是否会制定专门的考核机制？

**彭译萱：** 刚刚主持人问到了有关生产流程创新的问题，我在这里和大家就这个问题讨论一下。

"小彭工作室"的雏形是在2019年两会期间成立的，当时我们开始尝试"时政+Vlog"的形式，伴随着这种形式的发展，我们不断探索什么样的人员组合才能最大化提升《小彭Vlog》的内容质量和更新频率。从内容制作到发布环节，从最开始的一个人到从各个组抽调运营力量，再到现在有相对固定的班底，工作室的发展也在实践中不断调整。相应地，我们新媒体中心也在不断地发展变化。2017年我刚入社时，平台与内容的划分是很明确的，后来发展到了平台的强势期，我们用平台划分生产力，再到近两年工作室和项目组的出现，都是新媒体时代流量与生产关系变化的缩影。

中国日报的新媒体中心目前有几个定位不同的工作室，包括用科技赋能传统文化的探元工作室，探索外国人讲中国故事的新时代斯诺工作室，以及旨在打赢舆论斗争主动仗的起底工作室，而"小彭工作室"则是一个具有人物形象识别的个人工作室。我们希望能持续记录时代发展的重要里程碑与重大历史现场，用真实、活泼的镜头语言，个人化平视的视角，将主旋律报道带到广大观众眼前。

"小彭工作室"在内容上聚焦重大会议及外交活动现场，连接中外媒体人，吸引了很多外媒友善的评论和正面报道，不断发扬"好感传播"优势，向世界观众展现可信、可爱、可敬的中国形象，拉近中国与世界的距离。

"小彭工作室"制作内容关注当下，深入中国不同人群的世界，将消防员、警察、医生、地铁工人等社会角色作为典型深入挖掘。

"小彭工作室"产品线丰富，《小彭 Vlog》记录重大会议、重大外交活动现场；《暖风习习》使用平实的镜头语言深入普通人的内心世界，用群众视角讲述普通人与总书记的故事；《做一天朋友》讲述普通人的故事，记录当下中国。

以上我觉得应该可以解答主持人的一部分问题。

最后，"小彭工作室"在生产流程上是否有什么"特权"？比较特别的地方在于，我个人觉得它是一个形式和内容都非常开放的创作状态。开放意味着不固定，意味着可以容纳，意味着可以成为。无论形式如何变化，希望在每一个时代都能有好的机制让我们不断产生好的内容。

## 话题四：激励机制创新

**黄楚新：**上海报业集团启动了融媒工作室赋能计划，从旗下 270 多个账号当中，遴选了 20 多个作为种子。在运营技术、培训等各方面给予了激励和支持。"晏秋秋工作室"就是首批进入赋能计划名单的工作室。我想问一下，晏秋秋工作室在资源整合、专项培训、选人用人、薪酬激励等等方面，享受到了这个赋能计划怎样的"赋能福利"？在后续的运营上，还有哪些规划？请晏秋秋工作室负责人给我们介绍一下。

**晏秋秋：**大家好，我是晏秋秋。一个拍了 800 多个短视频的传统媒体人。过去两年，我从"写文章"转到"拍视频"，真人出镜、输出观点，在上海报业集团赋能下，今天在这里汇报想法。

说到"赋能"，我们想到较多的，就是给人、给钱。我个人的感受，赋能，首先一点，是帮助找准融合的方向和定位。

拍视频的初期，我吃过洋葱，唱过 Rap，但最终，还是集团帮我分析、定位，两个字"发声"——在纷繁芜杂的互联网世界里，发出一个新民晚报记者的声音。由此，账号的定位就是"用老百姓的话，说老百姓的事"。

金庸笔下，华山派分为气宗和剑宗，一开始两派弟子比武，总是剑宗领先。因为招式好练，气功难学。但几年之后，气宗习武，事半而功倍。

通过集团的定位，我意识到媒体融合之路，表面看招式，内在看气功。说到底，还是内容为王。找不着出发点，自然就找不到落脚点。

其次，上报集团在 1 年间，组织了 7 场专题培训。主讲人中，既有传统媒体人融合发展的"新闻姐"、刘雪松、王骁、李筱懿，也有学界的张志安教授，还有专业漫画的陈磊，以及大号操盘手李飞鸿。说实话，每一次听讲座，我都把自己摆进去，越听越觉得踩过很多坑，但将来可以避免很多坑。尤其是了解到，融媒发展其实是一种从"生活"到"生存"的状态转化，这对我们认清现状很有帮助。

再次，上报集团帮助我们这些工作室主理人，对接各大平台。例如，我在一年之前，是没有微博账号的。集团帮助我对接了微博，如今我的微博粉丝已经突破了 74 万。这是我一年前无论如何都想不到的。

最后，在上报集团，新开工建设了 4 个融媒 IP 创作室，两间融媒虚拟创作室作为融媒工作室的创作空间，并配以直播、制作、剪辑等技术支持。

我要说的是，媒体融合这条道路上，我们乐此不疲。不仅如此，我们上报集团第一批 20 家融媒工作室和第二批 35 家融媒工作室，包括报名的几百家工作室，都是如此。这其实说明了挺多问题，也说明"精准赋能"的重要性。

## 话题五：制度管理创新

**黄楚新：** 安徽广播电视台同样在融媒体工作室的运营管理创新层面上做了非常多的有益探索。在 2019 年，安徽台一举推出了 60 家融媒体工作室。其中，"急先锋"工作室作为安徽广播电视台唯一的新闻类五星级工作室表现亮眼，不仅在安徽有强大的影响力，在长三角也不断提升传播实力。

我想了解一下，在融媒体工作室改革道路上，你们主要克服了哪些困难？在这样的扶持政策背景下，"急先锋"工作室在内容生产、项目运营、融媒收入等方面交出了怎样的成绩单，是否方便和我们大家分享一下？

**鲁俊：** 好的，主持人刚提到了安徽广播电视台融媒体工作室矩阵，我们"急先锋"融媒体工作室就是其中之一，运营 4 年多以来，也成了安徽广播电视台新闻资讯类唯一的"五星级融媒体工作室"。

例如，我们在 2023 年 7 月 1 日前和合肥轨道合作的案例。视频呈现了 3 个人物的成长故事，从策划、拍摄到制作完成仅仅 1 天时间，画面中的这名站务员就是扎根一线，没有任何表演经验。但就是这段视频，在安徽省会合肥引起了强烈反响，目前全市 10 万块电子终端在同步播出，可以说真的是让"正能量"产生"大流量"，"好声音"成为"最强音"。

2019 年，"急先锋"融媒体工作室成立之初，我们的团队只有 4 个人，主力平台微信公众号仅有 2 个人。但恰恰是这种"轻量化团队"的操作模式，推出了一篇篇接地气、冒热气的快速新闻报道，并且塑造出"908，就是快！"的新媒体品牌形象。

作为区域性媒体，其实在用户数量上我们很难和央视所做的融媒体工作室匹敌。但是深耕本土、辐射周边的优势,让我们赢得了空间和影响。2022 年,我们的微信公众号 10 万 + 文章是 1213 篇,在新榜微信 500 强最好成绩位居全国第二,单微信公众号平台年净收入突破 1200 万元。2023 年 1—6 月,相比 2022 年同期再增长了 36%。

2021 年,建党百年,相信在座的媒体朋友都知道"合肥有条延乔路",知道陈延年和陈乔年的故事。其实,延乔路最早报道的媒体就是我们"急先锋"工作室运营的"908"新媒体。全网话题量突破 5 亿次,让合肥这条"延乔路"火遍全国,既是建党百年的融媒产品,更成为城市传播的生动表达。

作为区域媒体,我们并没有把眼光局限在区域。

这几年,"急先锋"融媒体工作室积极点状覆盖影响长三角区域,讲好"长三角"发展故事、传递"长三角"融合声音。

比如,我们推出的微博话题"南京离安徽又近了"登上全国热搜第二,阅读量 1.2 亿次。南京的新华日报还专门刊文研究,为什么南京的早高峰上了安徽广播的微信头条。随着影响的逐步扩大,市场对我们也开始认可,南京文投、苏州沙家浜等一系列来自长三角的合作不断涌现。

每次我在各地融媒体中心交流的时候,总会提到一句话"如果没有一个团队,先把自己变成一个团队"。其实这些年,我们就是不断提升能力、塑造生产力、形成竞争力。你很难想象,一年 365 天没有休息,每天从早上睁眼到晚上 12 点左右甚至更晚休息的生活,而这就是真真切切的新媒体工作状态。

此外,也很感谢安徽广播电视台为我们提供了包容生长的平台。2022 年,安徽台专门研究了支持"908"新媒体发展的机制,从人力保障到项目创新给予更大程度上的支持。制度的保障是重要方面,如何与时俱进,如何创造新的生产力和新的价值,贯穿在我们每一天的新闻生产中。

合肥市民常常说一句话——"'908'没有发布的,那一定不是真的,我要等他们发布！"虽然表述上略显夸张，但真真切切地让我们感受到了在市民心中的地位和影响。媒体融合应该深度融入受众心里，2023年既是媒体融合10周年，也是"908"新媒体开创10周年，新的起点，我们也将努力创造新的成绩。

## 话题六：技术融合

**黄楚新：** 媒体融合进入下半场，在技术融合的支撑之下，平台建设是贯穿媒体融合到媒体深度融合整个阶段的重要实践方向，作为主流媒体平台的垂类账号，很多融媒体工作室在建立新媒体产品矩阵时都将"两微一端"作为新媒体矩阵建设的核心与构建基础，媒体平台矩阵的培育与建设已有很多成功案例，但大部分已建设平台还存在用户黏性低、盈利能力弱、技术缺口大等问题。在您看来，主流媒体自有平台建设与第三方平台之间该如何实现共生共融双向奔赴？

**于琪：** 这个问题被问到过很多次，通常问这个问题之前大家都会说，我送你一道送命题。但是我确实对这个问题有过很多次的思考，把我的思考融汇成一个词供大家思考，就是服务。

做大做强自有平台是一个永恒的主题，第三方平台给媒体提供的服务和自有平台之间的服务，其实是一致的。"服务"这个词不是商业互吹，为什么这样说？是因为归根结底，无论平台大还是小，我们看的都是平台的服务能力和服务定位。

例如，该开人民号还是要开的，人民日报客户端提供的定位和我们提供的定位是截然不同的，就像大家开微博号的同时开人民号是一样的，不同的账号和不同的平台体现的是服务，包括刚刚很多融媒体工作室的老师提到了粉丝评论，无论是做账号还是做平台，最终我们都是在给用户提供服务。我们现在在生产内容的时候，很多老师生产内容的方式已经从内容生产转向了传播态的思考，我们生产的内容是为了在纷杂的信息里面，给用户提供一个简化的信息获取通道。其实在平台上，这也是我们致力于在所有新闻事件上、突发事件上和社会有争议、有讨论点的事件上，把用户的关注点、用户的信息获取路径都建设在主流媒体的账号上，这是平台提供的服务，同样也是各位媒体老师在第三方平台做账号给用户提供的服务，在这点上大家确实是双向奔赴的。

在第三方平台上相互奔赴的是给媒体沟通的平台，媒体提供了专业的内容生产能力，在用户的认知上甚至在媒体的品牌建设上，我们双向奔赴，在品牌建设成了之后，通过内容建设了品牌，通过品牌也会将用户引领到媒体老师自己的自有平台上，给用户提供更广阔或更深的服务内容。

# CNMC

# 2023中国新媒体大会
## CHINA NEW MEDIA CONFERENCE

## 国际传播论坛

# 汇聚融合发展之力，提升国际传播效能

## 田玉红

　　2023 年 7 月 12 日，2023 中国新媒体大会隆重开幕。中央政治局委员、中宣部部长李书磊同志出席大会并作主旨演讲，对开好本次大会和推进媒体融合发展提出指导意见和部署要求。李书磊同志的重要讲话，充分体现了党中央对媒体融合发展的高度重视、对新媒体发展的关注关心关怀，为我们开好本次大会，并以此次大会为契机，进一步推进媒体融合发展指明了方向、提供了遵循。

　　在新媒体大会设立国际传播论坛，是近年来我们的一项探索。党的十八大以来，习近平总书记高度重视党的新闻舆论工作，多次对加强国际传播能力建设发表重要讲话、作出重要指示，提出一系列新思想新观点新论断。习近平总书记指出，讲好中国故事，传播好中国声音，展示真实、立体、全面的中国，是加强我国国际传播能力建设的重要任务。习近平总书记强调，要加快构建中国话语和中国叙事体系，打造融通中外的新概念、新范畴、新表述；要广泛宣介中国主张、中国智慧、中国方案，立足五千多年中华文明，全面阐述我国的发展观、文明观、人权观、生态观、国际秩序观和全球治理观；要全面提升国际传播效能，建强适应新时代国际传播需要的专门人才队伍。习近平总书记还特意强调，要把握国际传播领域移动化、社交化、可视化的趋势，在构建对外传播话语体系上下功夫，在乐于接受和易于理解上下功夫，让更多国外受众听得懂、听得进、听得明白，不断提升对外传播效果。这些重要论述、重要观点、重要要求，为我们不懈推进国际传播能力建设明确了目标方向和实践要求，我们必须认真学习领会，抓好贯彻落实。

　　近年来，中国记协深入学习贯彻习近平总书记关于加强国际传播能力建设的重要论述，积极适应新时代国际传播的新形势新任务新要求，立足中国记协自身职责定位和优势，团结服务引领国际传播新闻工作者讲好中国故事，传播好中国声音，展现可信、可爱、可敬的中国形象。近年来，我们围绕中心、服务大局，圆满完成了筹备运行党的二十大新闻中心，庆祝新中国成立 70 周年、庆祝中国共产党成立 100 周年新闻中心等重大政治任务，为重要会议、重大活动的胜利召开和举办营造良好舆论氛围；我们积极推进搭建"一带一路"记者组织合作平台，举办"一带一路"记者组织论坛，推动"一带一路"共建国家记者组织间交流合作，凝聚国际新闻界进步力量；我们努力拓展国际新闻界"朋友圈"，同全球 100 多个国家和地区的新闻界开展友好往来，培养国际新闻界知华、友华力量，对外传播中国声音；我们创新开展"新闻茶座""走读中国"等品牌活动，面向外国媒体驻华记者、外国使馆驻华新闻官员，阐释中国立场、传播中华文化，引导其深入了解中国道路、树立正确的中国观；我们实现在中国新闻奖增设"国际传播"专业奖项，引导新闻媒体和新闻工作者重视和加强国际传播，提升国际传播能力水平。下一步，我们还将进一步整合资源、调动各方，完善机制、搭建平台，努力为国际传播能力建设作出更大贡献。

（作者为中国记协党组成员、书记处书记）

# 加快媒体融合发展　提升国际传播效能

**杜占元**

当前，世界之变、时代之变、历史之变正在以前所未有的方式展开。媒体依托互联网和信息技术实现跨国传播、跨文化传播的特征日益显著，在中国走向世界、世界读懂中国中肩负着更大的责任。2023 年 6 月，习近平总书记在文化传承发展座谈会上强调，在新的起点上继续推动文化繁荣、建设文化强国、建设中华民族现代文明，是我们在新时代新的文化使命，为我们开展国际传播工作指明了方向。在新时代 10 年里，深化媒体融合提升国际传播能力取得了明显成效，也面临着新的严峻挑战。2023 年中国新媒体大会以"融合十年 笃行致远"为主题，具有重要意义。

借此机会，我就发挥新媒体在国际传播中的作用谈几点思考，与大家交流。

## 一、聚焦中国式现代化，构建具有感染力和说服力的中国叙事

讲故事是国际传播的主要形式。中国式现代化作为当代中国最宏大最深刻的社会实践，孕育着丰富多彩的中国故事。新媒体要深度融入中国式现代化，做好新时代新征程中国故事的记录者、讲述者、传播者，真实展现中华优秀文化以及当代中国社会的发展现状，以国际化的视角、以契合人类共同情感和共同价值的表述、以海外受众易于理解和接受的方式讲述中国。围绕中国式现代化集聚中外各方力量，构建立体化、全媒化、分众化的大传播格局，为讲好中国故事拓宽渠道、壮大力量。

## 二、提升外文网络传播能力，在国际舆论场中不断扩大中国声音

有关数据显示，前一百万互联网网站使用的语言中，英语占比近 60%，ChatGPT 的英文语料占比超过 92%，英语媒体在国际舆论中仍占据主导地位。有关调查也显示，国外民众了解中国，基本是通过美西方媒体渠道，中国形象的国际构建仍是以"他述"为主。加强外文网络传播能力建设，已经成为当下提升国际传播能力的关键抓手。为此，应加强顶层设计，以中国网等中央重点国际传播网站为基础，构建覆盖网站、

移动端、海外社交媒体等多种形态的综合性、权威性外文网络平台，为国外受众特别是普通民众获取中国信息提供便捷渠道。同时，广泛聚合媒体传播资源，加大外文传播信息供给的有效联动，在国际主流传播渠道中不断扩大中国声音的"音域"和"音量"。

## 三、拓展新技术应用，不断提升国际传播效能

新技术的发展，深刻改变了国际传播的工作方式和业态环境。近年来，我国的网络游戏、影视剧、动漫、音乐、网络文学、短视频及直播等数字文化业态在海外受到了广泛欢迎，显示出新技术对国际传播的重要推动作用和巨大潜力。我们要把握新技术这个增量，适应移动化、社交化、可视化的趋势，拓展云计算、大数据、人工智能等新技术在国际传播领域的应用，用好先进的制作手段、传播手段，用好国内外各类社交平台等新渠道，为中国故事插上新技术的"翅膀"，不断推出形式新颖、生动直观的新故事、好故事，让海外受众看得到、看得懂、喜欢看。

中国外文局是以增强中华文化国际影响力为使命的国际传播机构。近年来，我们围绕国际传播领域的融合发展开展了大量工作，推出了"外国人讲中国故事"全媒体品牌和"中国三分钟"等品牌栏目，连续多年举办"讲好中国故事"创意传播国际大赛，近期还在组织国际文化交流"兰花奖"的评选工作。我们愿与国内外的媒体、文化机构、高校、研究机构、企业等加强合作，以融合发展提升国际传播效能，共同担负起新的文化使命，为建设文化强国、提升中华文明传播力影响力作出更大贡献。

（作者为中国外文出版发行事业局局长）

# 为提升中国国际传播能力贡献湖南智慧

**李爱武**

　　湖南地处"沿海的腹地、内陆的前沿"，历史悠久、人文厚重、山河壮丽、产业发达，是中国最具文化特色和文化底蕴的省份之一。近年来，我们深入学习贯彻习近平总书记关于加强和改进国际传播工作重要论述，自觉把地方外宣工作融入国家外宣工作大局，全面提升国际传播效能，为"讲好中国故事，传播好中国声音"贡献了湖南力量。我们凝心铸魂强思想，坚持以习近平新时代中国特色社会主义思想为指引，深入学习宣传贯彻党的二十大精神，更加深刻地把握和推进"第二个结合"，广泛宣传中国主张、中国智慧和中国方案，不断坚定全社会对中国道路、中国理论和中国制度的高度自信。我们守正创新优模式，立足湖南文化传媒大省定位，不断挖掘湖南文化和媒体传播特色优势，提高传播艺术，推出了新闻片《我的青春在丝路》《为和平而来》，纪录片《中国》《岳麓书院》，综艺节目《歌手》等一系列外宣精品，多次荣获中国新闻奖国际传播大奖，打造了独树一帜的地域文化 IP"出海"新模式。我们建强阵地提声量，坚持以"一报一台一网"为主阵地，逐步构建立体式传播矩阵，推动将内宣优势转化为外宣能力，利用湖南国际频道、芒果 TV 国际 App 等传播平台，推进中国故事和中国声音的全球化、区域化和分众化表达，增进世界人民对中国精神、中国价值和中国力量的真实、全面、客观了解。我们深度交流促合作，秉持开放包容的理念，推动湖南与超过 100 个世界有影响力的国家、地区友好交流，开展援助孟加拉国联合考古、"万里茶道（湖南段）"联合申遗等对外文化交流项目，深化与不同文明的交流互鉴，进一步提升了中华文明的影响力、传播力、感召力。我们党政牵头聚合力，坚持党政统揽、部门协同、全民参与，积极推动党政部门、群团组织、高校智库、驻外企业等参与，逐步构建了全社会共同参与、共同推动的"大外宣"格局。湖南，正在以更加积极的姿态，挖掘自身潜力，紧跟技术前沿，探索一条独具湖湘特色的国际传播之路，为提升我国话语权贡献湖南智慧。

习近平总书记在文化传承发展座谈会上指出，"要担负起新的文化使命，共同努力创造属于我们这个时代的新文化，建设中华民族现代文明"。如何在建设中华民族现代文明中，更好地传播中国声音、塑造国家形象、维护国家利益，为我国改革发展稳定营造有利的外部舆论环境，是摆在我们每一位新闻工作者面前的重大课题。

群贤毕至议良策，聚智聚力话未来。我坚信，通过本次新媒体大会国际传播论坛，一定能为"讲好中国故事 共塑中国形象"打开一个引发共鸣的传播新窗口，让"中国故事"传得更远、"中国声音"叫得更响，更加精彩生动地展现出可信、可爱、可敬的中国形象。

[作者为中共湖南省委宣传部副部长（兼）、
湖南省文化和旅游厅党组书记、厅长]

# 携手共建多元、立体的大外宣格局

### 钱 彤

　　当前世界进入新的动荡变革期，人类和平与发展面临新的挑战。越是这个时候，越需要促进文明互鉴，推动人文交流、增进了解、消弭隔阂。党的十八大以来，特别是习近平总书记 2021 年 5 月 31 日就加强我国国际传播能力建设发表重要讲话之后，我们共同投身其中的国际传播工作取得了长足进展。但与党中央的要求相比，我们在国际上的声音还不够强大，有理说不出、说了传不开的局面还没有根本性改变。与我国的大国地位、国际水准和时代要求相比仍有很大提升空间。

　　改变西强我弱的国际舆论格局，国际传播事业面临的压力之大前所未有，责任之大前所未有，但机遇之好也前所未有。更迫切需要各方力量一起努力，相向而行，共同构建多元、立体的大外宣格局。

## 一、锚定时代大趋势

中国创造的发展奇迹，为全世界所瞩目；中国发生的多彩变化，牢牢吸引着世界的目光。新时代的中国，为我们所有从事国际传播工作的同仁提供了大舞台，既可以有高头讲章的宏大叙事，也可以有深植草根的生活万象。比如近期火爆全网的贵州"村超"，同样也火到了海外。外交部发言人、中国驻外使馆外交官纷纷在海外社交媒体平台转发、传播，引发海外网友积极点赞、互动，吸引了包括迈克尔·欧文在内的国外足球明星关注。这个过去我们看来并不那么重大的事件取得这样的效果说明，只要不断增强"四力"，持续提供优质内容，我们在感动中国的同时，也一定能感动世界。

## 二、唱好精彩大合唱

国际传播是一项系统工程，讲好中国故事是组织一台多声部的大合唱。中央媒体一直以来扮演着国传主力军的角色。近年来，地方媒体扎根当地，异军突起，在国际传播方面发挥出独特优势，体现出不可替代的重要作用。2022 年，新华网承办了"中国好故事——地方网络国际传播精品案例征集"活动。在征集和评选过程中，我们欣喜地注意到，随着媒体融合的深入推进，各级地方媒体在加强国际传播能力建设方面进行了积极尝试和深入探索。地方媒体在报道内容、渠道拓展、报道形式、合作交流、舆论引导等方面亮点纷呈，值得我们学习。国传这台大合唱，队员越来越多，声部越来越丰富，旋律也越来越绚丽。

## 三、谋局赛场新赛道

移动互联网正深刻改变着国际传播范式。尤其是海外社交媒体平台的兴起，突破地域、时差、语言等瓶颈，极大提升了面向海外受众的触达率，技术赋能极大降低了进入国际舆论场的门槛。布局移动互联网，特别是海外社交媒体是我们的共同选择。从主流媒体到"出海"企业，纷纷入驻海外社交媒体平台，直接面向海外受众群体传播，吸引无数海外网友热情点赞互动。建设自主可控平台是我们解决"卡脖子"问题的实现路径。"圈粉"世界的同时，我们也要秉持底线思维，防范海外平台堵路封号的风险。建立中国话语叙事体系是我们的重大任务。话语即权力，我们不缺好的中国故事，但需要更好的讲述方式，去破解西方话语和叙事体系的先发优势。让全世界都能听到、听清、听懂中国声音，读懂中国、读懂中国共产党、读懂中国人民、读懂中华民族。

下面，简要报告一下新华网国际传播方面的实践。

在平台方面，新华网是全球网民了解中国的最重要窗口。新华网用户遍及200多个国家和地区，桌面端日均页面浏览量超过1.2亿次，移动端日均覆盖人群超过3亿人。英、法、西、俄、阿、日、韩、德、葡、蒙等多种语言频道，日均多语种、多终端发稿达1.5万条。

在渠道方面，新华网通过与海外媒体合作，已实现在全球100余家媒体网站集群式落地。其中，既有美国《华尔街日报》、英国《经济学人》、法国《巴黎人报》等西方知名主流媒体，更涵盖众多"一带一路"共建国家的主流媒体网站。此外，新华网还与众多国外主流媒体网站和移动端建立了常态化合作机制，实现优质内容多渠道"出海"，精准触达海外受众。

在内容方面，新华网拥有专业的外宣人才队伍和国内领先的融媒体技术。新华网的国际传播队伍，长期战斗在对外传播一线，经历了无数次重大国际报道的洗礼，已经成长为一支懂国情、通外语、善传播的成熟专业的外宣队伍。同时，新华网是首家将XR（扩展现实）技术应用于融合报道的媒体机构。通过多种先进技术充分融合，不断拓展新闻报道应用场景、不断激发新技术创意灵感、不断丰富视效美学体验，为打造国际传播创新精品打下坚实的技术基础。

真实立体全面的中国形象，由各具特色的地方形象组成。形成多元化、立体式、全要素、有活力的国际传播新格局，需要打"组合拳"，弹"协奏曲"。我们也愿意借本次论坛发出一个邀约，新华网在不断提升自身国际传播工作效能的同时，也愿意把话筒送到更多朋友手里，帮助更多的朋友走到国际舆论的前台去发声、去传播，推进国际传播资源配置和力量整合，把中央和地方、官方和民间、国内和国外、机构和个人、国企和民企等资源充分调动起来。

面对全球一张网，需要全国一盘棋，让我们携起手来、共同发声，向世界展现可信、可爱、可敬的中国形象。

（作者为新华网党委常委、总编辑）

# 坚定文化自信 把握大局大势 在守正创新中书写国际传播新篇章

## 王 浩

　　国家形象是重要的无形资产和战略资源，人们了解一个国家往往是从各种形象开始的。"展形象"也是党的二十大提出的建设文化强国的重要任务之一，谁的故事讲得好，塑造的国家形象吸引力、感召力、影响力更强，谁就能在国际传播中掌握更多的话语权、主动权。作为国家英文日报，讲好中国故事，全面提升国际传播效能是中国日报义不容辞的职责使命。

## 一、厚植"根"与"魂"，坚守中华文化立场，用中华文明的精神标识和文化精髓构建话语和叙事体系

习近平总书记强调，"中华优秀传统文化是中华文明的智慧结晶和精华所在，是中华民族的根和魂，是我们在世界文化激荡中站稳脚跟的根基"。我们要充分运用中华优秀传统文化的宝贵资源，创新话语和叙事表达，彰显中华文化的多姿多彩和世界价值。要立足中华文明五个突出特性的"精准画像"，做好谋划设计，以文载道、以文传声、以文化人，把中国道路、中国之治、中国方案背后的历史文化逻辑讲清楚、说明白，驱走国外受众的"心中之魔"。创新视觉呈现是讲述中华文化文明故事的有效路径。中国日报创立探"元"工作室，策划数字员工"元曦"文明探源纪录片，推出贺兰山岩画、甲骨文等9期节目；成立"画"时代工作室、新视界工作室，打造系列漫画、插画、动新闻等融媒体产品，以国潮风书写伟大成就，宣介中国主张、中国智慧、中国方案，引发受众热议转发。

## 二、把握"势"与"能"，强化技术赋能，在传播创新中让中国形象更加可视可感

信息技术已经成为引领媒体变革的重要力量，特别是元宇宙、人工智能等技术的出现，为我们开展传播创新提供了重要机遇。我们要勇于创新、善于创新，推动前沿技术的产品转化和场景应用。中国日报打造的《中国这十年》XR视频，《AR带你看党史》《VR带你游中国》等沉浸式产品，通过虚拟技术搭建跨越时空、虚实结合的叙事空间，为全球受众观察新时代中国、了解百年大党提供了全新视角。2023年全国两会期间推出的"元宇宙"画廊产品，让全球用户通过创造数字孪生形象就可以"走进"虚拟展厅，沉浸式观赏《大美中国》报纸版面和插画，领略

中国世界遗产地的自然和人文之美。

### 三、融通中与外，升级"借嘴说话"模式，在"他"视角表达中让中国形象更加可亲可信

知华友华爱华护华的外籍人士，是我们讲好中国故事的一支特殊重要力量，他们"联接中外"的独特视角和表达，让故事的讲述更容易被海外受众接受。中国日报的"新时代斯诺"工作室充分发挥全社外籍记者编辑作用，推出《求索》《问道》《新斯诺对话》《新斯诺看中国》等多个系列精品视频和融媒体栏目，用"他"视角观察中国发展、回应国际关切，全球传播量达 40 亿次。我们还在实施"中国故事共创会"项目，团结更多的海外"网红"内容创作者，与我们一同向世界讲述更精彩、多元的中国故事。

### 四、传播年轻态，贴近青年面向未来，在共鸣共情中为中国形象塑造注入青春力量

青年一代是互联网上最活跃的群体，也是中外文明交流互鉴的生力军。我们要搭建中外青年交流平台和品牌，用 Z 世代影响 Z 世代，通过有网感、年轻态的表达，促进中外青年交友交心，凝聚青春共识。中国日报发挥 30 年深耕中外 Z 世代传播的经验与优势，牵头成立了 Z 世代研究中心，推出"一带一路"青少年英语演讲比赛、"少年会客厅"、"中国让我没想到"等活动和融媒体产品，努力构建全球 Z 世代发声和交流第一平台，为推动构建人类命运共同体凝聚青春力量。其中，"少年会客厅"两季节目传播量超过 20 亿次。

（作者为中国日报社副总编辑）

# 深化媒体融合，
# 打造世界一流国际传播平台

李莉娟

　　中国网是最早在海外社交平台开设账号的中央媒体之一，除了在各大主流社交平台布局中国网主账号，还开设了"Trending in China""Discover China"等专题账号。"热点中国"曾创下一条帖文阅读1.5亿次、播放1.2亿次的纪录，"发现中国"常年名列文旅类账号前5名。目前我们已在9个主流海外社交平台开设了40个账号，总粉丝数近1亿。

　　我们在建设中国外文局深度传播统一平台"China Focus"时，也是先建海外社交平台账号，再建网站，建网站时把移动端阅读体验作为绝对优先事项。在可视化方面，我们几乎穷尽了一切可能，并在国内媒体中最早推出了专门面向海外社交平台的英语时事短评节目《中国三分钟》……它既是拥有单期阅读数千万、播放数百万、互动数十万纪录的现象级节目，又是长流水不断线持续播出的王牌节目。

我们积极参与外文局"外国人讲中国故事"品牌建设，在党的二十大前夕策划推出多语种系列专题片《在中国寻找答案》：11 位外籍主持人（沿着总书记的足迹），探寻中国故事背后的思想力量，用外国受众听得懂、听得进的语言阐述中国方案。8 个语种 15 期节目全渠道浏览量过亿、观看量 1500 余万次（一多半来自海外平台），互动量 70 多万次（60 多万次来自海外）。

我们坚持互联网传播的核心思维——用户思维，坚持从用户中来，到用户中去。借力社交平台，我们得以发动无数网友参与信息生产与传播，实现"破壁"效果——传播效能的倍增与充分释放。

海外社交平台传播使优质内容直接触达用户。网友互动，特别是评、转之类强互动，可带动更多网友跟帖参与讨论，形成涟漪式传播效应，"借嘴传声"效果更加明显。我们账号的表现可与包括 CGTN、China Daily 等亿级粉丝大号一较高下。在互动量方面，与《经济学人》之类国际大刊的账号相比也不遑多让，甚至有一些会反超。

媒体融合上半场，我们致力于移动化、可视化、社交化，做优产品级融合；下半场，我们正拥抱数据化、智能化、平台化，走向体系级融合。

一是优化渠道，拓展平台。我们不断优化拓展海媒平台和渠道，以移动直播等方式带给受众沉浸式体验。我们在海外版"知乎"Quora 开设账号与空间，构建理性、积极、深入探讨中国问题的"小气候"。

二是 AIGC，科技赋能。我们积极探索 AIGC 在翻译、视觉生成等领域的应用，力图解放内容生产力。

三是化解风险，合力突围。除主账号与专题账号，我们与北大、清华等高校，北京、湖南等地方合力孵化个性化 IP 账号，丰富海媒发声主体；我们还将加强与"一带一路"共建国家媒体的合作，共建海媒账号矩阵，持续增强海外投送能力，突破美西方舆论围堵。

我们所有的努力指向一个目标：打造综合性、多语种、权威性、专业性的，世界一流的国际传播"大平台"——China.org.cn。这个平台将以对外宣介阐释习近平新时代中国特色社会主义思想为核心，以推动中华文化走出去为着力点，极大丰富海外舆论场涉华外文内容的有效供给，致力于打破西方主流媒体的话语垄断，构建中国话语和中国叙事体系。这个平台不仅仅是中国网的，也不仅仅是外文局的，它以"中国"为名，为中国形象、中国话语而生。因此我们希望能汇聚在座各位的智慧与力量，一起来建造这个驶向蓝海的旗舰平台。

新媒体是年轻人的事业。我们愿 stay young-at-heart（保持活力与好奇），open-minded（打开认知与组织边界），发挥独一无二的专业优势，致力于跨文化传播。为了弘扬全人类共同价值、构建人类命运共同体，大家一起来。

*（作者为中国网副总编辑）*

# 推进"深圳故事"文明交流传播计划 拓展国际传播新空间

## 尚博英

2023年3月，习近平总书记提出全球文明倡议，为促进人类文明进步提供了中国方案，引领世界文明交流互鉴新局面。从行业的角度来说，也为我们做好国际传播提供了新的指引方向。

为了落实全球文明倡议，"深圳故事"城市文明交流传播计划应运而生。2023年6月21日，端午节前一天，"深圳故事"主题推介活动在北京举办，包括29国驻华使节在内的近200位中外嘉宾受邀参与活动。

活动由深圳市委宣传部策划指挥，深圳广电集团承担了内容策源、活动执行、宣传推广等多重角色。活动包括"深圳故事"城市文明交流传播计划启动仪式、舞剧《咏春》演出、端午节文化体验、深圳本土品牌展示等。在落地过程中，我们着力破解国际传播痛点，也探寻出新的空间。

第一，破解"讲得太宏观"，"以人为本"传递中国主张和共同价值。活动通过"脱口秀"演讲向外宾介绍3位深圳人，阐释"什么是深圳故事"，他们是舞剧《咏春》男主角常宏基，比亚迪董事长王传福，爱弹钢琴的建筑工人易群林。故事摆脱了宏观的成就叙事，切口小、细节多，外国嘉宾反馈十分正面。故事视频也在海外平台发布，取得优于过往的传播效果。这再次说明，国际传播就像朋友聚会，不能老谈升职加薪，要多谈谈具体的人和事，谈谈兴趣爱好，才能让人更有亲近感，聚焦共同价值，有助于传递中国主张。

第二，破解"讲了不爱听"，打造兼具价值与审美的国际传播场景。我们利用场地打造了兼具国风、科技、时尚之美的现场，链接《咏春》观影体验，让"深圳故事"更加具象化。希腊驻华大使夫人徐莉在朋友圈这么说道："活动每一个细节都体现主办方高水准的组织策划和行动力。"这对我们是很大的鼓舞，也可见，"可知、可感、可及"有利于展现"可信、可爱、可敬"，"沉浸式体验"是展示中国形象很有效的途径。

第三，破解"讲了传不远"，强化国际渠道联盟建设。活动中，我们链接中央涉外部门、各国驻华使馆、媒体机构、深圳企业、外交官个人等，让"深圳故事"这个IP在海内外更有显示度。近年来，我们除了依靠深圳卫视国际频道和直新闻矩阵覆盖200多个国家和地区，还形成了"多圈层"渠道联盟。从港澳台媒体、东南亚媒体到欧美媒体，再到众多"出海"的深圳企业，都与我们达成合作。可见，拓宽中国声音"音域"，需要更多的合唱团。

当前，世界百年未有之大变局加速演进，全球话语权力结构逐步重构，我国外宣工作也经历着范式转变的过程。主流媒体的角色和功能正发生着变化：超越了传统的渠道与媒介，而成为公共外交中重要的行为主体之一。"深圳故事"，让我们发掘出更大的行动空间。而在融合发展中，我们培养了一支过百人的涉外报道"新闻铁军"，拥有一批深谙国际传播规律的人才。同时也锻造了一支大型活动"创意执行队伍"，这是我们面对国际传播新机遇的宝贵智慧资源。

2023 年 7 月 3 日，深圳广电国际传播中心正式成立，中心将构建富有深圳特色的"1+3+3+3"国际传播体系。打造 1 个"深圳故事"国际传播名片，站在跨文化交流的高度上讲好深圳故事，让世界从深圳读懂中国。打造三大内容品牌，即深圳卫视新闻节目《直播港澳台》、全媒体新闻品牌"直新闻"和英文项目"Shenzhen Channel"，努力成为讲好中国故事的生力军、深圳对外传播的优质品牌、外国人了解深圳的重要渠道。实施 3 个"做强做优"，抓住视频国际传播趋势，做强做优国际传播视听产品；在传统平台、社交平台和多元媒介全面发力，做强做优国际传播渠道；将"走出去"与"引进来"相结合，做强做优国际传播服务。打造 3 个"大传播"实践范例，立足区位优势，打造"深港澳台"资源联动平台；加快中外人文交流合作，打造大湾区国际交流活动品牌；联动媒体、机构、组织、企业和个人等，打造符合共同利益的国际传播共同体。

（作者为深圳广播电影电视集团党组书记、总裁）

# 文化"出海"之芒果星光

## 徐　蓉

　　我们所在的这个地方是湖南广电节目生产基地，被大家亲切地称呼为"七彩盒子"。就在 2023 年的 4 月 2 日，马英九先生在这里与《声生不息·宝岛季》的观众现场连线，国务院台湾事务办公室新闻发言人高度肯定节目，称其"以诚意打动观众，唤醒两岸几代人共同的文化记忆，推动两岸民心相通、心灵契合"。这个案例充分说明，以文化人，更能凝结心灵；以艺通心，更易沟通世界。

　　2023 年 6 月 2 日，习近平总书记在文化传承发展座谈会上强调："在新的起点上继续推动文化繁荣、建设文化强国、建设中华民族现代文明，是我们在新时代新的文化使命。"2023 年 7 月 1 日正式施行的《中华人民共和国对外关系法》，首次将国际传播能力建设正式写入国家法律。这也意味着，新时代新征程，国际传播能力建设被赋予更多新的内涵与意义。作为党的主流媒体，湖南广电在弘扬中华文化、增进中外交流中一直积极作为，不断拓展省级广电文化"出海"的航程版图。

## 一、深耕"华人圈"，为中华文化认同探赜索隐

中华文化是海内外中华儿女共同的"魂"。我们紧扣"一带一路"倡议、人类命运共同体等重要理论，主动设置议题，推出《为和平而来》《国道巡航》《我的青春在丝路》《坐上火车去老挝》等一批新闻大片；我们坚持以自信传可信，以可爱达可敬，推出《理想照耀中国》《大地颂歌》《战疫》等时代佳作，讲好百年来中华民族艰苦卓绝的抗争史，讲好新时代中国人的奋斗史；我们提炼展示中华文明的精神标识和文化精髓，匠心打磨文艺精品。"四海同春·全球华侨华人春晚"已连续举办10年，被誉为"全球华侨华人温暖的家"；《中国》《岳麓书院》《相知中国》等一批展示优秀中华文化的纪录片走出国门，凝聚起全球华侨华人团结的力量。其中，纪录片《中国》已播出两季，被誉为一部影像化的中国"通史"，目前正在创作第三季。

## 二、突破欧美"主流圈"，为跨越文化隔阂破旧出新

当前，国际传播正在被不断紧张的地缘政治、民粹主义、种族问题所裹挟，为打破这些窠臼，湖南广电守正创新、敢想敢为。一方面，巧妙运用流行艺术形式，通过"请进来"和"走出去"，叩开欧美主流市场大门。音乐竞唱节目《歌手》邀请近20个国家和地区的知名歌手登台，哈萨克斯坦、英国等驻华使节亲临节目现场鼓劲加油，在"润物细无声"中引发共情。美食综艺《中餐厅》在泰国、法国、意大利等国拍摄后，现在正在匈牙利紧张拍摄第七季，节目将继续传播好中华美食文化。我们

认为："形成购买的传播，才是有效传播。"尽管过去 3 年文化出口有所减缓，但仍有《天下长河》《动物王国的故事》等 150 件作品发行海外。其中，《理智派生活》作为 2021 年国内首部被全球最大在线视频平台 Netflix 采购的作品，居奈飞全球热度榜第 30 位、中国台湾地区第 2 位。

另一方面，我们以"一带一路"共建国家为重点，相继与新加坡电信运营商、韩国三星电子、非洲传音集团等开展战略合作。2023 年 6 月 30 日，在中非经贸博览会上，我们与非洲加纳黄金数字电视台合作打造非洲加纳金芒果频道；2023 年，我们与匈牙利国家电视台围绕共同打造、运营芒果属性"电视中国剧场"达成合作意向，希望通过这些合作，促进文化交流的互融互通。

## 三、融入"青年圈"，为文明交流互鉴汇聚力量

在"走出去"过程中，我们特别注重与全球青年的共鸣。《汉语桥》曾在湖南卫视连续播出 12 年，吸引超百万海外青年参赛。芒果 TV、Discovery 联合出品的节目《功夫学徒》，以异国青年视角看中国，勾勒文明互鉴图景。《乘风 2023》邀请日本的美依礼芽、越南的芝芙、俄罗斯的卡捷琳娜·凯丽等外国女性登台表演。2023 年 7 月 2 日，外交部发言人在脸谱发文称赞节目展现"大美中国"，中国驻越南大使馆也在 ins 发布专访，点赞芝芙传播中越文化。

面对全球一张网，我们着力开发芒果 TV 国际版 App，这是湖南广电第一款针对海外年轻族群的视听产品，截至目前，该平台用户下载量达 1.3 亿次。同时，还在海外主要社交平台开设账号，讲述新时代中国老百姓的美好故事，向世界展示真实、全面、立体的中国。目前，相关账号总粉丝量达 2050 万。

[作者为湖南广播影视集团（湖南广播电视台）

党委委员、副总经理、副台长]

# 在"全球传播"时代
# 讲好中国故事的观察与思考

王　恬

　　我们现在处于一个真正的"全球传播"的时代。随着社交媒体在全球范围内成为信息"基础设施"，随着各国越来越多的民众在社交媒体上获取信息、发布信息，随着信息、态度、意见、数据等在全球性数字平台上流动得越来越快，"全球传播"成为现实。

　　在"全球传播"时代讲好中国故事，我的第一个观察是随着个体在社交媒体平台获得强大的传播能力，中国人在社交媒体上分享的海量内容，尤其是短视频，正成为中国国家形象塑造的一支重要力量。普通个体讲述的故事往往是对日常生活的解构与评说，真实、感性、随性、多样，更容易得到海外网友的情感共鸣与理解认同。尤其是中国 Z 世代在短视频领域的蓬勃创新叙事，形成不同圈层文化现象，既展现了中国年轻人的创造力与活力，也与其他国家 Z 世代文化形成关联与呼应。在中国主流媒体平台上，普通人的故事分享也正成为重要传播内容。多元主体的叙事、多样生活的呈现、多种渠道的流转，使国际社会看到的中国形象更加真实、立体、全面，也更加富有亲和力。

我的第二个观察是尽管个体叙事在"全球传播"中崭露头角，但拥有更多资源和影响力的媒体机构在中国国家形象塑造中仍具有重要的、不可替代的作用。相比以往是分散的、零碎的、即时的个体叙事，媒体机构更有意识地、更系统深入地、更有针对性地利用自有平台和社交平台进行对外传播，积极塑造可信、可爱、可敬的国家形象。

中国共产党带领中国人民走出的中国式现代化道路，既蕴含着深刻的历史、实践和理论逻辑，也包含着无数动人的中国故事，这是我们国际传播最有说服力和感染力的素材源泉。不管西方如何评价我们的道路，在广大发展中国家，"中国奇迹"是真实的存在，具有震撼力和影响力。中国式现代化点燃了各国实现现代化的信心，发展中国家民众关注中国经验、中国故事，期待中国机遇。人民日报英文客户端在海外社交媒体平台发布的一系列体现中国基建、经济、科技发展非凡成就的短视频，海外传播量最高的达到 6000 万次。海外网友留言说，"中国对国家发展的远见与规划令人钦佩"。

在海外网友普遍关注的气候变化、防治流行病、减贫、地区和平等全球性议题上，中国主流媒体也积极参与，通过讲故事的方式展现中国方案和中国智慧。

在大国博弈的背景下，中国主流媒体在话语博弈中也发挥着重要作用，正通过越来越专业的新闻内容和平等的对话姿态向海外用户讲清楚中国观点。

我的第三个观察是文化传播是讲好中国故事的重要一环。中华文明、中华文化在全世界从精英到民众都拥有庞大的粉丝群，具有文化底蕴的中国故事更加能够接近海外网友，并产生感染力。"文化是一个国家、一个民族的灵魂。"中国故事的绵延文化底色和鲜明创新创造对海外用户形成吸引力，也使世界上更多的人深层理解了中国精神、中国价值，并感受到中华文化自信开放包容的特质。

要更好地讲述中国故事、塑造中国形象，我觉得应该在3个方面继续努力。

一是更加了解我们面对的国际传播环境，进行精准化传播。目标区域的对华舆论是善意还是敌意，要根据传播环境去制定传播策略，提升"全球沟通能力"。

二是更加了解我们自己。"离每个人最远的，就是他自己。"认识自己其实是一件挺难的事情，中国这么大、这么复杂，历史这样深厚、现实这样多层面，当我们真正了解了自己，制作的产品就具有了深度，就具备了回应海外关切的能力，就因为真实而具有了打动的力量。

三是更加了解我们的传播对象。世界千差万别，不同角落的人看待事物有不同的思维方式和心理状态，不同的历史经验和现实经历也导致不同的观感和喜恶。我们增加对传播对象的了解，会取得更好的传播效果。

（作者为人民日报社新媒体中心副主任）

# 立足当下　面向未来
# 抓住海外 Z 世代的流量密码

**麻　静**

首先，在信息消费版图上，Z 世代在哪里？消费行为调研公司 GetWizer 的调研显示，美国 15 岁到 29 岁的年轻人，经常使用的 10 个平台中，流媒体 Netflix 排在第一，后面是脸谱、推特、优兔、Tiktok 等，全部是新媒体平台，其中社交网络居多。美国新闻网站 Axios 报道称，欧美 Z 世代用户更偏爱小众的应用程序，通过它们建立自己的"圈子"。比如，他们会用 Tiktok 观看短视频、用 Snapchat 修饰相片、用 BeReal 分享真实的自己。很明显，国际传播的阵地变了、战场变了、赛道也变了。而且在新媒体技术和平台不断快速演进的情况下，这种变化是一种常态。

其次，在社交网络上，他们又如何获取信息呢？牛津大学路透社新闻研究所的研究报告显示，在社交平台上，超过五成的用户已经习惯从意见领袖或名人那里获取新闻。Z 世代在网上关注喜欢的"大 V"和"网红"，围绕共同的话题，聚集在一个圈子里去表达、分享，让信息形成了抱团效应。很多时候，这种私域化的表达被推向了公共场域，继而"破圈"引爆全网络。这种圈层化传播对公共舆论的影响越来越大。

这两年，加密数字平台也受到 Z 世代的欢迎，2023 年年初 Telegram 的用户已经 7 亿了。这类平台私域化、弱监管的特点，使得用户更加容易以小圈层的方式聚在一起。去中心化平台还为用户提供了算法选择，进而控制自己看到的内容，这也给我们的"破圈"传播增加了难度。

最后，Z 世代平时都谈论哪些话题呢？ Meta 近期基于对 37 亿用户、400 万个全球话题的分析，发布了《2023 年文化潮流趋势报告》。从这份报告中我们可以发现，年轻一代对于自我、人际关系、价值观的探索都有了新的趋势。

文化类议题是跨国界交流的重要载体，71% 的人希望了解本国以外的文化。比如，这份报告中的数据显示，C-pop（中国流行音乐）在 Instagram 上的热度提升了 1599%，中国文化话题在脸谱上的热度也上升了 332%。与此同时，犹太文化、拉丁美洲文化、波利尼西亚文化等话题也都引起了全球用户的兴趣。这份报告呈现出的全球用户关注议题趋势，印证了中国的全球文明倡议回应的正是全球民心所急所盼，具有鲜明的时代性特征。

在各大社交平台上，新闻、摄影、艺术、时尚、旅行、生活等，一直都是热门标签。在这些标签下，Z 世代消费碎片化的信息、喜欢展示自我、乐于分享感受。斯坦福专家 Roberta Katz 认为，互联网时代出生成长的 Z 世代，希望能够努力构建多元化的环境，他们具有很强的自驱力，喜欢灵活、真实和非等级化的网络表达。值得一提的是，中国美食话题 #臭豆腐，在脸谱上热度实现了 1359% 的增长，和骆驼奶、鸡蛋、咖啡等各国美食共同构成了高热度话题。包括美食在内的生活方式类话题体现了全人类对美好生活的追求，可以超越语言和国界，迅速形成传播效果。

Z 世代的另一个特点是他们对新技术接受度更高。美国皮尤研究中心 2023 年 3 月的调查显示，18% 的 18 岁至 29 岁的人已经在工作中使用 ChatGPT，而这一比例在 30 岁至 49 岁的人中只有 13%，在 50 岁至 64 岁的人中只有 8%。国际传播话语权博弈在一定程度上已经开始跳出政治、经济框架的束缚，转而进入技术竞争的新赛道。

洞察到 Z 世代的这些信息消费趋势后，需要我们立足当下、面向未来、深耕平台、技术引领，找到和吸引海外 Z 世代；同时也需要我们把握趋势、适应潮流、以我为主、创新语态，更好地提升针对青年一代，面向未来的传播效能。

（作者为中央广播电视总台 CGTN 副主任）

# "五种角色"讲好中国故事
# 打造凤凰国际影响力

**邹　明**

　　凡益之道，与时偕行。凤凰网于 1998 年成立，25 年来风雨兼程，构建了从 PC 端到手机端传播的多样化平台，在全球拥有 1.2 亿粉丝。近两年来，随着凤凰卫视改版完成，凤凰网以更鲜明的主流媒体形象呈现在大众面前。

　　凤凰网作为主流媒体，在国际传播中，要坚守中国价值观，用中国观点定义国际话题，用中国叙事风格讲好中国故事。做好国际传播，讲好中国故事，听起来只是一句简单的话，但要想做好，需要我们长期地努力，润物细无声地滋养，最后才能看到效果。

## 一、中国故事的讲述者

当下，我们不光面临"卡脖子"的窘境，也面临"卡嗓子"的困境。要破解"卡嗓子"的难题，离不开中国故事的创新讲述。

凤凰网如何向世界展示中国的独特魅力呢？2023 年 6 月 29 日，我们启动了"2023 中国力量十大年度人物"评选，旨在展现在科技创新、工程建设、民生福祉和社会公益等方面卓有成就的时代声音。《凤凰网全球观察团》是我们一档从海外视角看中国的品牌栏目，集中了凤凰驻全球记者，更直接生动地讲述中国企业"出海"的故事。《与世界对话》是一档通过对话国际政要、专家学者来阐释中国立场的栏目。最近，我们对话了美国著名专栏作家弗里德曼先生，他说，改革开放 40 多年，两国是经济和军事上的对手，但又你中有我。

此外，凤凰网通过国际社交媒体与国际政要进行互动。2023 年 4 月，巴西总统卢拉访问中国；6 月，洪都拉斯总统希奥玛拉·卡斯特罗到访中国。我们的报道都得到了总统以及政府要员的多次互动，引起了国际媒体的关注。

## 二、中华文化的传播者

文化与文明，是一个民族强盛的重要参数。文明传承是连接过去与未来的重要通道。凤凰网从 2014 年开始主办"致敬国学：华人国学大典"活动，吸引了学术、传媒、公益等领域精英及广大网友的积极参与。

我们先后在湖南大学、北京故宫、岳麓书院、武当山等地成功举办系列活动，并在 2019 年获评教育部"礼敬中华优秀传统文化"示范项目。叶嘉莹、杜维明、许倬云、楼宇烈、许渊冲等大儒名宿先后荣获国学终身成就奖及海外影响力奖。2023 年 6 月 21 日，凤凰网还成功举办了

"2023 公祭伏羲大典暨第五届华人国学大典甘肃论坛"，来自海峡两岸的专家学者与跨界精英同台论道。

## 三、媒体融合的践行者

媒体融合，是时代之需，是受众之盼。凤凰网也是媒体融合的践行者。我们的经验是，首先业务管理上的融合，即"台网互动"。此外，凤凰全媒体各部门的编委都要参加每周业务例会，互通信息交流。对于如党的二十大、乌克兰危机等重大报道，全媒体各部门互助互利。另外，凤凰网早就开始布局国际社交媒体账号，在海外各社交平台上已有账号50余个。2000万粉丝中，不乏国际政要、国际著名媒体人、国际机构负责人等。

## 四、美好生活的倡导者

守正出新，守正创新，是凤凰的先天禀赋。2023年7月3日，凤凰网在澳门举办了首届世界城市品牌大会，让世界爱上中国城。美食方面，我们打造的"凤凰网美食盛典·金梧桐中国餐厅指南颁奖晚宴"，已成为媒体行业中最盛大的美食类颁奖活动。凤凰网时尚同时也是首个参与四大时装周拍摄与一线明星顶级大牌独家合作的网络媒体。2023年，我们倾力打造的高端时尚与艺术文化的跨界活动"凤凰雅宴"，首期就实现了"破圈"传播。

## 五、温暖力量的给予者

仁者爱人，是中华文明的鲜明底色。长期以来，凤凰网致力于关注弱势群体的权益和福祉，给世界以温暖的力量。"美丽童行"是凤凰网打造 17 年的公益品牌活动，2011 年开启首届"美丽童行公益盛典"，通过慈善晚宴的形式为众多优秀项目筹集善款。同时，我们也陆续走向美国洛杉矶、加拿大温哥华等海外城市，为中国困境儿童筹款。2023 年 10 月，凤凰网将与国际慈善机构智行基金会合作，分别于加拿大和中国香港举办慈善晚宴，为受艾滋病影响的中国儿童筹集善款。

至微至显，善作善成。凤凰网立足于新媒体时代，秉持客观、真实、权威的原则，致力于传播中国故事和优秀文化、践行媒体融合、倡导美好生活、承担媒体社会责任，做温暖力量的给予者。凤凰网将继续成为中国新媒体行业的领军者，为社会发展和进步作出更大的贡献。

（作者为凤凰网副总裁、总编辑）

# 跨媒体融合　构建国际话语体系
# 向世界讲述中国特色自由贸易港故事

**荣　佳**

　　海南国际传播中心成立于 2019 年 11 月，至今 3 年多时间。不过，海南国际传播工作的开展由来已久。从 20 多年前博鳌亚洲论坛的创立，到环海南岛国际公路自行车赛、国际大帆船赛等国际赛事的兴起，以及世界小姐比赛相继 8 届在三亚的举办，海南国际传播工作从无到有、从小到大，让海南出现在了国际舆论场上。再到 2016 年由海南广电制作出品的纪录片《我们的更路薄》被译成 5 种语言对外传播，有力地向世界传递了海南声音。

## 一、制度创新

2022 年 5 月，海南广电、海南日报社和南海网三大主流媒体先行先试，在省级媒体中，率先整合"报台网"的国际传播队伍，合而为一、合署办公，打通策采编发流程，共同运营海南国际传播中心。融合改革后，在 3 个方面取得了明显的"1+1>2"的效果。一是人才集结。通过团队整合，集结优势力量，组成了约 40 人的国际传播人才队伍。二是渠道拓宽。打通"报台网"旗下海内外 30 多个渠道，有效放大了国际传播声量。三是内容提升。海南国际传播中心不仅是一个节目原创生产部门，也是"报台网"精品内容的海内外分发中心。

媒体融合后，三方优势互补，精品视频节目得到更大程度的整合与传播。比如，海南日报出品的《这里是海南·秘境寻踪》在海内外平台阅览量破 1 亿次；海南卫视原创出品的《大使家宴》《全球国货之光》也通过海南国际传播中心的海外平台广为传播；电视访谈节目《自贸佳》从"大屏 + 小屏"，走向"国内 + 海外"，让看好海南、真金白银投资海南的企业家们成为自贸港在海外招商推广的"代言人"。

此外，我们根据国际传播品牌和主持人品牌分别打造了《诗"瑶"话节气》《皓闻自贸港》等节目，并依托海南广电团队的双语制播优势，制作了多款大型国际传播节目，如《爱乐之岛》全球音乐直播，以及与英国驻广州总领事馆联合主办的多语种公益演讲活动《洞见·Insight》第二季等。

一系列的整合，丰富了海南国际传播中心在文化、经济等多个领域的优质内容，也有效推动了电视节目的新媒体传播。其中《劳拉带你"云"看自贸港》《这里是海南·秘境寻踪》等多个节目，获得国家广电总局"中国优秀海外传播视听作品"等奖项。

## 二、人才培养

融合改革后的国际传播团队约 40 人，其中 75% 以上具有海外留学背景或研究生学历，其中还有 2 名外籍专职主持人，分别来自俄罗斯和南非，是一支不可多得的年轻化、国际化的媒体队伍。人才培养还在于外部人脉的搭建。我们在全球 30 多个国家和地区汇聚起近百名海外传播官，他们本职是医生、教师、专家学者等，通过参与节目录制和个人社交媒体平台，传播海南。有人还因此成为网络红人，在中国开启了另一番事业。

## 三、海南自由贸易港"333"国际传播体系

"333"，是指三大平台、三大渠道、三大支撑。在此架构之下，海南国际传播中心搭建起英、俄、日、韩四大语种的官方网站，全省有关厅局、市县海外社交媒体账号矩阵总粉丝量超过 1000 万；通过央地联动等多个计划和合作机制，不断扩大知华友华朋友圈；同时，还建立了可在塔斯社、美联社、《时代》周刊等全球超过 1000 家主流通讯社及媒体落地，触达 200 多个国家和地区亿级受众的多层次对外传播渠道，为优质内容的全球传播，提供了有力支撑。

海南的外宣工作并不局限于媒体，从自贸港的需求出发，海南构建了一个全省层面党委领导、上下联动、内外协同的"大宣传"工作格局，打造全省一盘棋、全岛一张网、全域一朵云的大融合传播格局；并通过联席会议，为多部门联动做好外宣，提供机制保障，这构成了海南国际传播不断深化的重要土壤。

*（作者为海南国际传播中心副首席执行官）*

# "中企新媒体出海记" 沙龙对话

■ 主　　持　　人：孙　璞
■ 对话特邀主持人：闫　永　国务院国资委新闻中心副主任
■ 嘉　　　　　宾：叶克文　中国东航党组宣传部副部长、企
　　　　　　　　　　　　　　业文化与品牌管理部副总经理
　　　　　　　　　　李　敏　中国中车集团有限公司企业文化
　　　　　　　　　　　　　　部副部长
　　　　　　　　　　谢　玥　华为社交媒体事务部部长
　　　　　　　　　　荣　燕　三一集团有限公司海外总部品牌
　　　　　　　　　　　　　　总监
　　　　　　　　　　周葆华　复旦大学新闻学院副院长、全球
　　　　　　　　　　　　　　传播全媒体研究院副院长，教授、
　　　　　　　　　　　　　　博导

**孙璞：** 随着我国经济的快速发展和国际地位的提高，中国正日益走近世界舞台的中央。如何把树立企业形象与展示国家形象结合起来？向世界传播中国声音，中国企业又要扛起怎样的责任担当？中国企业又是如何在海外讲好中国故事的？在"中企新媒体出海记"沙龙对话中，让我们一起聆听他们的经验与总结。

**闫永：** 欢迎各位嘉宾！接下来，我们就中国企业品牌的国际传播路径的探索进行深入的交流。

党的二十大提出，"加强国际传播能力建设，全面提升国际传播效能，形成同我国综合国力和国际地位相匹配的国际话语权"，习近平总书记也强调指出，"我们国家发展成就那么大、发展势头那么好，我们国家在世界上做了那么多好事，这是做好国际舆论引导工作的最大本钱"。

今天邀请的4家企业都是在中国企业"走出去"建设世界一流企业过程中涌现出来的佼佼者，可以说也是我们国际传播的重要方面军。习近平总书记提出，我们的品牌建设要践行"三个转变"。现在我们的中国制造、中国建造、中国创造等，已经享誉世界，像特高压、高铁、核电这些国家名片，也是享誉世界。今天现场来的，既有我们最会讲故事的航空公司、中国服务的代表——东航，也有我们的国家名片、中国制造、中国高铁的代表——中车，还有我们民族企业的脊梁——华为，以及我们大国重器的制造者、建造者——三一重工，我们也请到了复旦大学的专家，大家一起来探讨。

我的第一个问题是，在中国企业硬实力"走出去"的过程中，我们的软实力如何同步"走出去"？有什么好的做法和实践？首先有请中车的李敏部长。

**李敏**：大家应该都比较了解中车，一看到中车就会想到中国高铁、中国速度、中国创造、国家名片，大家给我们贴上这个标签，我是非常乐意的。我的工作就是要把这些标签的内涵挖掘得更丰富一点，展示得更充分一点。

2023年正好是"一带一路"倡议提出10周年，我们也在思考，借着这个东风，我们能做点什么？

中国高端装备"走出去"、中国高铁"走出去"应该是中国人以及世界都关注的一件事情。我们常说"世界这么大，我想去看看"，我想，坐着火车，坐着中国中车生产的火车去看世界，一方面，能看到中国中车是怎么样去服务一方、造福一方、融合一方的；另一方面，也能够通过火车这样一个交通工具，这样一个窗口来跟世界产生连接，发现世界之大、世界之美、世界之多样性。所以 2023 年我们策划了"坐着火车看世界"国际传播活动。在我们出口的 110 多个国家和地区中精选了 10 个地区的项目来进行这次国际传播活动。

在策划之初，我们就认为这个活动不仅要传达硬实力，更要把软实力和暖实力，也就是有责任、有温度、有感情的这些故事要传播出去。一是商务活动和文化活动、社区责任活动相结合。二是线上活动和线下活动相结合，比如我们在线上举办的全球粉丝艺术大赛。三是内部活动和外部活动相结合，比如在企业内部发动大家参与青春 Vlog 的大赛。四是传统媒体和新媒体相结合，这样就形成一个非常充实的国际传播。

具体来说，这 10 个地方覆盖了亚洲、欧洲、美洲和非洲，包括像老挝、墨西哥、阿根廷、巴西、泰国、印度尼西亚，还有土耳其、葡萄牙、肯尼亚等地区，目前我们已经进行 6 站了。

比如在老挝，结合中老铁路，我们策划了一个中老文化交流活动，给老挝捐建了一个足球场，在万象站设立了一个列车文化驿站，同时发动当地的民众和火车迷来进行列车体验活动。我们在列车上开展了动车第一课，这个课还被老挝国家电视台播出展示。所以整个活动在老挝当地主流媒体、商业媒体以及中国的主流媒体都得到了充分的报道。

在阿根廷站，正好我们给阿根廷出口新能源列车的同时，梅西也到中国来踢足球。我们特意去找了梅西，梅西给我们签了一个签名照，上面写上"充满热情地送给胡胡伊省和中国中车"。因为我们的列车将要去到梅西的家乡，在国内外媒体上我们转发了他的这张照片，也是非常受欢迎，蹭上了这个热点。

在土耳其，我们和 CGTN 合作，参与了纪录片《在土耳其发现中国》，它是 Vlog 视频的形式，在全网的播放量超过了 1.2 亿次。

通过这样一系列活动，应该说非常好的把中国创造的硬实力和软实力结合在了一起。

**闫永：**坐着高铁看世界，不仅看到了外面的世界，也把中国的声音传了出去。其实飞机到哪里，我们中国的形象也到哪里，下面我们请叶克文部长谈谈东航的最佳实践。

**叶克文：**东航是中国三大航空公司之一，有近 800 架飞机，本来就是连接中外的桥梁和使者，所以做好国际传播更是我们义不容辞的责任。

其实东航和制造业有很多的连接，比如 2023 年全球首架中国制造的 C919，就是由东航来运营的，这是制造业的一个产物，然后我们用很好的服务和它进行搭配。

在做国际传播的过程当中，我们尤其要重视受众，特别是年轻人。因为现在 Z 时代已经占到了全球人口的 1/3，在互联网上渴望年轻的人其实更多，Z 时代不仅仅是年轻人，还有心态年轻的人。我会跟他们讲这个飞机它是个很酷的飞机，它是个很值得乘坐的飞机，乘坐体验非常舒适……潜移默化地去讲东航如何把这个飞机飞出安全、飞出志气、飞出品牌、飞出效益。

在做传播的过程当中，讲中国故事，或者讲央企故事，怎么讲？谁来讲？怎样讲才能让大家听得进去？我们也动了很多脑筋。

比如我们和很多城市进行联动。我们有一位法国乘务员叫李希，因为家庭原因她往返于上海和成都两个城市，她就会讲上海和成都这两个城市和她认为的国际化大都市有什么区别，或者在这两个城市有什么好玩的。

还有一个德国的厨师，他职业生涯到了一定的瓶颈，觉得做西餐好像灵感不够，后来他就去中国的街头，去那些有烟火气的地方，从中餐当中他又发现了很多灵感，最后做出了中西融合的菜，把它应用在我们航空餐里面，也获得了非常好的评价。

像这样的故事非常多。疫情期间，我们有一个意大利机长，他说中国有疫情了我也不能做什么，我给大家包饺子吧。因为他在中国学会了包饺子，给大家加油鼓劲，结果他回到意大利以后意大利有疫情了，中国的专家又在援助他们，这样的两国民间交流发生了很多温情的故事。

在国际传播当中，我觉得要用亲言亲语、群言群语、网言网语，最后变成外言外语和文化适应的问题，需要转化，抓住时尚、音乐、体育、旅游这些年轻人喜闻乐见的元素，最后到达受众。

**闫永：**叶克文部长刚才从不同的利益相关方讲述东航的故事，讲述中国企业的故事。下面请问华为的谢玥部长，是如何传播我们中国企业的故事？

**谢玥：**刚才两位嘉宾谈的更多的是从内容策划还有视频呈现的角度，我想从华为的角度，来说一下组织上和人员上的保障。

华为在 170 多个国家有代表处，有设立组织，在每个代表处也都设立了专门的公共关系人员。不管是中方人员派驻还是海外专业的本地员工，我们都赋予了他们非常艰巨的使命，就是要把华为在当地的故事讲出去、讲好。

从组织上来说，我们也设置了机关，我们也叫它集团，管理深圳和地区部还有代表处的联动。整体来说，我们的国际传播其实是建立在各个国家、各个区域的基础上，但是集团又提供了很多能力中心去做保障。除了代表处的人员配置之外，集团还有自己的部门，比如视频能力中心、内容策划能力中心、KOL 孵化中心，包括我们自己所有的国际传播的渠道、国际传播的社交媒体的呈现，其实都在我们机关做的落地。所以从组织上来说，我觉得在一定程度上保障了内容的高质量产出，然后渠道进一步高质量地发出了我们自己强有力的声音。

另外，我想强调的其实是传播的人员构成。我们做国际传播，不只是我们中国人自己在做传播，我们的团队其实是相当稳定的三角形的结构。我们 1/3 的人员其实都是像 CGTN、人民网、新华网这些机构里的媒体人一样优秀，他们非常懂得怎么去做传播。另外 1/3 就是华为自己的老员工，他们非常懂公司业务，熟悉公司想讲的文化价值观，这是我们的中坚力量。另外的 1/3，我们招募了很多名校生，很多是从海外名校毕业的，他们对西方价值观是非常理解的，我们也需要他们给我们更多的输入。同时，我们也有一些"外脑"，我们向外输出的视频，包括剪辑还有视觉的供应商，很多都是外籍员工。从他们的视角能帮我们纠偏很多从中国人的角度讲故事的一些错误认知。所以从组织上、人员上、能力上，我们做了国际传播的保障，而进一步对华为整体在国际传播的形象的塑造起到了非常好的保障作用。

**闫永：** 刚才中车讲了主题传播、整合传播，东航讲了让利益相关方来讲故事，刚才谢玥部长又贡献了华为实际上是通过组织保障的方式来让国际传播中国企业的故事能够讲得更好。请问三一的荣燕部长，三一有什么妙招。

**荣燕：** 三一的国际化起源是 2002 年，深耕多年，已经走过了 20 个年头。在 2022 年，三一的海外出口规模已经达到了 400 亿元。从 2002 年到 2022 年，20 年的深耕，不仅仅是销售，更多的还有品牌的建设和传播。

在工程机械行业，有一个专业的认证叫作达沃斯经济论坛，全球认证的两个灯塔工厂全部在中国，很自豪地告诉大家，全部在三一重工，但也不能说全部在长沙，有一家是在我们北京的装机灯塔工厂，另一家是在我们长沙的 18 号厂房。这两家企业是全球仅有的，通过了官方认证的。

三一重工通过自己多年的创新以及研发，一直是以品质改变世界作为口号，通过品质来做更多的宣传。就像刚刚各位嘉宾讲的，一个是硬实力，一个是软宣传。我们的硬实力，就是以品质为本，我们的软宣传就是把优秀的中国民营企业来做全球的传播。我们在 2023 年 5 月邀请了全球 1200 名国际客户和代理商来到了艺术之城长沙，大家在这里相聚一堂，做了一场全球的峰会。经过 3 年疫情，我们让他们见证了三一在产品和品质上做出了哪些最新技术以及最新改变。通过两天的活动，我们也现场为国际方面的签单助力了 11 亿元。所以我想说，宣传是渠道，更多的是以品质当保证。

**闫永：**荣燕部长刚才讲到了硬实力和软实力的关系，卓越的产品其实是传播的通用语言，好的产品自己会说话，好的服务也自己会说话。我觉得在这个过程中中国企业干得好、讲得也好。

刚才 4 家企业的代表分享了各自国际传播的亮点，其实在对外传播的过程中，我们还面临着这样那样的问题，尤其是进入动荡变革期，外部的不确定性还是比较大的。在国际传播中如何把这些不确定性变成确定性？解决我们面临的难点和痛点？

我的第二个问题就是，在国际传播中，中国企业面临着什么样的难点和痛点？是怎么解决的？解决不完的问题最后请周葆华院长解答，他是这方面的专家。

刚才听到三一讲灯塔工厂，我觉得在国际传播的话语权方面我们是不是还存在短板？"灯塔工厂"是西方提出来的，提得很好，中国企业在这个过程中，应该提出什么样的概念、理念，包括中国话语、中国主张、中国方案？实际上这也是我们需要思考的问题。

首先请三一的荣燕部长谈一谈。

**荣燕：**中国企业跟国外的文化差异，我觉得这是一个难点。如果想做国际品牌的宣传，第一步就是沟通，沟通的第一步就是要融入本土的文化，要尊重对方的文化，彼此包容和理解。所以这是我们一直在如何做好跟国外文化进行交融的路上探索的一个课题，这也是我们海外品牌传播的一个必修课。

痛点有很多，除了文化之外，我觉得更多的是要多元落地。三一的国际化已经起步了 20 多年，虽然我们在很多优秀的企业面前还是一个小学生，但是我们是非常努力的小学生。我们的难点很多，除了文化之外，如何在每一个市场，尤其是细分市场去多元化的落地，除了尊重本土文化之外，还有更多的技术壁垒或者说产品价格以及政府民众等各种关系。

**闫永：**荣燕部长讲了我们跨文化中的细分受众和本土化落地，对中国企业国际传播还是有借鉴意义的。接下来有请叶克文部长，东航其实也是风靡国际的社交媒体平台，也是我们讲好中国故事的代表。我想请问在别人的舞台上唱戏，面临难题的时候，你们是怎么破解的？

**叶克文：**其实软实力还是需要硬通货。为什么大家对餐饮都比较感兴趣？其实任何的国际调查大家去看，共同关注的话题就那些，包括饮食文化。如果你跟老外去讲戏剧那样可能会门槛太高。

国际传播中很大的难点就是话语体系的转化。最简单的一点，语言的问题。大家都会觉得语言不是问题，中国那么多英语人才，那么多外语人才，语言还会是个问题吗？其实就是个很大的问题。我先说个最简单的例子，咱们现在叫很多人拿出手机发一条 100 多字的微博，可能他会想半天，他会想很久，这还是用的最熟悉的中文，如果是用外语呢？我们有 7 个语种的 29 个账号，粉丝有 800 多万，其实我看很多内容都会觉得它是一种翻译成外文的中文，因为不是用外国人的思维方式去写的。不光是我们，可能很多账号都会有这样的问题。所以我认为整个话语体系的转化对我们来说还是一个持续的、非常大的挑战，它不仅仅需要有外语人才，更需要有思维方式的根本性转化。当然，很多专业媒体给了我们很多支持，包括中国日报给我们很多指导。在这个问题上，我觉得企业要探索用具有企业特色的，而且符合当地审美文化的，甚至有当地语言情绪的语言来做好社交媒体运营。

**闫永**：李敏部长，中车现在在国际传播上面临的最大的难题是什么？你们是怎么想办法解决或者部分解决的？

**李敏**：我觉得我们面临的问题，跟刚才两位嘉宾分享的其实是一样的，就是怎么样去克服文化差异和尊重文化差异。我觉得在多元文化交流的时候，尊重是一个基本前提。大家是求同存异，君子和而不同，我们找到最共同的价值观，同时也尊重各自的差异。我们经常说要讲好中国故事，到底什么是中国故事、中车故事？我们认为有 3 个层次：第一个层次，中国故事一定要有中国的特色。比如说中国高铁的特点，我们有一个网络活动，相当有影响力，在国内外都形成一股风潮。其实它就是通过一个形象化的、贴近老百姓的方式来体现出产品的优越性。第二个层次，中国故事就是世界故事。必须要有一种全球视野，要体现出世界的兴趣，符合人家的价值观、共通的价值观、社会心理等。第三个层次，中国故事其实也还是他国故事，就是要有本土风味，把本土味讲出来，才有真滋味。比如我们举办的"坐着火车看世界"活动，针对每一站都融入了当地的本土化因素：到了非洲要说野生动物的保护，到了欧洲要特别关注"双碳"、超越意识形态的议题；到了其他的一些欠发达地区，更多的要讲我们怎么去提供、扶持整个轨道交通产业发展和大家共享。现在我觉得还有一个很好的破解方式，就是用视觉化的语言、图片、视频，更能够打破语言的束缚，能够更多地直达内心。这是我们的一些想法，也在实践中不断地去努力，去破解。

**闫永**：谢谢李敏部长贡献了 3 种方法论。众所周知，华为是目前民族技术产业的脊梁，也在发展过程中遇到了不正当的制裁，发展的困境和我们传播的有效性之间如何解决？有请谢部长来谈一谈。

**谢玥**：其实华为是被迫走上国际宣传的舞台的。特朗普给了我们最大的广告也不收我们的广告费，但是在整体的国际传播上，我们遭受了非常大的挑战，这个挑战也给予我们非常大的动力。我觉得大家在非常顺利的情况下是没办法抱团的，但是因为制裁，因为国际环境的复杂性、不确定性，我们从公司高层到中层再到执行层，对于做国际传播和国际舆论的观念是非常坚决的，形成了思想上的高度统一。我觉得这对于很多企业，不管是高科技公司还是国企、央企，其实是挺难的。怎么去说服高层做国际传播，然后体现它的亮点、体现它的可衡量性，这是一个非常大的痛点。

第二个痛点我觉得对于任何一个商业公司来说，都要追求营利性。做国际传播的目的、目标还有我们最终要去哪里，作为传播人，我们要回答自己这个问题。不管是业务线还是高层，还是到我们自己平时跟业务线、一线去对接的时候，他们也会问一个问题，你的这个传播能给我带来什么样的价值和作用。从 2018 年起，除了应对美国还有西方的这种舆论战之外，我们自己也主动求变，找了一些实际的案例。例如，疫情期间我们跟南非最大的运营商做了一场关于南非企鹅岛的 5G 直播。这个案例就是想说明，当时的疫情情况比较复杂，整个南非的旅游业遭受了很大的冲击，对于运营商来说他们的收入也在下降。运营商又是我们最直接的客户，怎样通过华为的技术结合业务和我们客户的需求，把这种传播场景结合起来，其实这就是考验整体传播者的一个智慧和对内容策划能力的一个体现。

现在是视频化、图片化、多样化表达的一个时代，我们也是第一次通过 5G 直播，将一些亮点进行展示，把华为作为高科技企业的形象通过视频的表达方式体现出去。所以我觉得这是一个企业能够做国际传播者，能够把国际故事讲出去的一个结合业务的比较好的案例，也解决了我们对内、对外呈现的一个需要。

**闫永：**谢玥部长刚才讲了她的两个痛点和她的解决方案。其实在中国，企业"走出去"既有话语权的争夺，也有标准的争夺。像现在的ESG 这样的标准其实是中国式现代化过程中中国的标准。中国企业如何跟世界各国、各地沟通，我觉得更重要的是需要一些媒介、定义、理念、方案、主张。刚才我们提了两个，谢玥部长提出两个痛点，其他的几位提出像跨文化沟通和话语模式转型的难题，最后还是请复旦大学周葆华院长来给我们做深入的解析和解答，看看我们企业的最佳实践和一些困惑，如何在您那里得到一些新的答案和启示。

**周葆华：**我首先表达两个意思：

第一个是国际传播实际上是没有完成时的，只有进行时。也就是说，它的实践是永远在路上。像今天4家企业本身，是代表我们国家在做企业国际传播时的一些非常好的、生动的实践。

第二个是国际传播没有标准答案，只有参考答案。所以无论是从话语角度出发还是从人员的专业性出发，还是从品质出发，还是从主题策划出发，实际上都是"八仙过海，各显神通"。应对这些问题，我想到3个主要的关键词。

第一个是"心态"。我为什么要讲心态？实际上我是研究传播学和新媒体的，想跟大家分享的是"communication"这个词，它是个舶来词，在中国翻译成"传播"，实际上是一个历史的偶然的误会，也就是说这个词可以不翻译成传播的。理论上它就是一种沟通，一种交往，一种人类的生存状态。我想可以在今天讲，叫"无传播不生存，我传故我在"，它是一个与生俱来的人、企业、国家的存在状态。我觉得，我们可能更多的是充满着一些国际传播的焦虑。放眼世界，我们好像没有看到其他的文化当中，它反向传播有那么多的焦虑，这个问题其实是一样的，为什么西方到中国就不需要解决一个到中国如何"出海"的问题？所以我们的心态其实可以更加的自然、更加的开阔。

传播其实不是一个"我要讲"的问题，而是一个"要我讲"的问题。比方，我是很少发朋友圈的，因为平常都在备课和做研究。我来长沙开会很多次，都在宾馆里或者学校里面，从来没有逛过解放西路和文和友。但是那天晚上我跑到解放西路，逛到11点半，我浑身感觉焕发18岁的少年心态，我立即在朋友圈发了一个"长沙的不夜之城"。所以这个传播让我感觉到，这个城市在召唤我传播。所以我觉得当世界上有事情要发生，当它要听到来自中国声音的时候，它就需要东航发声，就需要中车讲故事，就要听到华为和三一的声音。所以这些东西我相信不一定是我们要很担心的，它本身就是我们在跟世界交往，跟其他国家的文化交往当中一个彼此欣赏、相互借鉴、彼此进入、共通共融的过程。我想这一点是我自己在看待很多国际传播案例当中一个很大的感触。

在我们国家历史上，我认为有两个故事是非常典型的。一个是当年的红星照耀中国，它是西方世界需要听到中国故事的过程。

另一个就是周恩来同志对西方人讲，《梁山伯与祝英台》就是我们中国的《罗密欧与朱丽叶》，所以它其实也是刚刚各位嘉宾讲的这样一个话语的转化过程。

另外两个关键词，恰恰是今天4家企业分享得非常好的去做的两个关键词，就是"连接"与"出圈"。因为要连接，所以我们才会让当地人讲当地故事，我们才会有在地化的实践，才会讲我们的人性故事。所以我为什么讲传播是个自然过程。我们的企业关心员工，员工在东航有这种烹饪上的很有趣的、很带有人情味的事情，是他在东航工作幸福感的体现，是我们工作的有机组成部分。所以我想华为的传播本身就是给华为增值的，这个增值可能是无法用简单的定量来精准衡量的，但它一定是企业成长中一个非常重要的部分，所以传播带来的价值可能是无限的，是长期的，是潜移默化的。

另外一个就是"出圈"。企业因为它相对比较硬，尤其我们今天上天、入海、挖地、移动，这是代表人类生活非常活跃有趣的全部，但是企业的传播就容易相对生硬。不过我今天听到的是4家企业都非常好的把一个专业领域的、相对有些冷冰冰的甚至是重工业的企业变得非常的道不远人，他们讲的都是人的故事，都是自己员工的故事，都是我们怎么样去解决当地就业跟当地民众连接的故事。所以就是这样一点一滴的小小的闪光故事，我觉得就实现了中国企业国际传播当中的"出圈"的效果。

因为时间关系，简单点说我的感受就是，第一，我们应当有一个坦然的、静水深流的生态，中国跟国际一定是相互需要，一定是企业的长远发展，并且是一个文化的长久沟通。第二，我们要通过多元的传播主体、多样的传播渠道、多模态的传播形态、多种多样的科技手段以及核心的话语体系的多元传播，来实现在地化以及国际化的连接。最后就是只要我们的企业跳出一个企业的硬实力本身，以硬实力为基座但是讲述的是人性的故事，最终就能实现这样的一种"出圈"。

闫永：谢谢周葆华院长精辟的总结和概括。以开放的心态连接利益相关方，实现传播"出圈"，概括了我们中国企业在"走出去"、在国际传播过程中的一些做法和经验。

今天4家企业分享了各自国际传播的经验，周葆华院长做了精彩的概括。我想所有的传播或者沟通也好，都是价值观的传播。如何秉承全人类共同价值，如何占领舆论的制高点、理论的制高点和道义的制高点，去做好我们的国际传播。刚才大家分享了我们如何以发展赢得尊重，这是硬实力和软实力的结合，以责任赢得信任，就是我们以人为本的沟通，其实都是可以从以中国企业声誉的管理、品牌的提升来提升国家形象，共同建立塑造一个可信、可爱、可敬的国家形象。在这个过程中，中国企业做出了点点滴滴的努力，共同致力于提高我们国际传播力和中国文化的感召力，这个过程中也感谢我们各个企业的努力和奉献，感谢今天周葆华老师的精彩点评，感谢我们中央主流媒体和我们各地主流媒体对于我们中国企业品牌传播的支持，感谢主办方能够让我们中国企业有这样一个机会，来分享自己的做法和经验。我相信前面有了几位嘉宾的精彩分享经验，和刚才我们企业的一些最佳实践，未来我们会走出中国企业国际传播更宽、更广的道路。谢谢5位嘉宾，谢谢各位领导！

孙璞：感谢！果然是干货满满，不仅分享了可借鉴可学习的企业新媒体"出海"路径，也感受到世界格局下，中国企业面对国际传播的更多挑战，需要更好地联通国际市场，更多地参与全球竞争，在"出海"之路中，不仅要塑造好品牌形象，更要讲好中国故事，赋能国际传播。

# CNMC

# 2023中国新媒体大会
CHINA NEW MEDIA CONFERENCE

| 社会责任论坛 |

# 数字共益　发挥新媒力量

苏荣才

履行社会责任是媒体义不容辞的光荣使命。十年融合发展，为媒体借助互联网提高声量、创新形式、拓展功能，更好发挥社会效益插上了翅膀。10年来，新闻战线唱响主流声音，记录时代风云，推动社会进步，守望公平正义，充分发挥主力军主阵地主渠道作用，自觉承担举旗帜、聚民心、育新人、兴文化、展形象的使命任务，不断凝聚起亿万人民奋进新时代的磅礴力量。同时，主流媒体和商业传播平台借助自身优势，积极参与社会公益，有效整合社会资源投入公益事业，在决胜全面小康、助力乡村振兴、疫情防控等方面发挥了独特作用。

中国记协历来将团结引领主流媒体和商业传播平台履行社会责任作为重要职责。尤其是近年来，建机制、抓引领、搭平台、打品牌、促合作，不断增强工作创新性、实效性，推动新媒体传播效能与社会功能相互放大，新闻事业与公益事业相互促进。

## 一、完善媒体社会责任报告制度

2014 年起在新闻战线探索建立媒体社会责任报告制度，推动媒体连续 10 年每年定期公开发布履行社会责任情况，接受社会监督。对强化新闻媒体社会责任意识、自觉履行社会责任、提升全行业公信力发挥了积极作用。

## 二、做优中国新媒体联合公益行动

2019 年起，开展中国新媒体联合公益行动，全国志愿服务促进中心等相关单位合作，组织带动了中央和地方新闻单位、商业传播平台，创新运用新媒体形式手段和传播平台，在扶贫、教育、救灾、助农、寻人、维权以及综合服务等领域作出一系列成功实践。在此基础上，每年向社会发布推荐中国新媒体公益年度十佳案例，进一步推动形成公益品牌影响力。

## 三、首设中国新媒体公益研修班

2023 年，由中国记协新媒体专委会担任指导单位的"中国新媒体公益研修班"正式开班，并已于 2 月、4 月举办两期。分别以"凝聚向善力量　助力乡村振兴""新媒体新公益新力量"为主题，进行政策讲解、公益通识、实地考察、案例分享、圆桌讨论，受到学员的广泛好评。在本次论坛上，第三期研修班也将正式开班。

## 四、开展县级融媒东西协作

通过交流互访形式，以实战实训为特色开展全媒体技能练兵，促进东部、中西部地区县级融媒体中心开展深度交流协作，有效带动中西部地区县级融媒体协同发展。项目将于 2023 年实现全国 31 个省区市和新疆生产建设兵团全覆盖。

当前，我们正昂首阔步踏上全面建设社会主义现代化国家新征程，新媒体人有职责有使命更有信心有能力履行好社会责任。中国记协愿与大家同向同行，推动事业发展、社会进步，这也正是我们始终将社会责任论坛作为中国新媒体大会保留项目的初心所在。

（作者为中国记协书记处书记）

# 新媒体人设：AI 态势下的媒体融合创新

## 杨继红

　　为全面深入贯彻落实习近平总书记关于支持多渠道灵活就业的重要指示精神，央视频从 2020 年 3 月开始启动国聘行动，大型网络云招聘活动，网友称之为"云招聘""云找工作"。我们联合 7 部委，依托中央广播电视总台强大的组织动员能力，通过央视频自主研发的用户服务系统一键式投递、一键式寻找岗位，一键式获得回复，央视频的 70 多位员工和 7 部委的 300 多位同事成为志愿者，活跃在 3300 多个大学生和家长群中，交流就业心得、就业技巧，共同搭建公益桥梁。这 3300 多个群充满活力、充满企盼，是我们工作的强大动力。国聘行动属于回馈社会大众的"云系列"中最重要的一部分，此外还有在家里可以上课的"云课堂"和观察象群轨迹表达生态文明主题的一路向北"云追象"项目等。

从传统媒体走到新媒体，新闻工作者曾经是记录者、观察者、监督者、瞭望者，现在更需要成为社会生活的服务者、社会矩阵的组织者、综合信息的识别者、系统安全的保障者、公益行动的发起者，更应该是统合信息的识别和系统安全的切实关切者。"云系列"中的每一个项目饱含这样的初心。2020年年初央视频积极承担媒体责任，充分发挥技术优势，通过5G信号对武汉的火神山和雷神山两座医院的施工现场实施了7×24小时，93天不间断的慢直播，由4个固定机位原生态让观众观看超过1.7亿次，超过6000万人同时在线，充当"云监工"，共同见证了中国速度，形成了疫情之下同频共振的大型舆论场，创造了中国直播史上一次震撼级的传播现象。

在传播层面，"两神山"慢直播积累了重大突发事件的珍贵影像，直播影像全量收入进了国家图书馆，在现场拍摄方舱医院的镜头永久收入到了国家历史博物馆，这是我们的骄傲，也是我们承担社会责任的一种见证。在社会沟通层面，我们打通了民众参与、全时全效、公开透明表达中国速度与疫情赛跑这样的主题，发挥了互联网时代媒体聚合大众的基础功能，展示了主流价值的引领力和引导力。

央视频上线3年多来，目前已经达到亿级的传播规模和经营体量。在传统媒体转型的融合过程中，除了内容之外，技术也是非常重要的一部分。央视频的高光时刻体现在一次又一次的技术引领过程中。2022年北京冬奥会期间，我们使用VR直播、AI剪、横滑泳道、多机位轮播的技术创新方式，全量呈现了600多场赛事。全网推送《冬奥来了》《数字雪花》《冬奥食堂》《冰雪之夜》等融媒体产品，和2亿多用户进行交互，为全世界观众献上了一场冰雪盛宴。此外，在全国两会、卡塔尔世界杯等大型报道中，我们的5G消息、8K沉浸式观赛、竖屏直播、AI虚拟人播报、动作捕捉等技术都得到了深度应用。

对于比较火的AI大语言模型AIGC，我提供3个维度的思考。一是责任问题，怎么鉴定用户提供的信息的正确性？二是AI大语言模型在使用过程中会不会产生信息扰场、信息茧房？三是主流媒体如何应对深层次人工智能带来的机遇和挑战？为此，我们应该开发自己的大语言模型，开发自己的 AI 智能生成系统，开发属于我们的自主可控的 AI 生态。作为主流媒体，我们有这样的社会责任打造自己的 AI 智能助手。央视频推出了数字助农平台央小频、数字助医平台央小频、数字助学平台央小频和数字助美平台央小频，打通知识库、打通用户服务、打造自己的数字虚拟大语言系统，联合中央广播电视总台众多的 IP 栏目和项目进行共创，形成央视频的 AI 智能数字融媒矩阵。

我们有信心将央视频打造成具有强大引领力、影响力和传播力的未来之频、希望之频，在主流舆论新格局建设过程中，贡献自己的那份力量。

（作者为中央广播电视总台视听新媒体中心副主任）

# 用声音行大爱

**王冬梅**

　　2023 年是喜马拉雅成立的第 11 年，从 2012 年诞生，喜马拉雅就一直在攀登和奔跑，产品、内容、服务都在随着用户的需要做迭代，我们首创了国内第一个知识节日——123 知识狂欢节；为了更好地服务儿童群体，我们推出了喜马拉雅儿童版。2022 年第四季度喜马拉雅实现了单季度千万级盈利，创造长期可持续的用户价值是我们一直以来的发展理念。

　　丰富的内容和便捷的收听方式，让我们收获了全年龄层的用户。从胎教到小朋友，从学生到年轻白领，从新手爸妈到职场精英再到银发人群，都能在喜马拉雅上找到喜欢听的内容。随着智能设备的普及，喜马拉雅也做到了在每个生活场景的陪伴，早起、通勤、开车、家务、健身、睡前……在原来眼睛被占用的场景，用喜马拉雅，收获更充实更健康的生活方式。全年龄段的人群和丰富的场景覆盖，让喜马拉雅收获了 2.82 亿的月活用户。

在发展过程中，我们关注到这么一群人，他们可能先天或者中途被剥夺了看到世界五彩缤纷的权利，他们无法通过文字了解文化的博大精深，他们的职业受限，除了推拿好像没有其他职业选择，大多数也因为这份残缺，不愿意走出去，缺少了很多正常人的交流。我们希望用科技服务好视障人群，希望用声音打开他们和世界沟通的精神之窗。2022 年我们向盲校捐赠录音设备，打造盲校录音棚。经过半年培训，邀请明星大咖和孩子们一起录制有声专辑上线到喜马拉雅，让这些孩子从小就感受不一样的可能性。

现在喜马拉雅的残障主播超过 1 万名，他们或演播有声书，或做直播、做播客，甚至创办公司。我们通过"残障主播赋能计划"，签约残障主播、提供优质版权 IP 以及为他们提供流量扶持。有一位喜马拉雅主播的作品播放量超 2000 万次，她创办的公司助力其他残障伙伴就业，公司营收达百万级。她在喜马拉雅用声音寻光的故事获得新华社、央视以及海内外权威媒体报道。

除了录制音频节目外，我们也会发起视障主播语音直播连麦，让更多普通人了解"视障者是如何演播有声书、如何做主播的"，让这个群体获得更多社会关注。我们还推出"首部全视障演播制作多人有声剧"，这部剧从导演、编剧、画本，到演播、旁白，再到后期制作等全环节，全由视障主播参与完成。

2023 年春节期间，喜马拉雅联合央视策划《一堂网课》节目，并在 2023 年中国网络视听年度盛典上播出。残障主播通过声音表达美、传递爱，展现普通中国人自强不息，奋进在自己人生的新征程。基于此节目，我们推出"残障主播公益培训课"，让更多想做主播的残障人士更方便地在线上获取培训资源，助力残障群体用声音实现更多价值。

除了线上，我们也与各地残联合作，在线下组织残障主播培训，让音频主播成为残障群体就业的新选择。我们也在完善"信息无障碍"的基础改造，利用语音辅助视障者操作 App，降低内容获取门槛。有一位视障用户说："以前特别发愁看不见了要如何阅读，现在有了喜马拉雅，我在上面学习了很多知识，已经听完了超过 100 本书。"

我们一直希望做一家有温度有担当的企业，在扶贫、教育、文化推广、乡村振兴等领域，贡献自己的一份力量。比如上线方言频道，推广中华文化；比如开展各种阅读活动，引领听书风潮，推动全民阅读；我们在疫情防控期间上线空中小学堂，以及免费送会员内容，给大家精神上陪伴和鼓励；在促进教育公平方面，落地喜马小学堂，送知识送温暖，开展直播带货扶贫，共建有声乡村。

（作者为喜马拉雅副总裁）

# 当那些焦急的声音被听见

**李云芳**

　　为了及时回应疫情防控期间上海市民的急需，澎湃新闻 2022 年 3 月 24 日上线"战疫服务平台"，收集大家的急难愁盼问题。5 月 31 日，也就是上海走出疫情、恢复正常的前一天，"战疫服务平台"总共收到有效的、紧急的求助留言一万余条，记者直接推动解决或者正在解决的将近 2000 条，转报相关部门线索将近 4000 条。

　　"战疫服务平台"具有求助问询、权威发布、辟谣基本功能，后来随着疫情的进一步发展，我们把"战疫服务平台"功能扩展，最终涵盖权威发布、求助问询、就医指南、停开诊医院地图查询、物资保供、辟谣、心理咨询、药品求助、消费投诉、助企服务等 10 项功能。我们还开展线下公益活动，比如为高龄独居老人募捐"防疫生活关爱包"，给一线的抗疫工作人员送"大白能量澎湃包"。

澎湃新闻对媒体应如何履行社会责任、解决大家的急难愁盼问题，已经探索多年。比如，在 2021 年河南郑州"7·20"特大暴雨灾害期间，澎湃新闻开通了"寻找失联者"和"河南洪灾求助"两个求助登记通道，此后又联合公益机构为灾区募集到善款 1000 余万元。2020 年"武汉保卫战"期间，澎湃新闻发起过搜集"四类"人群的求助信息，帮助应收尽收、应治尽治。

经过几年尝试，我们对于媒体在重大危机和突发事件中履行社会责任，有 3 点思考：

一是发挥媒体机构的连接和整合能力。媒体要敢于破界出圈，不仅仅把自己定位在一个旁观者、记录者的角色，在重大时刻，要发挥自己的连接功能和整合能力，帮助解决实实在在的急难愁盼问题。

二是联动专业组织的资质和技能长项。要和专业机构合作，比如募捐是需要有资质的机构才能操作的，后续管理也是他们专业，媒体主要是和他们各展所长，发挥"1+1"的合力。

三是借助技术公司的研发和触达能力。要和技术公司紧密合作，借助他们强大的技术能力和庞大的用户平台，快速地把我们的一些设想变成具体产品，惠及更多用户。

2022 年澎湃新闻 8 周年时，我们把"是彼此流经的河流，也是命运的同行人"作为口号，这是对媒体履行社会责任的一个最佳表达、最佳写照。我相信，爱心和责任是会"人传人"的，因为"声音会听见声音，行动会产生行动"——这也是澎湃新闻的理念。

（作者为澎湃新闻编委）

# 做好社会公益　履行社会责任

朱承铭

　　"文物撑伞人守护计划"是在山西省文物局的支持下，哔哩哔哩与相关机构共同发起的公益项目。旨在为文物守护人捐赠冲锋衣、雨鞋、登山杖、手电筒、手套等日常巡逻必备的物资，还有创可贴、纱布、消毒酒精等个人卫生用品，从而帮助他们更好地开展日常性的文物守护工作。

　　2021年10月，山西省遭遇连续强降雨，1700多处古建筑出现不同程度的险情。水灾后，哔哩哔哩公益团队实地走访了多处文物保护单位，了解到基层文物守护人群体在古建筑日常保护上起到了非常重要的作用。于是在哔哩哔哩公益平台上发起"文物撑伞人守护计划"，除提供物资装备支持外，我们还会尝试通过纪录片、漫画、主题宣传片，录制UP主探访视频等不同形式，呈现古建和它们守护人的故事，使更多年轻人关注并参与到文物守护和文化传承中来。

"文物撑伞人守护计划"只是哔哩哔哩公益平台上众多公益项目之一。经民政部批准，哔哩哔哩公益平台于 2022 年 1 月 20 日正式上线，截至 2023 年 6 月，共上线了 62 个公益项目，超 45 万用户捐款，筹款超800 万元。其他项目包括：重疾儿童医疗救助、"女生加油计划"（给山区女童发放生理卫生物资包，提升她们生理卫生意识）、满天星公益图书馆、关爱空巢老人的"银天使计划"等。2019 年起，B 站开始陆续在我国中西部地区建设哔哩哔哩小学，目前已经建立起 6 所小学，为 6546 名小学生提供乡村教育帮扶。

我们鼓励哔哩哔哩小学的同学们成立各种兴趣社团。如有一个服装兴趣小组，女孩们的愿望就是让更多人看到她们设计制作的服装作品。5 个小女孩制作了 5 条美丽的小裙子，她们将裙子寄给了一位 B 站时尚区 UP 主"怪力老陈"，UP 主将这 5 条连衣裙进行妆容和首饰的搭配，拍出了一期走秀视频，得到了大量点赞，不仅鼓励了这些女孩，让她们实现了愿望，更是让更多小伙伴们关注到了哔哩哔哩小学和这里的故事。

B 站传播公益的最好资源就是 UP 主们，像刚才我提到的"怪力老陈"就是一个例子。2023 年 6 月 26 日 B 站 14 周年庆上，首席运营官提到了不少热心公益的 UP 主，比如"乡村教师日记""毕导""安州牧""凉风"等。我们欣喜地看到，越来越多的 UP 主和用户正在通过 B 站关注和参与公益。

值得一提的是，B 站客服在长期与用户交流的过程中，发现不少年轻人存在着负面的情绪或无法排解的心情，于是在 2019 年设立"能量加油站"，由心理方面专业人员聆听倾诉，疏导情绪，缓解压力。过去一年在线沟通负面情绪用户已超 28 万，并协助专业医院、机构、政府相关部门解决不少紧急事件，其中就包括挽救有自杀倾向的青年。我们还建立了"能量加油站"官方账号，普及心理健康的知识。

B 站作为中国年轻人最喜爱的视频平台和文化社区，目前的月活跃用户已经超过 3 亿，其中 78% 是 18 岁至 35 岁的年轻人，这使我们深深感到，其实 B 站最大的社会责任就是把平台做好，引导年轻人积极健康向上。我们通过各种措施打造具有正向价值观的社区文化，使优质、深度、正能量的内容始终成为 B 站主流。有超过 3 亿人在 B 站学习各类知识，B 站播放时长最长的视频竟然是高等数学，B 站最大的 UP 主是中国政法大学的罗翔老师，还有 2.7 亿用户是中国传统文化的爱好者，大量UP 主在自发制作爱国自信的主旋律视频。

今天的 B 站已经成为：爱国青年的聚集平台、传统文化的复兴平台、潮流文化的引领平台、有志青年的学习平台、中外青年的交流平台，这正是 B 站履行的最大社会责任。做好社会公益，履行社会责任，我们会持续前行，也欢迎大家加入我们，一起携手同行！

（作者为哔哩哔哩党委副书记）

# 让青年文化"乐土"
# 成为中华文明"热土"

方 菲

2020年9月，习近平总书记在马栏山视频文创产业园考察时指出，文化产业既有意识形态属性，又有市场属性，但意识形态属性是本质属性。湖南卫视和芒果TV从成立以来就贯彻着具有高度社会责任的媒体理念，我们深信："只有市场的成功不是真正的成功，唯有在社会效益和市场认可上都打高分的媒体，才是真正高质量发展的媒体。"我们也由此发展出了像"导向金不换""做看得懂人民日报的制片人"这样带有鲜明湖南广电烙印的企业文化。

近年来，我们在探索兼具社会责任和市场效益的内容和运营方式上屡有斩获，如何创造性地转化中华优秀传统文化，如何将尖端视听科技和博大精深的中华文明相结合，如何建设中华民族现代文明，我们已经找到了许多自己的方法论，而中间最突出的就是融入中华民族伟大复兴的潮流。习近平总书记在文化传承发展座谈会上指出，中华文明具有突出的连续性、突出的创新性、突出的统一性、突出的包容性、突出的和平性，为我们主流媒体如何建设主流价值，实践社会责任，达成文化自信，建设文化强国指明了方向。

湖南卫视、芒果TV双平台作为主流文化的生产和传播平台，作为青年文化的引领平台，我们一直坚信，青年文化是中华文明赓续发展的未来，中华文明则是青年文化生生不息的血脉和灵魂。青年文化具有巨大的创造力、传播力，是中华文明创造性转化、创新性发展的关键，而中华文明则回答了一代代青年人"我是谁""我从哪来""我要到哪去"的终极问题。中华文明向内牢固凝聚、向前创新发展、向外协和万邦的特质，本质上体现出对传承、创新、交流的需求。两者的发展必须双向赋能，即青年文化要厚植于中华文明的土壤，才能够茁壮成长；中华文明要不断吸纳青春的创意和活力，才能生生不息。

## 一、探源中华文明历史，贯通共同文化根脉

中华文明具有突出的统一性和突出的包容性。在5000多年的悠久时空中创造的浩荡文化，即便延伸出了无数条分支，展现出了多样的个性，但都贯通着同一条文化根脉，到今天仍然紧密相融、不可分割。

湖南卫视、芒果TV这两年推出了两季《声生不息》，分别梳理香港音乐和台湾音乐的编年史，重新演唱在中华文化滋养下枝繁叶茂的港台金曲，唤醒了港澳台与内地观众对于中华文明的集体记忆。这档节目传达的中心思想简单而深刻：无论是一个人，一座城市还是一种文化，唯有融入中华民族伟大复兴的潮流之中，才能生生不息。

《声生不息》的内容创作实践，是以音乐为切口，探寻地域文化背

后所凝聚的中华文明审美共识，同时也通过它们在兼收并蓄中形成的个性风格，展现中华文明的博大胸襟。节目围绕音乐展开，从共同的审美价值中，我们看到了中华文明突出的统一性。港台音乐创作在中华文化的滋养下枝繁叶茂，坚守着文化认同、家国情怀，写出了像《沧海一声笑》《兰亭序》《曹操》等熔铸中华传统文化精神气度的歌曲，在亲缘相近的闽南文化的影响下，创作出《惜别的海岸》《身骑白马》等闽南语歌曲。

从中，我们看到了中华文明突出的包容性，在不断地与其他文明交流互鉴中得以保持长久的生命力。中国香港音乐和中国台湾音乐在和日本、欧美等多元文化的长期沟通交融中，在乐器演奏、曲风、歌词等方面形成了既多元化又自成一格的个性风格。

## 二、从深入挖掘与创新发展中，传承悠久的文化传统

建设中华民族现代文明，要求我们把握中华文明突出的连续性，深入挖掘中华优秀传统文化的内涵，以时代精神、内容创意、前沿科技激活其生命力，让厚重的中华文明底蕴在不断创新中迸发出新的活力。

以纪录片《中国》为例，这部作品以文化自信立论，以新时代的视角、先进的技术手段、颠覆性的审美创新，展现了精彩绝伦的中国历史画卷，我们颠覆式地在讲述历史的过程当中全部使用了白话文。已经播出的前两季分别梳理了从春秋到盛唐、从唐到新中国的历史脉络，正在筹备中的第三季则追溯到上古时期，以礼制的孕育和发展为主线，从原始社会到农耕文明再到建立国家，呈现出中国数千年礼乐文化的形成过程。

纪录片一直都是线性叙事，但《中国》用更概括、更写意但足够清晰的粗线条，勾勒出历史发展的大脉络、大切面，形成对历史发展的整体性认知。假定性美学作为中国审美的旨趣所在，是中国美学的精神

内核，以往常常出现在中国传统画作和戏剧之中。但我们认为，一部以《中国》命名的纪录片应该展示出中国式审美，所以我们大胆采用了假定性美学作为《中国》的美学基础，让不合理的场景反而更清晰地表达出了合理的内心意向。正如秦始皇看海的场景，宫内不可能出现大海，但是他内心确实是如场景般波涛汹涌。

全片五十格的拍摄，是《中国》在影像上最大胆的尝试。这种"慢"的视觉气质，结合6K高清晰度的画面与全景声的音效，营造出感知历史的最佳状态，让观众可以看到演员表情的细微变化，触摸到时间的缓慢流淌，也让《中国》得以用一种中式的、含蓄又飘逸的诗意之美，徐徐道来中国意蕴。

在第三季中，"双平台"将技术赋能文化创新体现得更加淋漓尽致。我们组织《会画少年的天空》中的青年画家们描绘上古时代的人物和故事，再采取"动画呈现""极致微距"等新技术手段，充分展现图景式的"中国通史"。期待这部极具中国特色、中国风格、中国气派的创新之作能早日与观众见面。

除了纪录片《中国》，2022年我们推出的《美好年华研习社》，通过在表达上对传统文化进行创造性转化创新性发展，培植年轻人对传统文化的兴趣。我们每期讲述不同朝代，把中华民族5000多年文明的精华，用符合当下审美的时装秀、舞台秀等艺术形式进行拆解和创新式演绎，让观众感受到传统文化在当下迸发出的奇妙化学反应，让中华美学以活泼生动的面貌得以延续。

我们正在筹备中的综艺节目《穿我的汉服》则聚焦近年来的"汉服复兴"趋势，邀请了中国顶尖的36位汉服设计师。在前期的策划当中，我们深度联动湖南广电新潮国货内容电商平台小芒电商，利用其在汉服垂类圈层中的影响力，不仅仅从内容上，更是从消费文化上共同普及推广汉服文化，实现汉服发展的与时偕行。

## 三、从友好交流互鉴中，推进中华文明的和平表达

中华文明具有突出的和平性，从根本上决定了中国不断追求文明交流互鉴而不是国强必霸、文化排他，决定了中国坚持合作、不搞对抗。湖南卫视、芒果 TV 双平台立足于中华文明的和平性，在节目内涵中不断传递中华文明与世界文明"美美与共"的和平理想。

在我们即将推出的《来者何人》这档介绍中华武术文化的节目当中，我们让武术以年轻化的姿态重新回到大众视野，向内探寻中华传统武术文化当中的精神观念，重点突出其和平性。它阐述了发源于春秋的"止戈为武""武有七德"精神中，所蕴含的悲天悯人、天命所归的和平理想，以及由此塑造的中华民族爱好和平又勇于捍卫正义的精神品质；阐述"兼爱非攻""水利万物而不争"等中国哲学思想的尚"和"内涵，虽然与重个体的西方文化间存在明显差异，但仍然以"海纳百川，有容乃大"的友好交流态度，推进不同文明间的对话和沟通。

百年之前，毛泽东在湖南第一师范就读期间，在湘江中流击水时留下了这样的诗句："自信人生二百年，会当水击三千里。"这句诗澎湃着青年文化的勇气，洋溢着中华文明的蓬勃生机。它代表了湖湘人的文脉赓续，更是中国人的责任担当。未来，我们将继续以社会责任为根基，以创新和科技为手段，培育和创造新时代中国特色社会主义文化，揭示中国人的宇宙观、天下观、社会观、道德观，坚定不移地开辟中华文明新天地。

（作者为湖南卫视副总监、芒果 TV 党委委员）

# 以精品内容启智润心
# 汇涓滴之力传递温暖

徐铁忠

　　近年来，爱奇艺坚持高品质、多元化的内容创作思路，出品了《人世间》《狂飙》等一系列经典作品。我们一直坚信，高质量的文艺作品是人们文娱生活的刚需，网络视听文艺作品在满足用户娱乐需求的基础上，还要有人文关怀和启蒙价值。作为大众娱乐内容中影响最大的影视内容，它有责任担负起驱逐蒙昧、普及新知的重担。

　　《种地吧》可能是中国真正意义上的第一档大型劳作纪实节目，也是近年录制时间最长的一档综艺节目。我们在 200 多人的报名队伍中，选拔了 10 位年轻人组成"种地小队"，用 204 天的时间记录他们在 140 多亩土地上播种、灌溉、施肥、收获，以及运营农场、修缮房屋、直播带货等农耕生活的全过程。

我们为什么要做这样一档节目？不只是因为现在很多生活在城市里的青年人四体不勤、五谷不分、节气不识。更重要的是，劳动耕种不只是技术，更是一种艺术，是一种有温度、有情感的活动。在种植过程中，我们收获的不只是能力和知识，还有情感以及对人生的感悟。这是一档用时间换内容的节目，从种下一颗种子开始，体会春华秋实、四时变幻，以慢生活对抗焦虑，感悟人生。我们用半年多的时间来录制，也是想用耕耘的精神来耕耘节目，我们相信真诚的生活观是可以打动观众的。事实证明，观众对于这样的内容是认可的。《种地吧》在第 28 届上海电视节白玉兰奖提名"最佳综艺"，豆瓣评分 9.0 分，微博超话阅读量超 66 亿次。

"种地小分队"成员蒋敦豪的一段感言让我特别感动。他说："几个月前我们刚开始种地时，一共耗费 6 天时间收割了 142.8 亩水稻，200 天后我们收割小麦只用了不到一天的时间，这让我体会到认真做好一件事的成就感；看见母羊生产时是我第一次直观感受到生命的力量。我这双手曾经是弹吉他的手，但我现在的手也是可以开联合收割机的手、可以为母羊接生的手、可以熟练撒有机肥的手、可以焊羊圈羊棚的手。很多网友留言说这是一档很治愈人心的节目，但对我而言，我才是那个真正被治愈的人。"

在许多年轻人纷纷"躺平"的时候，他们用自己的实际行动治愈了很多人，也引导了很多人。在这场扎根中国泥土做的"实验"里，我们不仅能看到科技兴农的景象、新时代新农人的形象，更重要的是透过节目引发的"相信土地的力量""相信中国少年的力量""相信劳动奋斗就能创造美好生活"的价值思考。

《种地吧》是我们用文艺作品进行价值表达的一个缩影。爱奇艺的企业愿景是做一家以科技创新为驱动的伟大娱乐公司。我们对"伟大"一直有两个层面的理解：一个是商业层面的，包括企业规模、用户数量、在国际市场的竞争力等；另一个是精神层面的，我们生产的是精神文化产品，我们想通过一些伟大的作品去滋养用户，这也是爱奇艺应当履行的最大的社会责任。

同时，我们也充分发挥平台自身的媒体优势、资源优势，以自己的方式在线上线下传递爱心与温暖。比如，爱奇艺社会责任与中国教育发展基金会共同发起的"光影助力成长计划"，先后深入到云南怒江、新疆和田、山西革命老区灵丘县浑源县以及河北青龙满族自治县，通过"互联网＋教育""线上＋线下""硬件设备捐赠＋影视资源支持"等方式，拓展中小学生的观影渠道、改善学校的观影条件。四年来，项目已惠及近千所学校、约 50 万名中小学生。

2023 年 6 月，习近平总书记在文化传承发展座谈会上的重要讲话，为我们指明了新时代应当承担的新的文化使命。未来，爱奇艺也将继续在精品创作、公益行动、推动中华文化走出去等方面坚持守正创新、潜心笃行，谱写企业社会责任新的华章。

*（作者为爱奇艺副总编辑）*

# 全村都在等一场篮球赛

### 高 洁

  2021 年 1 月 1 日，新华社首个基层治理交互平台"全民拍"上线。"全民拍"致力于收集群众身边的难点、痛点、热点，推动社会问题高效解决，打通基层治理的"最后一公里"。群众在消费维权、社会民生、生态环境、灾害救援等各个领域遇到问题，只需要打开新华社客户端"全民拍"即可便捷地上传线索，反映诉求。经过"智能 + 人工"协同，帮助解决群众的身边事、烦心事，因此荣获中国记协"中国新媒体公益2021 十大优秀案例"，2022 年 11 月荣获第 32 届中国新闻奖应用创新二等奖。2022 年再次凭借"乡村儿童操场"公益项目荣获中国记协"中国新媒体公益 2022 十大优秀案例"。

  "全民拍"栏目除了聚焦基层社会治理，还在全国两会、党的二十大、突发事件等重大节点，依托 UGC 模式，推出了许多创意征集，也获得众多用户的投稿，建立了畅通的社情民意集聚通道，切实地解决群众的困难与问题，探索多次成功的公益实践。比如，"乡村儿童操场"公益项目，征集建设的第一个篮球场位于江西省井冈山上七小学，这个再生篮球场由 2000 多条美团单车轮胎做成，红色的篮球场成为井冈山深处一道独特的风景线。第二个球场于 2021 年 11 月落地贵州省兴义市泥凼镇梨树中心学校，为师生们提供了安全舒适的运动场地。第三个球场是在 2023 年 7 月河南遭遇暴雨期间，当地许多学校设施遭到严重破坏，我们决定在河南的一所幼儿园里建设一个公益球场，这块球场目前还在建设当中。

除了乡村儿童操场计划以外，面对地震、洪灾等突发性灾害，"全民拍"尝试与部分企业合作，开通绿色通道征集灾区群众诉求并精准帮扶。如《支持雅安！新华社客户端"全民拍"绿色互助通道开启》《请转发！全民拍"沪"助通道开启》《全民拍 @ 西安：紧急开通西安疫情求助通道》《"豫"见真情！"全民拍"为灾区搭起"互助通道"》等。在科普公益宣传方面，新华社还通过定格动画的创意形式制作了《这个五一，新华社客户端联合黄渤发出了什么倡议？》。

如何评价一个公益项目的成功与否，我们觉得群众受益、媒体履职、企业践行社会责任三者缺一不可。2023 年 6 月，"全民拍"联合美团外卖发起"拒绝舌尖上的浪费，你晒光盘我来赠礼"征集活动，倡导勤俭节约新风尚。"全民拍"聚焦"凡人善举"发起了"凡星北京"系列公益征集，在平凡小事中书写奉献与爱。"全民拍"还持续关注消费纠纷乱象，成为"3·15"国际消费者权益日的网红栏目。通过和中国消费者协会、中国消费者报社、黑猫投诉等组织平台的共同征集策划，形成了从消费维权线索征集，到深度系列报道追踪的成功模式。

新华社新媒体中心是媒体融合发展的"试验田"，是建设"手机上的新华社"的主力军。如何发挥新媒体优势，画出凝聚共识的最大同心圆，是我们的职责所在、使命所系。这些探索是建设手机上的通讯社的小小尝试。当前，新华社正在大力推进媒体融合向纵深发展，踔厉奋发、昂扬奋进，加快建设国际一流的新型全媒体机构。未来，新华社新媒体中心将继续强化使命担当，发挥"内容＋技术＋灵感＋美学"优势，为画出最大同心圆作出更大贡献。

（作者为新华社新媒体中心全媒创新中心副总召集人、

全民拍事业部负责人）

# 从东到西：栀子花香可以飘多远

王晓映

新华日报融媒体栏目"水滴公益"创办于 2015 年。9 年来，"水滴公益"栏目以媒体的公信力、自身的创造力、感染力传播正能量，组建读者志愿者团队，帮扶西部偏远地区儿童，筹集善款改造乡村小学。我们的重点项目："新芽计划"一对一助学项目持续 9 年，累计帮助 700 多位西部学生；"乡村校园改造计划"项目持续 7 年，每年改造一所乡村校园。2018 年，新华日报社在江苏省妇儿基金会设立水滴公益爱心基金，具备了公募资格。

## 一、栀子花公益，青少年的生命成长仪式

"乡村校园改造计划"参与度最高的活动是"义卖栀子花"。栀子花

是南京人特别钟爱的本地花卉，它是南京浦口区响堂村的农特产，南京80%的栀子花来自那里。栀子花又是江南端午文化的一部分，端午节前后，我们组织小朋友参与栀子花义卖活动，孩子们亲自下田采花、扎花，进城卖花，捐出义卖所得，部分家庭跟随团队直达西部现场，参与改造。我们先后改造了宁夏小坡小学、贵州瑶光小学、甘肃长城小学等学校。脚下有泥土、手上有芳香，这样的体验式公益活动大受家长欢迎，许多孩子连续参与多年。据最新统计，总计有862位小志愿者参与售卖了10万朵栀子花，加上其他渠道，募资总计完成了21.5万元。2023年端午期间，在栀子花采摘活动上，还有一位特殊的志愿者悄然而至——南京市委书记利用端午假期参与公益活动，和孩子们一起为"乡村校园改造计划"助力。

## 二、每一个参与者都是乡村振兴的一环

一头助力南京响堂村的花农，另一头链接西部乡村校园建设，"水滴公益"公益项目把每一个参与的人变成了乡村振兴的一环，从东部到西部，从起点到终点，形成了完整闭环。

在南京，虽然每年义卖栀子花筹到的款项仅仅是校园改造款的一小部分，但是由于它符号强烈，故事性、体验性强，影响力很大。在"新闻+公益"一轮一轮的传播中，栀子花成了南京响堂村最有知名度的文化形象，村民也有了IP意识。2021年开始，响堂村每年举办"栀子花大会"，入选南京市"我们的节日　端午文化传承基地"。2022年，响堂栀子花开始拥抱互联网，当年电商销售额40多万元，2023年电商销售额超过100万元(不包含村民线下自销)。响堂村被叮咚买菜授予栀子花村，栀子花走出长三角，走进北京、广州市场，上线即售罄。

在西部，栀子花义卖的利润全部用于西部乡村校园改造中。与此同时，"水滴公益"团队每到一地，挖掘当地特产，努力助农助销。在甘

肃省武威市，帮助当地瓜农销售蜜瓜，每年销售数千斤；在四川大凉山，帮助当地农民销售石榴；2022 年，帮助湖南省娄底市销售当地竹笋和香干；2023 年暑假，团队将去云南省迪庆藏族自治州维西傈僳族自治县塔城镇塔城小学，当地自然风景非常好，已对接联系帮助当地宣传旅游资源。

## 三、乡村振兴，最关键是人的振兴

公益项目以人为出发点、以人为归宿，每一个参与者都是受益人，用光点亮光，用希望成就梦想。我们的"新芽计划"一对一助学项目，缘起于新华报业集团的一名援藏干部。他在援藏期间，看到不少当地学生的困境，于是联手"水滴公益"栏目，发动读者一起帮助他们。迄今为止，总计助学 700 多人，不少捐助人从第一期一直跟随到现在。由于是"一对一"精准帮扶，捐助人可以长线帮助一个孩子的成长，非常受欢迎。2020 年春，项目新增 19 名新疆困难学生，捐助信息发布后，不到 40 分钟就被认捐完毕。当捐助的孩子，每每有一点成长与进步，都让我们感到无比的欣喜。而东部的青少年也在从小的公益教育中，获益良多。

一个持续 9 年的公益栏目做的事情其实还有很多。以上和大家分享的是我们的一条"主线"，此外我们还有针对留守儿童组建的梦想篮球队、每年春节期间的暖冬行动、乡村教室图书角计划、爱心书包等项目。

正如我们的一位志愿者所言："我可能只是一根火光微弱的火柴，光虽然很小但能慢慢照亮四周。"

*（作者为新华日报社全媒体社会新闻部主任）*

# 探索数字化助力乡村振兴之路

王 威

2017 年 12 月，阿里巴巴成立脱贫基金，围绕教育、健康、女性、电商、生态 5 个方向，探索可持续、可参与、可借鉴的互联网脱贫致富模式。随着 2021 年脱贫攻坚战取得胜利，阿里巴巴脱贫基金也升级为乡村振兴基金，围绕人才、产业、科技以及巩固脱贫成果的"3+1"核心要素，助力乡村振兴。

用一句话总结阿里对县域的价值，就是：年轻人多，地方活了；产业兴旺，收入多了；技术下乡，事好办了。

首先，是人才振兴。阿里巴巴乡村振兴基金围绕"留得住、育得好、引得进"的人才培养体系，为地方提供多元化就业岗位。2020 年，阿里把数字就业基地引入江西省赣州市寻乌县，给当地创造了 400 多个就业岗位。这 400 多人里有 35% 是返乡就业的大学生，70%—80% 都是女性。比如像人工智能 AI 训练师、视频审核员，这一类岗位就都可以放到县域，从事这些工作的年轻人能为当地带来巨大的活力。

其次，是产业振兴。产业是乡村振兴的核心。2017 年至 2022 年年底，在阿里巴巴平台上，832 个欠发达县域的累计电商销售额达 5000 亿元。以湖南省永顺县为例，我们助其升级"三品一标"，提升供应链能力，拓展多种渠道，通过订单农业，实现以销定产。永顺县委书记说："2022 年同比 2021 年，永顺的橙子销售额从 3 亿元提升到了 4 亿元。"销量提升还只是一方面，更重要的是，优质农产品能卖上好的价格。

再次，是科技振兴。我们为重点帮扶县域提供数字治理、数字文旅、智慧农业、智慧育种等各领域的数字化服务，用阿里数字技术给当地乡村发展做支撑。

最后，我们与各家基金会合作，相关举措覆盖 500 多万脱贫人群。2022 年年底，为保障乡村地区疫情防控，我们还与农业农村部乡村振兴局合作，为全国 60 万个行政村卫生室免费提供血氧仪。

阿里巴巴脱贫基金于 2017 年成立，到 2019 年我们发现，在之前一年多时间里，虽然投入了很多资源，却没有收到较好的效果。于是我们选拔出阿里巴巴司龄 10 年以上的一批资深员工派驻到县城，扎根县域开展工作。我们现在驻扎湖南省永顺县的特派员讲了一句非常感人的话："我用了 13 年的时间，从湖南的一个小县城走到杭州，安了家买了房子；当阿里推出乡村振兴特派员制度的时候，我只用了 13 秒时间，又选择从杭州回到湖南的县城去工作。"

这些特派员不是一个人在奋斗，他们背后还有阿里巴巴 1500 多名设计师、1000 多位技术人员做支撑。他们所做的，就是用设计和技术推动乡村向上发展。例如永顺脐橙的新包装设计，它要展示的已不局限于土特产本身，更大的诉求是把乡村的美好展现给全世界。有了这些后盾，特派员就能结合当地所需、阿里所能，策划有针对性的个性化项目并执行落地。

在河北省青龙满族自治县，个体户李翠芳原本在田间地头收板栗、卖板栗，现在通过直播每天卖出的板栗可以达到 1000 单。她不仅自己从事电商，还把儿女叫回来一起做。阿里在当地重点帮扶的一家龙头企业，成规模地收栗子、卖栗子，再经由与盒马鲜生的合作，创造出冰板栗、板栗冰激凌、板栗蛋糕、板栗饼干等一系列时下消费者喜爱的新品，让板栗产业实现从季节性销售到全年销售的跨越。

政府看到电商给当地带来的巨大价值后，基于目前的产业发展趋势，建设了 3 万平方米的物流园，使当地物流价格从过去 5 元 / 公斤降到今天的 2.6 元 / 公斤。如果没有这些基础设施，县域电商很难在全国市场中参与竞争。当地一些企业家在接受阿里帮扶后备受感染，也投身公益项目，支持当地的居民、学生，以及需要扶植成长的企业共同发展。

2023 年年初，我们邀请咨询公司麦肯锡一同开展研究，总结帮扶举措给青龙带来的变化。经过 2 个月时间，麦肯锡做了一个调查报告，体现出 4 点重要成果：一是相关工作与"十四五"规划、乡村振兴战略要求相符；二是经由县域内 130 多场培训，青龙县电商企业在短短 2 年时间里从 8 家增加到 500 家；三是青龙县已牢牢掌握了板栗市场的定价权；四是青龙县物流增幅连续两年排全市第一。麦肯锡报告中的一项数据也集中体现了帮扶的效果：2.8 亿元，这是阿里在青龙县投入的所有推广渠道及能力给当地带来的"增量价值"。

现在，阿里在乡村振兴领域已经进入了深水区，2023 年年初我们制定的一个目标，是希望阿里成为互联网民营企业助力乡村振兴的范本，与所有的同行者一道，为乡村振兴作出我们的贡献。

（作者为阿里巴巴公益部副总裁、阿里巴巴乡村振兴基金总经理）

CNMC

**2023中国新媒体大会**
CHINA NEW MEDIA CONFERENCE

技术应用论坛

▶▶

# 科技创新赋能全媒体传播体系建设的"总台经验"

**姜文波**

　　党的二十大提出，"加强全媒体传播体系建设，塑造主流舆论新格局"，对媒体深度融合、创新发展提出了新要求。本次论坛以"新智媒　新机遇"为主题，深入探讨运用先进技术，推动媒体融合向纵深发展，可谓恰逢其时。

　　中央广播电视总台成立以来，始终牢记习近平总书记的重要指示批示精神，坚持科技强台，积极构建"5G+4K/8K+AI"战略格局，以总台超高清国家重点实验室为依托，联合企事业科研机构，打造"产学研用"一体化科技创新平台，媒体科技创新取得显著进展，创建了全球首个超高清电视及新媒体 IP 化制播技术体系，实现了广播电视和新媒体高质量、高可靠、云网化、智能化的制作、播出、传输、呈现和服务。

## 一、超高清视音频技术是媒体高质量创新发展的新机遇

广播电视和网络视听是随着电子信息技术发展的产物。近百年来，电视已经历了从黑白到彩色，从模拟到数字，从标清到高清升级换代，每一次电视的升级换代都会催生新媒体，不仅给人类带来全新的视听体验，更是媒体变革的原动力。当前，已来到向"超高清＋全媒体"升级换代的快速发展阶段。

在总台的积极参与和推动下，我国自主研发的视音频技术快速发展，摆脱了欧美日的技术垄断。

总台率先应用我国自主研发的 AVS2 和 AVS3 视音频技术，开播 CCTV–4K 频道、奥林匹克频道、8K 频道和"百城千屏"8K 超高清传播平台。

对于超高清视音频，除 4K/8K"清晰度"这个参数，还有帧率、色域、采样率、动态范围和多声道等 5 项重要参数。总台联合华为等企业研发了 HDR Vivid 和 Audio Vivid 技术，这是我国自主研究制定的新一代高动态范围视频技术和三维声技术，可以更加完美呈现超高清视听效果，这两项技术均已成为广播电视和网络视听行业标准。

2023 年，总台将继续推进央视频客户端迭代升级，推进央视频通过手机和电视机提供超高清服务，并采用投屏方式实现"看电视"功能。同时，运用总台内容大数据和用户大数据支撑"OTT＋智能推荐"应用，以成都大运会和杭州亚运会为契机，采用 AVS2/AVS3+HDR Vivid/Audio

Vivid，面向广大用户开启高质量超高清视音频服务。

## 二、大数据技术将全面赋能全媒体传播体系建设

在全媒体时代，媒体传播从"人找信息"向"信息找人"升级。总台持续深化"台网并重、先网后台、移动优先"发展理念，全力构建涵盖广播频率、电视频道、网站、客户端、手机电视、IPTV、互联网电视、"百城千屏"超高清视音频传播平台的全媒体传播体系。总台旗舰客户端央视频上线 3 年来，累计下载超过 5 亿次，累计激活用户数超 2 亿，日活用户超过千万。

全媒体传播体系建设的一项重要任务，就是要运用大数据开展媒体效果评估和提升媒体精准传播。为此，总台已完成内容大数据和用户大数据的整合，建成了总台统一的大数据中台；针对央视频客户端，研究形成了具有价值认知能力的推荐算法；总台制定并颁布了总台融媒体大数据技术规范，明确了电视收视大数据的评价指标，以及新媒体大数据采集规范、用户画像和评价指标，为大数据赋能总台全媒体传播体系建设奠定了坚实的基础。

## 三、人工智能技术将重塑媒体制播流程和传播格局

当前，智能编码、智能剪辑、智能审核、数字人等人工智能技术深度融入媒体生产传播全流程。以 ChatGPT 等为代表的生成式 AI 技术，必将加速推动媒体行业向 AIGC 的升级演进，重塑内容生产方式。近年来，总台深入探索将 AI 技术全面应用在采、编、播、存、传全流程，取得显著成效。在国庆 70 周年盛典直播中，央视新闻率先使用 AI 剪辑技术，同步制作和分发 82 个新媒体短视频；2019 年 12 月，总台三网启动建设"人工智能编辑部"，打造"智造"特色的产品创新基地；2022 年，总台

央视频在两会期间推出了超自然语音、超自然表情的数字人主播；2023年春节期间，总台"央博"数字文化艺术博物馆和"央博新春云庙会"上线发布，作为总台春节创新节目的一大亮点，引发广泛关注。

全媒体时代，要特别加强超高清、大数据、人工智能等技术的研究和应用，打造全数据、全计算、全云化、全智能的超高清视音频技术体系，为智慧媒体建设发展提供强有力技术支撑。希望大家在本次论坛充分交流最新研究成果和成功应用经验，碰撞智慧思考、凝聚共识力量，持续深化媒体供给侧结构性改革，以科技创新促进媒体转型升级，构建全媒体生态体系，开创媒体创新发展新篇章。

（作者为中央广播电视总台编务会议成员、
超高清视音频制播呈现国家重点实验室主任）

# 用智媒技术全面推进
# 媒体融合高质量发展

**贺　辉**

　　2013 年，习近平总书记提出"加快传统媒体和新兴媒体融合发展"，开启了媒体融合发展新时代。10 年来，湖南广播电视媒体认真学习贯彻习近平总书记重要指示精神和党中央决策部署，把社会效益放在首位，在融合发展中不断探索推进内容创新、技术创新、体制机制创新，掀起打造新型主流媒体的热潮。湖南广播电视台形成了由湖南卫视、芒果 TV、小芒电商等平台共同构成的主流新媒体融合传播矩阵，在"中国500 最具价值品牌"和"亚洲品牌 500 强"排行榜中连续多年位列省级广电第一。长沙广电打造了"我的长沙"城市服务 + 融媒体平台，目前App 注册用户数已突破 1000 万，累计服务用户 4 亿。浏阳市融媒体中心创造了全国县级融媒体中心建设的"浏阳经验"，获得"全国广播电视媒体融合先导单位"等多项国家级荣誉。

近年来，人工智能、大数据等信息技术推动经济社会从数字化、网络化向智能化跃升，也为广电媒体深度融合发展提供了"发动机"和"加速器"。湖南省委、省政府高度重视媒体融合以及音视频产业发展，决心将音视频产业打造成推动湖南高质量发展的又一支柱产业。通过引进华为技术有限公司，力争将马栏山园区建设成为全国乃至全球的音视频产业创新高地，打造世界一流的音视频产业集群和行业标杆，这对于进一步推进媒体深度融合、促进行业高质量创新性发展具有十分深远的重要意义。经过这 10 年的媒体融合探索实践，我们深刻感受到，媒体融合是一次以技术创新为引领的深刻变革，先进技术是融合发展的基础和引擎。本次论坛以"新智媒　新机遇"为主题，围绕人工智能与媒体深度融合，集中展示和探讨智慧媒体如何利用智媒技术强化"四力"，全面推进媒体融合高质量发展，具有很强的现实意义。借此机会，我抛砖引玉谈几点意见，和大家交流分享。

## 一、激扬"正能量"，让主流价值驾驭"算法"

习近平总书记指出："我们要增强紧迫感和使命感，推动关键核心技术自主创新不断实现突破，探索将人工智能运用在新闻采集、生产、分发、接收、反馈中，用主流价值导向驾驭'算法'，全面提高舆论引导能力。"人工智能是一把双刃剑，要坚持正确的政治方向、舆论导向、价值取向，把主流价值导向贯穿于内容生产传播领域全链条，借助移动传播和先进技术，牢牢占据舆论引导、思想引领、文化传承、服务人民的传播制高点，不断巩固壮大主流思想舆论，弘扬主旋律，传播正能量，激发全社会团结奋进的强大力量。

## 二、用好"新引擎"，让人工智能赋能媒体融合

2022 年年底以来，人工智能生成内容引起了世界范围内的轰动和广泛讨论，大语言模型如雨后春笋般层出不穷，正在为人工智能乃至整个信息产业带来巨大变革。顺应技术发展趋势与媒体融合发展进程，本届论坛围绕"人工智能与媒体深融"设置了 3 个分议题，从主流媒体技术创新范例、智慧媒体前沿技术、智慧媒体建设实践中遇到的现实问题 3 个维度展开集中分享与探讨。要借鉴有益经验，紧抓人工智能革命机遇，用人工智能技术革新包括制作、集成、传输、分发、接收等环节在内的整个产业链条，倾力打造技术先进、样态新颖的融媒体产品，切实让新技术、新应用、新业态为正面宣传赋能。

## 三、回应新挑战，把握创新与监管的平衡点

在当前的视听行业，内容创作去中心化是主要特征，"人人都是创作者"，全民创作、全民分享已经成为现实。人工智能技术发展已突破临界点，伪造相关视频、音频、图像等技术门槛大幅降低，人工智能技术滥用风险进一步扩大，监管迫切需要加强。人工智能技术是当前广播电视领域治理体系和治理能力现代化面临的紧迫新挑战，我们要积极应对人工智能技术可能带来的知识产权、安全、伦理、环境等方面问题，加强分析研判和风险评估，提前准备有针对性的安全风险防范措施，努力变被动风险预判为超前战略研判，抢占制高点、掌握主动权，实现有效监管与创新发展的平衡，确保产业健康规范高质量发展。

　　打造具有强大引领力、传播力、影响力的新型主流媒体，时不我待。我们要自觉承担举旗帜、聚民心、育新人、兴文化、展形象的使命任务，激扬正能量、用好新引擎、回应新挑战，进一步推动媒体融合向纵深发展，为在新的历史起点继续推动文化繁荣、建设文化强国、建设中华民族现代文明作出新贡献。

*（作者为湖南省委宣传部副部长、湖南省广播电视局党组书记）*

# 以数智化之利　推动媒体生产流程再造

**成　鹏**

　　近年来，技术创新成为推动媒体融合发展的重要推动力，作为主流媒体的技术人我有幸多次参与新闻技联的王选奖评选工作，见证了媒体的技术进步与发展，接下来向大家分享我的经验和思考。

　　首先让我们通过分析王选奖的获奖项目来探讨一下媒体行业技术发展变化的趋势。先介绍一下王选奖。王选奖是王选新闻技术奖的简称，旨在表彰在新闻、出版、传媒、科技领域作出杰出贡献的个人和组织。通过对近十年来共计 485 个获奖的王选奖进行分析，我们可以看到，媒体机构技术发展的过程分成两个阶段，第一个阶段是数字化建设阶段，在媒体融合的初期，各大媒体机构通过建设海量存储，高速网络，高性能计算，融媒体生产平台实现了云网化和生产流程的数字化。第二个阶段是智能化发展阶段，伴随着媒体融合向纵深发展，媒体机构顺应时代潮流，发展重点向全媒化、社交化和智能化发展。这一阶段新闻生产智能化成为最显著的特点，从统计数据来看获奖的智能化项目的数量呈逐年上升的态势。

接下来以 2021 年荣获王选奖一等奖的项目新华智媒工程向大家展示新华社在智能化应用上取得的成果。智能化当中，我们围绕新闻生产的 6 个环节实现了新闻生产流程的智能化，构建了全媒体的智慧中台，研发了 191 项先进技术赋能工具。

"新华较真"是基于新华社的权威数据和先进的人工智能算法，我们研发的一款符合主流价值观的智能审校平台，"新华较真"在政治术语、敏感词、敏感标识、地图等标识上的识别表现突出，目前"新华较真"已经通过了国产化的信创认证，全面实现了多 A 组、多模态、多场景的内容审校。值得一提的是新华社的编辑每天都在使用"新华较真"，也使得"新华较真"可以持续地学习业界最佳的表述数据，进而保持其准确性的持续提升。这里还要介绍一下技术赋能新闻产品制作的情况。当下新技术融入了新闻产品当中，成为新闻供给侧解决的重要的语义。近年来新华社努力实现"内容＋技术＋灵感＋美学"的有机统一，研发了五大类超过了百余款的产品，以智能化为代表新技术在赋能新闻业务方面取得了显著的成果。当然看到成果的同时，我们也要看到面临新的挑战和问题。2020 年英国《卫报》利用 GPT3 模型生成一篇评论文章，从那时起 GPT 就开始撬动媒体人的神经，随着 ChatGPT 的问世，我们进一步感受到媒体融合是一场持续深入系统的变革，为了在变革中赢得主动需要着力解决以下突出问题。

一是技术上"卡脖子"问题，二是传播上"卡嗓子"问题，三是议题上的"牵鼻子"问题。这些问题在以往也存在，大模型之后让这些问题更具有挑战性。媒体技术人面对问题和挑战迎难而上，从 2020 年以来开展大模型研究，同时我们认为媒体融合的技术发展进入了一个新阶段，即大模型再造阶段。2021 年启动了新融合工程，围绕新搜索、新模型、新标尺、新范式开启了新一轮流程采编再造。

第一个新是新搜索，即多模态、跨模态搜索。我们对外合作基于新华社图文数据，训练多模态大模型，实现了以图搜图搜视频、以文搜图搜视频，即实现了基于语义的智能搜索功能。比如我们要做一个反映新疆人民幸福生活的图片新闻，传统的搜索仅靠搜索文字找不到可用的素材，现在通过新的多模态搜索技术在同样一个数据库，我们搜新疆人民的幸福生活可以看到大量的符合我们需求的有效素材，可见新的技术挖掘了历史数据的新价值。

第二个新是新模型，即生成式大模型。基于开源模式，利用新华社高质量数据级以及质量级，打造了近百亿参数的 mediaGPT 大模型，已经实现了新闻评论、新闻大纲的内容生成。

以美食带动旅游生成一篇评论，经过我们的编辑测评，这个模型在新闻中文场景生成效果优于 ChatGPT，也说明高质量的数据级对模型的生成效果有显著的影响。后续我们将向可控的文本生成和 300 亿或者更大参数的模型发起挑战。

第三个新是新标尺，我们需要找到一个分辨真假的技术标尺，防止虚假信息进入我们稿件库。为此我们研发了 AI 生成检测识别工具，目标就是既要研制"导弹"，也要建立"反导防御"系统，努力打造大模型时代攻防一体的"武器库"。

第四个新是新范式，我们积极与编辑部门合作，共同探索实践出 AI 生成视频的新闻生产新范式。过去制作一分钟短视频大约需要两三周时间，现在从脚本制作、分镜头、音效、配音、特效每个环节实现机器生产，制作时间压缩到 3 天。这个 AI 视频发布到推特以后广受欢迎，受到了外交部领导的点赞和转推。我们认为大模型等新兴技术为媒体融合带来新机遇，希望推动媒体融合赢得新一轮采编流程再造的先机，塑造技术赋能新闻业务的新格局。

（作者为新华社技术局技术研发中心主任、
中国新闻技术工作者联合会副秘书长）

# AIGC——智慧媒体的内生动力

## 赵 磊

2023 年，媒体融合发展走过 10 年，在中央广播电视总台的直接领导下，央视网在媒体融合领域取得了长足的进步，正在面向"中国网络媒体领军者"和"全媒体综合服务国家队"加速转型升级。

首先，介绍一下央视网在 AIGC 领域的探索历程。2019 年，习近平总书记提出关于推动媒体融合向纵深发展的重要指示，同年总台提出"5G+4K/8K+AI"战略发展布局。央视网于 2019 年 12 月 25 日正式对外发布"人工智能编辑部"，率先提出了"AIGC"概念并发布 3 款创新产品。

2020 年 10 月，央视网智慧媒体学院正式成立，依托央视网"人工智能编辑部"核心资源，联合高校、科研机构、互联网领先企业，开展

"智媒"领域的人才培养和技术创新，为媒体行业向"智媒"转型提供有力支撑。

2021 年全国两会期间，央视网首次推出数字虚拟小编小 C，以新鲜、独特兼具趣味性的两会报道方式快速出圈，深受广大网友特别是年轻人的喜爱。

2021 年 9 月，央视网正式上线了 AIGC 线上平台，把人工智能编辑部孵化的系列产品搬到云端，对外提供展示和试用服务，积极探索"新闻＋政务服务商务"新发展模式，不断拓展人工智能在媒体领域应用的示范效应。

央视网充分发挥自身资源优势，在 2022 年 6 月推出智慧思政云平台，面向中小学校及高校思政教育，提供智能化、平台化、轻量化的思政教学工具，实现思政教育可视化、生动化表达。

2022 年 7 月，总台为践行国家文化数字化战略，启动央博数字平台建设并交由央视网具体执行，我们在 2023 年 1 月正式上线央博数字文化艺术博物馆，以央博 App 为核心载体，主打元宇宙概念，为广大受众和用户提供可触及、可互动、可持续的精神文化服务。

截至目前，央视网围绕"策、采、编、审、发、评"全流程，已经打造了超过 40 款技术产品，全面赋能智慧媒体建设。

接下来重点介绍几款央视网面向 AIGC 的特色产品。首先是央视网历经 3 年打造的、以知识图谱为核心优势的 I 学习智慧学习数据库，I 学习全面收录了图文、视频、音频等多类型领袖报道公开数据，我们构建的时政领域知识图谱，有 100 多万个实体、500 多万条关系，覆盖 58 个时政细分领域，综合使用人工智能技术打造了关联探索、金句验证等多个核心功能，把人工智能技术全面应用于重大主题主线报道。

此外，央视网还利用自身超过 10 年积累的专业的视频审核经验和技术研发能力，把权威的审核信息知识图谱与先进的智能算法技术相结合，自主研发了智能审核产品——"融媒智控"，对各类视频内容进行精准审核，核心优势是涉时政的视频多人脸识别能力。这个产品除了服务于央视网自身的海量视频审核以外，还面向行业内企业客户进行了应用推广。

面对元宇宙的兴起，数字人是进入元宇宙的入口，也是 AIGC 技术最佳的应用场景。我们央视网推出的 3D 超写实数字人小 C，采用最先进的 4D 扫描技术构建高精度的数字人形象，仅使用一部手机就可以实时驱动数字人完成低延时高清远程互动。经过 3 年的持续运营，数字人小 C 已在行业内产生广泛影响。

最后介绍一下央博平台，它是利用 3D 数字展馆形态构建的元宇宙数字文化艺术博物馆体系，通过 VR/AR 虚拟技术、裸眼 3D 等技术手段，带来震撼的艺术体验，创造丰富的交互场景。

2023 年 1 月 21 日农历除夕，与央博 App 同步上线的是央博新春云庙会，也开启了春晚 40 年的元宇宙元年，让上千万网民能够一起在虚拟元宇宙云庙会里沉浸式过大年。2023 年 5 月，总台央博"何以文明——中华文明探源工程成果数字艺术大展"在京启动，首次利用数字化技术构建移动化、全沉浸、交互式的时空框架，再现"中华何以五千年"的伟大辉煌。6 月"何以文明——全球巡展·联合国特展"在纽约联合国总部举行开幕式，用技术创新传播中华文明，加强国际人文交流，推动全球文明对话。

央视网将继续以 AIGC 为内生动力，面向智慧媒体加速转型发展，也希望能够把我们在 AIGC 领域的技术成果全面向媒体行业输出赋能，为媒体融合作出更大贡献。

*（作者为央视网党委委员、董事、副总经理）*

# 中国智能媒体创新应用现状与趋势

**赵子忠**

　　智能媒体的发展，有 3 个非常重要的要素，就是技术、产业和政策。第一个要素就是技术，我们为什么对 AIGC 人工智能给予这么高的关注，实际上来自技术不断创新。人工智能技术从专业走向社会的时间点就是 2023 年 2 月发布的 ChatGPT。那么 Chat 是什么？就是聊天，这个聊天在目前 OpenAI 的 GPT 上占到 97% 的应用比例。技术一旦从实验室，从研发走向社会，就会带来很多关注。实际上，这个技术的发展是有周期的。在 2019 年 GPT2 出现的时候只有学术界和科研界给予关注，2020 年 GPT3 发布，国内反应也一般。但是到了 ChatGPT 4，引发了社会对于人工智能的高度关注。技术突破有发展历程，对于 ChatGPT 人工智能的关注是因为人工智能的技术已经影响到了社会层面。第二个要素是产业，随着 ChatGPT 的推动、人工智能技术的延展，产业力量大举进入这个领域。2022 年还没有 ChatGPT 的时候，互联网大厂做了很多人工智能的平台和应用，到 2023 年上半年都转成大模型。同样很多的资本已经开始投入 GPT，从 2023 年上半年到下半年尤其明显。第三个要素是政策，政策对人工智能给予积极引导和推动。同时 GPT 和人工智能还存在非常多需要解决的问题，包括法律伦理隐私等各方面，如何形成法律规范也是政策研究非常重要的一个方向。

对于媒体和人工智能结合的角度，这里有两个理论可以参考。一个是原子力理论，人工智能各个模块交流和融合形成新的能力，这是行业提得比较多的一个理论。另一个理论就是平台力。平台实际上是完成多边市场的连接，从现在的 ChatGPT 的模型发展来看，大概率走"模型＋平台＋生态"这样一个组合的方式，平台与生态构建下一代智能媒体。

智能媒体下一阶段的发展，有如下 7 个重点领域和课题需要我们关注。一是自然语言大模型会推动文字媒体的回归，我觉得人工智能技术在自然语言处理上最成熟，目前我们看到 ChatGPT 模式，聊天还是人工智能技术在社会应用的一个重点。自然语言技术是智能媒体发展的一支重要力量，所以文字媒体形态上可能会有新的进展和发展。二是多模态大模型会推动全媒体发展，2023 年 7 月 8 日，OpenAI 在社交媒体账号上发布了要推出 plus 版，包括做图表、写代码、动画设计，这些更多模态的升级，给智能媒体带来了非常多的新应用方向。三是 AIGC 工具的垂直化行业应用。现在人工智能垂直化的应用发展非常迅速，比如说 AIGC 的工具模块，就是我们讲的原子力，现在应用在医疗行业非常多，在法律行业应用也发展很快。四是人机交互会提升用户智媒体的体验。目前主要的概念元宇宙也好，Web3.0 也好，大家都努力在人机交互的点上寻找革命性的突破。智能媒体在人机交互的模式方面实际上已经有了非常大的改变，特别是智能媒体和搜索引擎的结合，带来了更多人机交互的应用前景。五是数字人对于媒体入口的争夺。互联网发展以来，流量入口一直是核心的争夺点，数字人的发展方向就是想把它打造成一个新的超级入口。六是人工智能对于内容风险和内容安全的管理，目前媒体行业大量把智能技术应用到内容的安全管理上，这个趋势是比较明显的。七是智能视觉的技术模式正在重新塑造视频领域。视频应用对网络、基础算力要求非常大，所以现在来看，智能视觉的技术和模块正在推动底层基础设施进一步发展，迎接视频的智能化。

（作者为中国传媒大学新媒体研究院院长）

# 专属领域大模型——媒体智能化转型的创新基石

## 赵菲菲

随着 ChatGPT 的发布，国内已经有数百家企业发布了大模型，商业化版图迎来了蓬勃发展。当前以 ChatGPT 为代表的人工智能在理论研究方面还是一个黑匣子，但同时也在人工智能知识统一建模、表征、推理方面探索了一条新路子，带来的最大变化就是让知识的获取跟调用越来越简单，成本越来越低。

中科闻歌也发布了 YaYi 大模型，与很多合作伙伴一起在做深度的探索。现在有很多通用大模型，包括国内大厂、国外大模型，为什么闻歌还要做 YaYi 呢？一是因为算力要求很大，动辄千亿级别的参数。二是因为很多大模型不支持本地化部署，很多媒体应用和行业应用都有很多的要求。现在通用大模型面向 C 端应用比较多，怎么跟企业、媒体、政府部门做私有的数据积累与领域的模型结合，这是目前面临的问题。还有通用大模型解决通用问题，我们坚信很多通用模型不能很好地解决专属领域的问题，所以我们认为领域大模型未来行业级的价值或者空间会更大。

因此 YaYi 大模型的定位，一是为理解领域数据而生，不是面向通用领域的聊天；二是面向深度领域而生，要做一系列指令微调、数据训练；三是为安全可靠而生，刚才很多分享嘉宾讲到安全问题，尤其是基于意识形态的安全问题，非常重要。

中科闻歌从底层上训练完成基础框架。我们深耕媒体领域十几年，开源也有很多年，对全球互联网公开的数据也做了安全检测。这是整体技术体系，现在都把它叫大模型化：文本大模型、视觉大模型、领域大模型等。YaYi 大模型有三大特色：一是高度集成。训练跟推理一体，持续地做领域微调。二是专属自由，数据不出域。三是安全可靠。

YaYi 大模型有五大核心能力：一是实时联网的问答能力。大模型训练一次需要很长时间，解决实时问答能力，将大模型与实时数据库进行对接，通过技术手段帮助大模型回答最新的热点，是一个行业难点。二是领域的知识问答。YaYi 大模型可以外挂一个领域知识库，通过训练可以实现很好的问答。三是复杂场景的抽取。可以通过大数据把接口开放给第三方应用，能够解决高精度的 MIP 应用问题，快速提升智能化应用水平。四是多语言的内容理解问题。YaYi 大模型直接处理 48 个语种的观点分析，可以自动翻译、情感识别、识理解析。五是多模态内容的生成能力，包括虚拟人、文章改写、自动创作等。

YaYi 大模型具有实时联网问答能力，比如问它硅谷银行为什么会倒闭、数字虚拟人的技术原理是什么，它可以进行知识抽取，快速生成，并进行语言的处理。

我们也会将大模型进行开源。这是国内大模型的开源现状，还是以高校和研究院所为主力。此外，我们对 YaYi 大模型进行了测评，出了 500 道测评问题。通过测评我们发现 YaYi 大模型在基础通用能力上排名第六，在安全领域我们取得了不错的测评效果。

"媒体 +YaYi 大模型"之后会产生什么化学反应？它可以赋能媒体融合技术的方方面面，包括在选题决策阶段，加上大模型以后能够通过实时互联，实现热点自动发现、选题自动推介。内容创作方面，大模型以后能够帮助大家做大纲自动生成、风格自动写作、多模态的智能审校、脚本自动生成以及情感自动播报等。

全新推出的视频新闻生成平台，可以像做 PPT 一样利用模板冠以数据，实现视频快速制作以及数字虚拟分身学会表达。这跟以往数字人有什么不同？一方面是人脸驱动声音可控的数字人，另一方面是动作情绪可控的虚拟人。高兴也好，悲伤也好，可以通过播报控制动作和情绪表达，这是我们突出的特色。

多模态媒资管理方面也有很多产品，包括 AI 赋能智能化流程、标签化体系，将视频内容进行视觉、声音、人物跟语义的标签搜索。向量检索的技术，可以实现以文搜图、相似图相似视频搜索，还有语义的搜索。

（作者为中国科学院自动化研究所副研究员、

中科闻歌创始合伙人、副总裁）

# 传媒行业大模型落地应用与思考

曹　飞

从通用大模型到行业落地大模型的聚焦和垂直，大模型带给我们的智慧涌现，不仅仅是多行业多场景的出现，更注重数据的结合，最终聚焦到智能问答、内容创作、推荐系统和风控模型等方面。从通用大模型到行业大模型，企业大模型建立面临四个问题。

一是计算资源少，建立更高性能的算力。二是建立专家标注型的数据，更好提升数据质量。三是投入成本，无论私有化还是混合云，都在找到一个平衡点，用多少资源放到本地训练及用公有云把成本平台建立平衡点。四是专业人才的奇缺，我们其实会看到从原来的媒体采编人员、研发人员对于大模型的理解，包括对于提示语的拆分的理解。现在大模型在各个行业应用方面有知识库构建、智能搜索等，建立了企业级智能助手，不仅形成多维度的内容生成，还可以给不同人群提供服务。

腾讯一直在研究如何把大模型落到具体的客户使用场景，结合客户自身数据进行精调，打造成客户的专属大模型，无论是公有云还是私有化的部署都可以落地。需要什么转变？需要 V100 的 GPU 的卡，一张卡可以完成理解，所以在推理过程当中，无论在应用还是在训练，都有更多落地可能。同时我们也把大模型在现在传媒的应用引擎里进行重构和实践，标签里面所进行的基于人类强制反馈学习的模型，加速标签的建模。比如说原有标签需要人工标注预训练，现在通过大模型，通过自然语言处理、图像理解的方式，可以在两个月之内把图像标签的二、三类等级的标签数量提高到上万级，包括地标性和旗帜性的扩类。我们通过不同的维度输出平铺式的标签，都可能会出现数据量颇大，基于文本图像的结合，形成了价值标签权重的体系。可以挂载在媒资上，对于现有的无论素材还是成品内容都可以进行核心标签、中等标签的建立，可以告诉记者和编辑，原有内容里面哪些内容是刺激消费、哪些是消费券的下发，更好地进行查询和选用。

大家都在说跨模态的搜索应用，腾讯本身是互联网媒体的运用企业，腾讯新闻和腾讯视频其实有大量内容是沉浸在媒资库里面，用跨模态的方式、自然语言理解方式组合搜索的运用输出。从而能够把现在看到的无论是新闻资讯的消费回暖，还是情感生活，通过语言定义都可以搜索到图片和图像的运用过程当中。除此之外，我们认为在整个搜索建立的基础之上，更进一步的是可以推动对于传媒领域内容价值的有效挖掘，和 2022 年推动的区块链，版权保护的支撑上，我们通过跨模态的搜索，可以让我们整个的媒资，还有包括内容库，不仅可以进行长视频的内容定位，也可以进行镜头级、场景级，内容通过自然语言的方式找到片段级的搜索的定义。另外，发挥多轮语言对话的场景，现在无论在像大模型，位于用户级的知识库，还是通过训练过程，希望能够做到理解准、答得对，可以通过大模型，帮助传媒企业内部建立面向无论是采编还是技术的内部知识库，都可以抽取体育新闻等垂类内容，现在已经和很多的媒体实现了基于社区服务、城市治理、专项服务、金融服务的专项知识库，基于大模型的运用，结合数字明星，整体交互过程当中提供相应的改善。腾讯 2023 年 6 月 19 日正式发布了行业大模型的产品，可以提供 MaaS 高性能的算力。结合腾讯云 TI 平台，现在也在结合算力和平台进行场景化的大模型的建立和训练的工作。同时在上层我们形成相应的应用。在 2022 年和信通院建立了行业大模型的标准体系，并且已经沉淀了一套行业大模型的建设运营的方法论，这个过程当中实现 60 多个能力建设的指标，从技术和运用实践方面的有效性。我们在这个过程当中也沉淀了方法论，现在也在实践当中，无论从金融、传媒、文旅行业都有不同场景的大模型，通过这套方法论再进行沉淀，无论应用场景，资源采购方面，我们和客户共同建立合乎国家客户自身脱敏合规的模型。通过全业务域的解决方案，能够为传媒提供有效的数字化支撑。

（作者为腾讯云传媒行业首席架构师）

# "智媒新挑战" 圆桌论坛

- **主持人：冯海青** 中国记协新媒体专业委员会专家、新华报业传媒集团技术装备部主任

- **嘉　宾：卢海波** 芒果 TV 副总经理、首席技术官

　　　　　**张　健** 传播大脑科技（浙江）股份有限公司首席技术官

　　　　　**张　静** 新华智云科技有限公司资深副总裁

　　　　　**王思远** 北京格非科技股份有限公司副总经理

　　　　　**李晶晶** 拓尔思信息技术股份有限公司解决方案中心总经理

**冯海青：**近年来作为新一轮科技革命和产业变革的重要驱动力量，人工智能取得突破性进展。人工智能颠覆性地改变了传统新闻生产与传播的流程，重塑了整个新闻的业态，智媒体时代已经来临，以人工智能技术驱动媒体发展既成为未来融媒建设的趋势，也蕴含着很多新课题和新挑战。人工智能正在给传媒领域带来哪些方面的革新，新闻战线面临哪些新的挑战？我们就这些话题展开讨论。

下面开始第一个议题的讨论。大模型已经火了大半年，也是 2023 年以来最火的话题。媒体一方面聚焦这个题材开展报道，另一方面包括传媒行业在内大模型究竟带来哪些用户层面感知不到或者感知不全面的革

新。从业内人士的角度看，智媒体的发展究竟有哪些演进的趋势？

**卢海波：** AIGC 现在是一个热名词，从芒果 TV 自身做一个分享，它主要在 3 个方面起到作用。第一个方面，AIGC 已经是内容供给的重要来源，用 AIGC 生产海报，特别想介绍一个有意思的 AIGC 的内容创作。比如我们在看电视剧的时候，很多时候不看着画面很多场景看不到，使用 AIGC 的技术可以把画面讲给人听，包括场景，包括人的表情，这样看电视变成听电视，AIGC 的效率特别高。第二个方面，AIGC 也是内容创意的一个重要的助力者。用 AIGC 可以快速地生成故事背景、原话，可以加速内容创作的工作。第三个方面，AIGC 对元宇宙新的内容交互形式有很好的助力。比如 AIGC 能够让元宇宙里面的人物更加智慧和更加拟人、更加可爱。另外 AIGC 对于三维模型大规模生成有很好的助力。

**张健：** 智媒体发展趋势可能有 3 个方面，一是全自动，现在的智媒体一直停留在辅助创作方面，跟全自动创作区别还很大，特别是大模型之后，通过大模型知识问答，包括自动化的内容生成，可以快速生成内容，真正实现内容创作。二是低成本，现在很多媒体购买的智媒体的技术服务，成本非常高。比如虚拟人，智能视频的创作成本都不会太低，以后创作成本会更低，创作更简单，更容易获得内容。三是大平台，未来大模型的技术一定不是谁家都有，现在还有小模型的趋势，小模型只能满足标准化产品制作，对于更加智能化的内容生成，需要更大平台支撑。比如在国内有一两家可以支撑起做通用型的平台，可以跟实时内容资讯紧密结合给出一个很好的答案。

张静：从一定意义上说 AI 大模型让智媒体进入 2.0 时代，作为国内最早布局 AIGC 的企业之一，6 年来新华智云一直也在探索 AIGC 到底怎样真正作用于新闻传媒的领域。从我们的实践来看，未来有两个趋势是最明显的，一是更智能的内容生成。近日智云发布了两款 AI 大模型的应用产品"妙笔""生花"，这是适合媒体场景的自动写稿机器人和自动绘图机器人。当然我们也可以结合语义大模型和自动绘图类 AI，进行一键成片等。不过我们也要保持清醒的认识，媒体记者真正要把 AIGC 应用于纷繁复杂的日常新闻场景，路途还很漫长。二是更加个性化的用户体验。比如我们的主动搜索在大模型的赋能下会变得更加强大，智能推荐大模型可以帮我们更精准地分析用户行为、判断需求。再如数字人，大模型最擅长的是聊天，结合数字人的技术，媒体可以和 C 端用户之间建立更自然体验感更强的互联交互。但是我们也要警惕另一种趋势，那就是新闻的"鉴真"将会变得更加难。生成式 AI 的发展，未来"有图未必有真相""视频未必是现场"，这也是整个行业面临的挑战。

王思远：我们主要关注细分领域，智能运维方面的内容，智能运维利用机器学习和 AI 技术来改善传统运维管理的方法。媒体行业经历了一系列的技术变革，信号格式从标清到高清，再到 4K、8K 超高清，基础的技术架构从基带到 IP，再到现在的云化。特别在云架构下，如何保障现场制作、信号传输、播出分发等各类场景节目安全制作和安全播出，这是我们重点关注的问题。传统的运维方式是一个发现问题、分析问题、定位问题和解决问题的过程，在这个过程中当然也有相应的问题解决、数据管理、自动化运维的机制等。但是对于传统运维来讲一旦问题解决了，运维流程就结束了，包含处理方法的完整处理过程记录在一份文件上面，保存在数据库里面，这个文件可能以后也很少会看。对于智能运维而言，会对包含处理方法的完整处理过程和效果评估数据进行分类，进行知识的提取、关系的建立，再应用到根因分析以及预测、解决策略的智能推荐，通过算法反复迭代，最终形成运维知识体系。智能运维工作模式可以分成几个应用场景，包括异常检测、根因诊断、故障自愈、事件预测、效能优化、随愿自治。从发展阶段而言，首先有异常检测，再做根因分析，这两个阶段已经充分梳理以后再做故障自愈和事件的预测，形成预见性的运维机制。目前其实很多的应用还是停留在第一个阶段，我们需要迅速越过第二个阶段到达第三个阶段去，实现故障自愈、事件预测，更好地赋能我们的运维流程。

**李晶晶：** 大模型在语义理解、多轮对话、内容生成、逻辑推理能力上都有很好的表现，在融媒体的"策、采、编、审、发、评"全流程都有很多的场景化应用和创新前景。总的来说，智媒时代可能会围绕 3 个方面进行演进。一是内容智能生产。依托大模型的强大知识底座与生产技术，完成智能内容生成、文章改写、续写、非新闻图片的文生图等领域。以前人类需要几天甚至更长时间来完成的稿件，通过 AIGC 可能几分钟就完成了，加速了内容生产力的变革。二是在搜索和推荐方面。原本需要大量人力收集起来的资料、报告，通过简单的"发号施令"，大模型自动地形成文集或者分析统计的报告，在搜索和推荐方面利用媒体自有的高质量的私域数据，基于事实性内容进行归纳和总结，是智媒体演进的方向之一。三是在传播和服务方面。大模型具有多模态生成能力，这将给整个媒体在传播介质和传播形式方面带来改进和提升。例如，以前做虚拟人主要用于虚拟主播，未来大模型可以驱动虚拟人跟用户直接做自然语言的交互，相比过去可以更好地应用于"新闻 + 政务 +

服务"运营方向。总的来说，我们认为大模型将驱动智媒体内容生产力的变革。

**冯海青：**刚才各位嘉宾发言表明，我们都在积极关注智媒体发展的新趋势，也在积极探索媒体领域新的应用。从现在来看智能化给媒体的内容生产和传播都带来了很大的推动和促进，特别在用户体验方面也带来很大的变化。我们要很好地把握这些趋势，进一步探索和推进。下一个问题，人们广泛关注也常谈常新的一个问题就是"人工智能抢走人的饭碗"，以前都停留在科幻和专家预测。随着这些情况逐渐走入现实，产生了冲击，让人有一些焦虑。大模型的强大能力可以让传媒领域的策划、写稿、校对、图片等岗位提升效率，可以带来岗位的精简，那么未来传媒工作生态中，人工智能和新闻的从业者之间是一种怎样的关系，各位怎么看待这个问题。

**卢海波：**AIGC 在很多工作方面，的确效率远远高于普通运营人员，最大有成千上万倍的差距，但是我认为 AI 把很多人的水平拉到不高不低的水平，跟优秀创作者比有很大差距，暂时是无法替代的。对于一个优秀的创作者来说，AI 是一种助力，应将其看作一个助手，而不是敌人。所以我们认为面对这样一个新技术，不应该是焦虑，而是拥抱的态度，这是我的一个感受和分享。

**张健：**我非常赞同人工智能把大多数的内容生产拉到一个平均水平。未来媒体人需要思考的问题是两个，第一个问题是做的内容能否达到平均水平，这是基础要求。第二个问题是媒体人怎么样能够达到一个更高的水平，所以我觉得这两个问题其实都是说媒体人跟技术之间的一种运用关系。达到一般水平除了具备一些基础素养，还包括怎么样利用创新的工具为他服务，能够更高效更好地生成内容。除了这点之外，第二点是怎么样生成更好的内容，到底跟其他人或者人工智能助力产生的内容有哪些差异。这里面也包括两个方面的能力，一方面是专业能力，需要懂内容、懂运营、懂用户需求；另一方面还要懂技术。现在大模型技术的能力运用把视频剪辑工具、辅助创作工作进行了串联，是对内容生产的一种高效生成。大模型是一个开放的平台，媒体人可以用它的技术让大模型成为一个专属的创作助手，创作出符合他风格的内容，要在互动中了解它、运用它，发出指令让这个平台更好地符合他的生产要求。

张静：工业时代以来，人类的所有进步都是在部分的工种被机器替代下推动的，我觉得接下来部分媒体人会丢掉饭碗是客观存在的现实。未来的思考是怎么成为在未来传媒业能够留下来的人。我们可以拆解一下，人机在内容领域从采集、生产到传播领域的分工。定点定向的采集，机器能比人类干得更好，人类记者更擅长的是追踪式、选择式的采访。在生产流程中，如果只能做常规式、模式化的报道，或者只能做初级加工的工作，那么随着 AIGC 技术的发展，很可能面临被机器淘汰的局面。但是有创意的新闻策划或者深度报道，就是优秀新闻工作者更专业更擅长的。在传播领域，自动化推荐可以更精准地分析用户需求，批量推送个性化新闻，但是需要媒体的高级运营人员来让机器理解用户需求、流量密码的规则等。所以在我看来，新闻人在 AIGC 时代，当务之急是要在采、编、发等各领域进一步提升业务素养，未来和机器建立共生共融的生态。

王思远：我比较同意张健提的观点，现在的内容生产需要两种水平，一个是内容生产水平，另一个是技术水平。AI 把低水平的内容生产者能力抬到一定阶段之后也带来门槛问题，因为对于高端内容生产者更是一个质的提升，这个门槛更明显地分离了高低水平内容生产者。说到人工智能和从业者之间是一种怎样的关系，我认为目前更多方面是一个优势互补的关系，也就是说内容生产者把 AI 作为一个辅助增效的工具来提升能力，发展到了一定水平，可能门槛会逐渐显露出来。

李晶晶：关于这个问题，在前段时间某中央媒体也进行了数据调研，当时调研了 120 多位，工龄大概在 3 年到 10 年的新闻工作者，岗位涉及编辑、记者、技术人员等，其中便调研了主持人问到的这个问题。首先，大概 70% 的新闻工作者认为 AIGC 对于内容生产是有帮助的，这个统计数据也从侧面说明了第一个议题，即 AIGC 肯定是推动了媒体内容生产力变革。第二个问题关于主持人刚刚提的"抢饭碗"的问题，大部分新闻工作者都认为 AI 不会替代新闻工作者的岗位，或者只会部分替代。从这个调研可以看出来新闻工作者对于自己专业能力有自信，认为自己不会被机器所替代。让我们分析一下为什么大部分新闻工作者会这样认为，AIGC 主要是一个副驾驶或者知识助手的角色，它可以生成一定质量的文本内容或新闻内容，但是缺乏专业的洞察力、观察力、深度报道分析力等。新闻工作者反过来可以作为大模型训练的角色存在，通过自己的知识去引导 AIGC 更好、更强大。因此我也认为未来新闻工作者应该是不会被机器所替代，AI 跟新闻工作者的关系是共生共进、创意协同的关系。

**冯海青：**各位嘉宾刚才都谈到了，实际上在一种新的人机关系之中，新闻工作者也面临着转型，在全新的人机关系里怎样达到新的平衡。一方面我们要坚信优秀的创作者是不可替代的，另一方面也要大胆探索和使用新的技术，推动技能的提升，新闻业态的变化。新的共生共融关系的人机关系可能会诞生。

下面展开第二个议题讨论，人与技术的协同演进。传媒业是随着技术发展而诞生和发展的行业，新技术一直是媒体非常重要的推进剂。刚才嘉宾们也都提到，实际上人还是技术的主导，在技术革新非常激烈的当下，我们看到网上有信息说因为大模型的发展太过迅速，西方一些专家和业界人士甚至呼吁要暂停一段时间的研发，需要制定规则和评估风险。从我们国家管理部门来说，也在研究制定相应的规定。实际上面对新技术，需要我们把握"管得住是硬道理，用得好才是真本事"。想请教各位嘉宾，人与技术在系统演进过程中，我们应该建立怎样的开发、使用和治理的规则？

**卢海波：**芒果 TV 一直注重对于 AI 的治理，在 AI 推介算法方面致力于做健康推介的技术。把主流价值更好地传递。现在一个新的困难就是对于生成式人工智能的管理，国家也出台了相关的管理意见稿，从 AI 训练数据源头出发，对于数据的个人隐私保护，数据合规性做很好的治理，通过人工审核、AI 审核的方法把握数据源头。另外，我们在内容生产端和使用端，也明确了一系列的规范，确保有相关的责任人来主导安全，这是我们的一点实践分享。

张健：我认为人工智能的开发、应用与治理的关系，在当前开发和应用一定是要快速推进的，现在虽然有"人工智能已经影响到人类的生存"的观点，但是能产生有价值、有生产力的应用还是很少的。现在内容的自动化生成，其实还没有非常有效的手段，这么多大模型的平台，没有哪个大平台可以把内容直接丢进去就生成稿件，实际上在应用的研发上还有很长距离。对于媒体运用的智能化生产，畅想未来媒体记者打开一个应用，把采访录音和图片丢进去，机器可以直接根据识别生成稿件，这样才是一个相对来说看得见的也比较好用的产品，现在距离还是很远。回到治理问题，运用和治理是分不开的，我们其实在做应用的同时已经在治理了。现在的这种应用其实差距很大，我们需要研发很多高质量的，符合行业需求，提升生产力的运用。比如实现高质量目标，比如能够提质增效的，这些目标其实就是在做治理，本身对于人工智能的内容生成，产生了一些人为的要求。所以说我认为这三者其实也是分不开的，从最根本的角度或者是从用户层、应用层角度来说，要把握好应用的方向，以及应用的质量，然后通过对应用的严格评估来最终影响治理的结果。

张静：我们要像重视新闻伦理一样重视技术伦理的问题。如果不加以标准化，未来很有可能会导致失控。这段时间各类专家也在频繁发声，提议部分限制 AI 大模型的发展。2022 年新华智云联合部分高校和媒体机构，制定了"机器生产内容"的团体标准，目前这一标准也正在申请国标。参考自动驾驶分类标准，我们把机器生产内容根据机器参与程度的不同分成 0—5 级，每一级都有相应的适应领域、限制条件及监管和治理的标准。所有的行业企业都要遵循这样的标准来进行有序的技术开发，这样我们就能从顶层设计上，达成一些基于机器生产内容的共识。不过，每个企业在具体应用设计方面都要从新闻伦理角度去理解和处理技术问题。未来 AIGC 的应用场景会更广阔，我们需要形成对 AIGC 使用的积极心态，并保持必要的审慎。

**王思远**：提到限制 AI 的发展，没有必要，现实上来说也没有可行性，这是不可阻挡的发展趋势。在这个基础上确实要关注一些问题，比如用户的隐私泄露，包括企业隐私泄露的问题，也出现了对于训练 AI 的数据集的知识产权的诉讼案件。对这些问题，需要我们尽快地完善和制定相关的法律法规，对它进行约束。另外，需要加大监管、监督的力度，把权利义务落实到 AI 相关的主体身上去，对他们有更强的约束作用。

**李晶晶**：我也非常同意各位嘉宾的观点，我主要从拓尔思公司在开发和实践大模型应用方面提几点感受。大模型目前核心问题主要还是价值观对齐、中文特性加强的问题，因此需要尽快有相关行业标准、法律法规的出台，并且大模型公司也应该遵守国家的要求。同时开发行业大模型还需要构建高质量数据集，我们在公司内部建立了涵盖数据全生命管理的制度，包括数据采集、治理、管理、算法管理等方面。我认为，作为企业有责任、有担当，协助制定 AI 技术开发、使用和治理规则。

**冯海青**：各位嘉宾都谈到了智媒发展当中的一些情况，以及需要去应对的问题，生产者和使用者都需要重视。专家提到了跟新闻伦理一样技术伦理需要高度关注，我觉得从管理部门来说，高度关注治理的格局，实际上已经纳入了技术伦理、新闻伦理，包括网络安全很多维度来做这样的一种治理。今天传媒业、科技界共聚一堂，共同探讨新的挑战，智媒体带来新的挑战，要抓住智媒体带来的新的机遇，机遇和挑战并存，读懂新技术新应用推进媒体深度融合发展，同时还要坚持"用得好是真本事，管得住是硬道理"。

CNMC

# 2023中国新媒体大会
CHINA NEW MEDIA CONFERENCE

| 媒体 + 专题论坛 |

# 打造"融服务" 创造"新价值"

## 吴　兢

　　2013 年 8 月，习近平总书记在全国宣传思想工作会议上首次作出"加快传统媒体和新兴媒体融合发展"的重要指示，开启媒体融合发展的大幕。10 年来，在以习近平同志为核心的党中央引领下，主管部门、政府单位共同推进，新闻媒体创造创新，从转观念、做产品到建平台、改机制，再到聚产业、破圈层，媒体融合不断向纵深挺进。

　　2023 年是全面贯彻落实党的二十大精神开局之年，也是媒体融合发展 10 周年。在此背景下，2023 中国新媒体大会首次举办"媒体+"论坛，以"融服务，新价值"为主题，交流"新闻+政务服务商务"的探索成果，分享媒体"破圈"融合、拓展服务功能的创新经验，意义独特。

走过 10 年、融到深处，媒体融合已经不仅仅是媒体与媒体的深度融合，更是媒体与社会民生、公共服务和国家治理的深层链接。习近平总书记强调："媒体融合不仅仅是新闻单位的事，要把我们掌握的社会思想文化公共资源、社会治理大数据、政策制定权的制度优势转化为巩固壮大主流思想舆论的综合优势。"这为推动"媒体+政务服务商务"，形成融合发展合力，提供了重要指引和根本遵循。今天，我们探讨"媒体+"，就是要深入贯彻落实习近平总书记的要求，打造汇聚资源、对接需求、赋能治理的服务型全媒体，来一场媒体与党政部门、人民群众的"三向奔赴"，让"融服务"创造"新价值"。

第一，在围绕中心、服务大局中创造新价值。围绕中心、服务大局是媒体的安身立命之本，也蕴含着媒体融合发展的新机遇、新空间。党的二十大提出中国式现代化的大目标、大课题，我们要胸怀"国之大者"，担当使命、主动作为，不断拓展媒体功能，持续深化服务效能，打造与中国式现代化相适应的新媒体，让媒体融合始终同国家发展、社会变迁和人民需求同频共振、同向同行。

第二，在凝聚人心、服务人民中创造新价值。积极探索"媒体+"模式，是走好全媒体时代网上群众路线的重要实践。全媒体时代，我们更要坚守为民服务的初心，开发多元化应用新场景、提供数字化生活新体验，融通线上线下、强化用户黏性，既做人民群众最信赖的"网上信息宝库"，又做离不开的"掌上生活管家"，从"指尖"到"心尖"，更好发挥主流媒体引导服务群众作用。

第三，在聚焦重心、服务融合中创造新价值。全面落实中央"加强全媒体传播体系建设，塑造主流舆论新格局"的要求，是当前媒体融合的工作重心。我们要以深入挖掘"新闻+政务服务商务"新模式为"突破口""发力点"，充分运用政策赋能，有效整合社会资源，延伸媒体价值链，打造全程伴随、聚合一体的融媒服务新平台；强化用户连接、筑牢舆论阵地、提升造血能力、带动整体转型，推动新媒体事业高质量发展。

媒体融合发展是一项极具挑战性的系统工程，也是一场前所未有的自我革命，任重道远也大有可为。中国记协及其新媒体专委会愿与各位同仁携手共进，以习近平总书记重要讲话精神为指引，共同做好媒体融合发展这项大事业，在深度融入社会民生、链接公共服务、参与国家治理中实现新突破，为强国建设、民族复兴作出新贡献。

（作者为中国记协党组成员、书记处书记）

▶▶

# 走好数字城市建设与媒体融合发展的
# "双向赋能"之路

**陈　澎**

　　习近平总书记在党的二十大报告中强调："充分发挥数字政府建设对数字经济、数字社会、数字生态的引领作用，促进经济社会高质量发展，不断增强人民群众获得感、幸福感、安全感，为推进国家治理体系和治理能力现代化提供有力支撑。"我们要牢记习近平总书记殷殷嘱托，全面贯彻党的二十大精神，遵循《国务院关于加强数字政府建设的指导意见》

的总体要求，积极探索努力创新。在落实"三高四新"战略定位和使命任务，实施强省会战略的同时，长沙集中力量打造了全国领先的"城市服务＋融媒体"平台——"我的长沙"，将媒体与大数据融合、与城市服务整合、与社会民生融合。在近年的探索和实践中，我们深刻认识到推进媒体深度融合，做强新型主流媒体，需要做好以下几方面。

## 一、要把主业做强，把握融合的根本点

在媒体融合发展进程中，虽然新闻已经从单纯的报道逐渐演变成了丰富多彩的产品，媒体构造、采编流程、生产机制也随之发生了变化，但无论如何演变，媒体的属性不会变，用优质内容引导人、凝聚人、鼓舞人的新闻理想不会变。在内容生产无处不在的互联网，主流媒体有责任担当优质内容的供给者，而这也将是成就主流媒体主流地位的优势所在。

## 二、要把数据做活，抓住融合的关键点

我们已经迎来智媒体时代，媒体不光是优秀的传播者，还拥有良好的咨政能力。媒体深度融合的过程中，把数据用好用活，不断推进数字化建设，把数字赋能智媒体、赋能智慧治理作为主攻方向。抢抓机遇，主动作为，积极探索城市治理与媒体发展双向赋能之路。

## 三、要把服务做优，激发融合的共情点

"民之所需，行之所至"。不管是服务还是媒体传播，其深度融合发展还是要坚持以人民为中心，以人民视角、民生内容、民本取向为着力点；以民生、民情、民意为切入点；以人民群众"身边事、麻烦事、关

心事"为关注点，不断优化平台服务，做好媒体内容，让平台流量持续健康增长，留住用户、赢得民心、创造价值，更好地满足人民群众对美好生活的新期待。

数字城市建设离不开智慧媒体的发展，智慧媒体为数字城市建设提供了新的思路和技术支持。数字城市建设的发展，也为智慧媒体提供了广阔的发展空间。如何更好地发挥智慧媒体在数字城市建设中的作用，是未来数字城市建设的一个重要课题。我们期待未来数字城市建设与智慧媒体的更加紧密合作，为城市居民提供更为便捷、优质的服务，推动数字城市建设的全面升级。我们期待通过捕捉行业新动态，实现新成果、新应用，当好媒体创新融合发展的试验田，当好智慧媒体助力数字城市建设发展的领跑者。

（作者为中共长沙市委常委、宣传部部长）

# 数智赋能　实现从城市媒体到城市平台的迁跃

## 彭　勇

　　回顾融合10年，大家都在深入地思考和探索，尤其是我们城市媒体，更加深切地感受到，传统平台的受众还在流失、影响力还在下降、收入还在减少。为什么会出现这样的现象？简单来说，就是一场新的技术革命已经悄然发生，出现了一批算法推荐型的媒体平台，它能够根据用户喜好，实现信息的精准推送，信息传播由过去的"人找信息"转变成了"信息找人"。

　　跟这样的平台竞争，我们也必须有属于自己的平台，抓住大数据，打造算法模型，实现主流新闻的"信息找人"。怎样去做呢？

　　具体到长沙广电的媒体融合，总结起来就是3句话：媒体与大数据融合，与城市服务融合，与社会民生融合。与大数据融合。就是抓住城市大数据资源，打通"城市大脑"数据底座，以大数据应用赋能媒体融合。与城市服务融合。就是打造一个"城市服务＋融媒体"平台，实现政务服务移动端、城市服务聚集端、新闻资讯触达端的"三端合一"。与社会民生融合。就是围绕民生关注的衣食住行、生老病死等问题，打造特色服务专区，为老百姓解决身边问题，从而更好地会聚用户和服务用户。

近年来，在长沙市委、市政府的全力支持下，政府的公共服务资源、城市大数据资源，源源不断地向"我的长沙"平台汇聚，我们的媒体融合取得了显著成效。一是用户量倍增。"我的长沙"App 2019 年上线，目前注册用户超过 1150 万，连续 3 年翻番；二是收入倍增。2021 年成立数智融媒公司，收入从 1000 多万元到 2022 年的 2500 万元，2023 年上半年同比增长是 326%，收入也实现了成倍增长；三是影响力倍增。2022 年"我的长沙"获得了 6 项全国大奖，成为媒体融合和智慧城市建设两个领域的"双料冠军"。可以说，目前"我的长沙"App 已经成为长沙地区用户规模最大、融合传播效果最好、数据服务能力最强的城市平台。

在建设和运营"我的长沙"平台过程中，我们发现，至少有以下 3个方面的显著变化。

## 一、用户之变

第一，用户发生了变化。从之前的听众、观众、读者，变成了现在的平台用户。我们可以清楚地知道他是谁、他需要什么、喜欢什么。要做到这一点，首先就要进行用户画像，要搭建用户标签体系，按照人口属性、社会属性、办事行为等给用户打上标签。通过用户画像，我们发现，我们的用户不仅和传统媒体不一样，而且和今日头条、抖音的用户也不一样。它们是通过阅读行为沉淀数据来进行用户画像，而"我的长沙"App 是通过用户的办事行为来画像，我们更容易预判用户未来的需求。

第二，打造独有的推送模式。通过"服务带资讯，资讯带服务"，这样推送更精准、效率也更高。比如，用户使用了"一键挪车"功能，平台马上给他推一条本地新闻"长沙违停严管路段增至 248 条"，用户点击率就非常高。最后，要确保数据安全和算法安全。按照"原始数据不出库""数据可用不可见"的原则，在确保数据安全的前提下开发自研算法。目前，我们已经申报了 4 项专利，取得了 25 项软著权，并自主研发了融媒云内容管理系统，确保了数据安全和内容安全。

## 二、新闻之变

在运营平台的过程中，我们发现，新闻生产和传播的模式也发生了改变。

第一，实现了主流新闻的精准推送。有了数据和用户之后，我们的主流新闻也能够实现"信息找人"。我们可以根据每一条新闻的特征，推送给不同的人群，把市委、市政府的声音精准触达目标人群。比如，把教育类信息推给六岁以上孩子的家长，把交通信息推给有车族。通过数据对比，分人群推送比全量推送的点击率高了 8—10 倍。

第二，实现了新闻信息的跟踪反馈。在每一条新闻下面，用户可以通过点赞、留言表达他们的看法和需求。比如，2022 年 12 月，市委、市政府决定向市民免费发放防疫物资，"我的长沙"App 紧急开发上线了"防疫物资申领"服务，在线预约 114 万人，分五批发放防疫包 43 万份。特别是联动 187 家基层卫生服务中心为老弱病孕特殊群体"送药上门"，一共送出 8900 多份，真正把党委政府的温暖送到了千家万户。市民好评如潮，新华社、央视等权威媒体也竞相报道，标题就是"长沙，一座最具温暖的城市"。

第三，实现了新闻上传和用户互动。市民可以通过上传、互动，参与到新闻的生产、传播和监督的过程中。比如我们联动交警部门推出了"违停随手拍"，让司机行人参与车辆占道违停的监督举报。临近中考高考时，我们又推出"噪声污染投诉"，精准推送给 32.5 万名考生家长。同时，还有"安全隐患随手拍""文明随手拍"等，让市民参与新闻的生产、传播和监督的过程。

通过"新闻＋服务"的运营模式，可以让党委政府的声音精准触达目标人群，可以让老百姓深度参与社会治理，并且真正为他们解决了问题。这样，"我的长沙"App 必将成为党委政府和市民百姓都能用得好、离不开的城市平台。

## 三、经营之变

以前媒体经营主要靠广告，现在主要通过服务用户来创造价值。比如，我们打造了金融保险、交通出行等服务专区。其中，金融保险专区。2021 年，"我的长沙"App 作为长沙数字人民币推广的唯一平台，发放了4000 万数字人民币红包。用户在平台上享受到了金融产品的红利，对我们有一种天然的信任。于是，我们推出了"金融保险"专区，各大银行、保险机构纷纷找上门来推荐其惠民产品，效果都非常显著。此外，交通出行专区。地铁出行、公交乘车一直是"我的长沙"排名前三的高频服务，全年服务量预计超过 1 亿次。这其中，每天早上七点半、下午五点半乘坐公交地铁的年轻上班族，他们都是未来学车、买车、用车的人群。我们与驾校、汽车经销商等联合推出"学车福利""购车优惠"，以及车保车检、维修保养等福利活动，让我们的用户获得实惠。接下来，我们还将上线智慧社区、智慧养老、法律服务等特色专区。新平台的经营模式就是"以服务创造价值"，实现平台、用户和商家的共赢。

从城市媒体到城市平台，我们紧紧依靠党委政府的全力支持，牢牢抓住城市大数据资源。党管大数据，党媒负责运营大数据，始终以服务用户、服务人民为中心，随着媒体与大数据、与城市服务、与社会民生的深度融合，未来新的变化必然会层出不穷，城市媒体的融合发展之路一定会越走越宽，前途无限光明。

［作者为长沙市广播电视台（集团）
党委书记、台长、总编辑、董事长］

# 数据赋能　融合传播
# 长沙以大数据深度赋能媒体融合发展

**江柏美**

　　近年来，长沙市委、市政府积极探索应用创新，搭建以数据为驱动的智慧服务体系，长沙市数据资源局联合长沙广电，打造了全国领先的"城市服务＋融媒体"深度融合平台——"我的长沙"App。通过安全可靠的基础设施，以"便民"的城市服务提升平台流量，利用大数据精准赋能，扩大传播覆盖面，创新构建了新闻资讯与政务服务、生活服务智能关联体系，形成了"服务带资讯、资讯推服务"的良性发展。

## 一、强化基础支撑，为平台融合发展保驾护航

长沙一直以来高度重视新型智慧城市的核心基础设施建设，按照全市新型智慧城市示范城市顶层设计，率先在全国打造了"一主多辅、多云融合、自主创新"的政务云新体系，为全市提供资源高效、应用敏捷、业务智能、安全可靠的政务云服务。建设"长沙城市超级大脑"，形成具备多维敏捷感知、海量数据共享、全局实时洞察、持续迭代进化的城市智能中枢，实现跨部门、跨行业、跨领域的数据和应用的融合互通，为全市数据资源共享以及各类服务汇聚提供了坚实的基础资源保障。政务云、城市超脑、政务网络、城市安全中心等智慧城市基础设施有力支撑了"我的长沙"App 2000 余项城市服务"掌上办""指尖办"，300 余项高频政务服务事项"跨域、跨层通办"，全面保障了"我的长沙"App 开展"数字人民币、防疫物资发放、体育场馆预约、中小学生入学报名"等 40 余场活动。特别是在 2021 年的数字人民币红包发放活动中，通过强有力的资源保障，平台可满足 500 万人参与预约，200 万用户同时在线，最高并发量达 10 万份。长沙作为全国第一个以政务服务 App 为唯一预约渠道大范围试点发行数字人民币的城市，实现了全程零故障。

## 二、优化服务支撑，为平台持续发展引流造血

数字化发展一头连着党和政府，一头连着企业群众。在推进数字长沙建设中，长沙始终以人民为中心，将市民的获得感、幸福感、安全感作为出发点和落脚点。作为政府官方唯一的城市移动综合服务平台，"我的长沙"App 围绕市民的医、学、住、行、生、老、病、养等民生大小事。全市市民群众在"我的长沙"App 即可畅享乘地铁、坐公交、水电燃气缴费、电子证照亮证等各类服务，实现户口迁入、居住证办理、出生证办理、购

房落户、入学报名、证明开具、政务预约等身边的大小事"掌上办""指尖办"。与此同时，为提升企业和群众的办事便利度，长沙正在加快推进"无证明城市"建设，通过打通共享 180 亿条政务数据，支持"我的长沙"App实现 41 类电子证照实时调用、26 类证明掌上亮证，500 余项政务服务"减证办""免证办"。"我的长沙"App 目前汇聚各类服务资源超 2000 余项，为 1100 万注册用户提供便捷好用的"指尖"服务，释放出便民惠民利民的巨大能量，为平台的可持续发展提供稳定流量，"服务带资讯、资讯推服务"的模式成为融媒资讯点击量提升的"法宝"。2022 年年底防疫物资预约发放服务上线仅 20 天，服务点击即突破 500 万次，拉动用户增长超 35 万。

## 三、深化数据支撑，为平台精准触达聚势赋能

2021 年 7 月，平台创新"城市服务 + 融媒体"发展，探索打造引领全国的媒体融合"长沙模式"，将媒体内容全面融入"我的长沙"App。"我的长沙"App 依托长沙城市大脑海量数据资源优势，以数字技术搭建标签库体系、算法体系及精准推送体系，目前"我的长沙"App 用户标签类别超过 6800 个，标签总数超 1.3 亿个，支撑了平台实现分类分发、精准推送。统计数据显示，通过智能推荐，新闻和服务资讯的阅读量提升达 500%，"信息找人"的传播模式让市民群众关注的热点资讯、喜闻乐见的各类内容更加精准触达、更加亲近市民、更好地体现城市温度，单条新闻资讯阅读量最高超过 120 万次。

数字化转型发展的大幕已经拉开，大数据应用融合将成为新媒体融合传播赛道的新引擎、新动能。我们真诚地期待，能够有更多的优秀企业、专家学者、专业人才来到长沙，共建新型智慧城市，共谋数字经济发展。我们衷心期盼能与大家携手前行、合作共赢，共同为大数据赋能媒体融合发展赋予更多可能。

（作者为长沙市数据资源管理局党组成员、副局长）

# 技术赋能媒体融合　服务融入城市运行

周治友

贵阳日报传媒集团源于 1980 年创刊的贵阳市委机关报《贵阳晚报》；2000 年，新的市委机关报《贵阳日报》创刊，《贵阳晚报》转为市场类媒体；2008 年组建贵阳日报传媒集团；2018 年 9 月，在贵阳市推动县级融媒体中心建设过程中，集团同步建设贵阳市级融媒体中心并于当年 12 月投入试运行；2022 年 5 月，贵阳市融媒体中心被中宣部列为全国地市级融媒体中心建设试点单位。

经过多年发展，集团已形成"两中心、四支撑、四报、两刊、一矩阵"的媒体发展格局，即贵阳市融媒体中心、贵阳市新时代文明实践中心；"甲秀新闻"客户端融媒传播平台、贵阳融媒问政政用平台、"壹刻宝"社区生活服务民用商用平台、贵阳新时代文明实践管理服务云平台；贵阳日报、贵阳晚报、健康之友、新世纪体育报；《花溪》杂志、《商品评介》杂志；以贵阳网、"甲秀新闻"客户端为龙头的 50 多个新媒体矩阵。

## 一、技术引领媒体融合

2022 年，以入选中宣部地市级媒体融合试点为契机，在贵阳市委宣传部的统筹下，贵阳日报传媒集团对原"中央厨房"采编管理系统进行提质升级，建设"贵阳融媒大脑"作为支撑全市媒体融合的技术平台。一年多来，集团依托"融媒大脑"先后开发了移动发布系统，用于支撑新闻服务业务；融媒问政系统，用于支撑"新闻＋政务服务"业务；新时代文明实践管理系统，用于支撑"新闻＋志愿服务"业务；社区融合传播服务系统，用于支撑"新闻＋商务服务"业务。

基于这些系统，先后开发了市级融媒体中心"甲秀新闻""知知贵阳"新闻客户端和 10 个县级融媒体中心新闻客户端，以及市县两级融媒问政平台、市县两级新时代文明实践管理平台，并围绕"15 分钟生活圈"建设打造了"壹刻宝"社区生活服务民用商用平台。

由于市县两级融媒体中心和市级单位融媒体分中心的业务均基于"融媒大脑"开展，有力促进了技术统一、标准统一和业务协同。在稿件传输中，统一使用"云端稿库"，实现了内容信息共享；在稿件编辑中，统一使用移动发布系统提供的内容管理、专题管理、直播管理、文本编辑、视频拆条等功能，促进了业务协同；在稿件审核中，统一使用智能审校系统，实现了敏感词库共享、审核标准统一；在融媒体中心运营中，统一使用活动运营系统提供的互动答题、抽奖、活动报名、问卷调查、投票等功能，降低各级融媒体中心运营成本，提升运营能力等等。同时，以"融媒大脑"作为对外统一出口，将全市各级融媒体中心的新闻数据通过"云端稿库"接入多彩贵州宣传文化云等省级网络传播平台，形成省、市、县纵向贯通的融合传播机制，充分发挥市级融媒体中心承上启下的功能。

## 二、服务融入城市运行

技术平台统一、业务工作协同，为我们以"贵阳融媒大脑"技术平台为支撑，整合政务资源、社会资源、商业资源，以"新闻＋政务服务＋志愿服务＋商务服务"的方式，进一步为提升市级融媒体中心的服务效能创造了条件。我们搭建了数据中台，并依托数据中台建设了贵阳市融媒体中心、贵阳市新时代文明实践中心"两心相悦"业务中台，通过新闻服务、政务服务、志愿服务、商业服务四套机制的互通互转，回应市民关切，提供精准服务。

首先，将市县两级融媒体中心新闻客户端收集的新闻报料、网络空间感知系统收集的舆情信息、"融媒问政"平台收集的问题意见、新时代文明实践平台收集的市民"心愿单"和"壹刻宝"社区服务平台收集的社区留言，统一汇聚到数据中台，形成社情民意"蓄水池"。

其次，整合采编、技术人员在业务中台联合办公，对数据中台汇聚的问题线索进行甄别、初审，再进行转办、转交，随后启动相应机制回应市民关切。具体来说，适合新闻宣传和舆论监督的信息，转至融媒体中心，由市县两融媒体中心和66家部门融媒体分中心进行采访报道；适合党政部门协调解决的问题，转至融媒问政平台，按照融媒问政机制转办到700多家承办单位限时办结；适合社会力量帮助解决的问题，转至新时代文明实践平台形成"心愿单"，由1818个文明实践中心、所、站和4420余支志愿服务队伍"接单"提供志愿服务；适合商业服务解决的，转至"壹刻宝"社区服务平台，联系平台入驻商家提供服务。

截至2023年7月，贵阳日报传媒集团以"甲秀新闻"App等为龙头的新媒体矩阵超过50个，总粉丝量（下载量）超过3400万，新闻舆论传播力、引导力、影响力和公信力不断提升；融媒问政平台累计受理群众反映问题建议 47442 件，办结 45874 件，部门办结率达 96.69%，群众满意率达 85.93%，入选国家新闻出版署发布的 2021 年中国报业深度融合发展创新案例；新时代文明实践管理系统实现市、区（市、县）、乡镇（街道）、村（居）四级全覆盖，组建志愿服务队伍 4420 余支，累计发布志愿服务项目 4.5 万余个；"壹刻宝"社区融媒服务平台以"15 分钟生活圈"为应用场景，聚焦"教业文卫体、老幼食住行"等民生需求，开发、接入了包括学校体育场地预约、到家服务、线上招聘等 80 多项便民服务功能，入选国家新闻出版署发布的 2022 年中国报业深度融合发展创新案例。

*（作者为贵阳日报传媒集团党委副书记、总编辑）*

# 城市媒体融合的道与术

**戴建伟**

　　媒体融合是当前全行业共同面对的历史性课题，要答好这份答卷，首先必须解决几个重要的认识问题——跟谁融？融什么？怎么融？融成什么效果？今天我就以"道与术"为题，与大家分享一下心得，以及贵阳市的探索与实践。

## 一、如何解决几个重要认识的问题

　　媒体融合究竟跟谁融？融什么？怎么融？融成什么效果？

　　第一，建设全员媒体必须弄清"跟谁融"。建设全员媒体并不是把媒体内部人员全部变成记者，而是说必须突破媒体的机构边界去推动人员融合，要形成一个把更多专业媒体之外的人员纳入媒体传播的制度设计，将业务融入"人人都有麦克风"的全新媒体生态。

第二，建设全程媒体必须弄清"融什么"。全程媒体缘于信息化时代事物越来越具有信息化属性，这就要求媒体融合不仅是传播过程内部的融合，也是传播过程与职能业务之间的融合。当非媒体人员被纳入了我们传播业务体系，我们也就能够把事件过程变成传播过程。比如，一场火灾中，消防员可以对救援工作作全程传播，而仅靠专业媒体却很难做到，因为人员的局限决定了你报道视角的局限。

第三，建设全息媒体必须弄清楚"怎么融"。全息媒体需要多样化场景，我们并不可能像传统媒体一样将之在自有平台上全部构建起来。建设"全息媒体"的关键，是怎样联通伴生于各种信息化设施的全息媒体应用场景。因而媒体融合很需要一个"智慧大脑"，通过它联通"智慧城市"，才能解决怎样联通全息媒体应用场景的问题。

第四，建设全效媒体必须弄清楚"融成什么效果"。信息化条件下，随着传播越来越被作为服务的手段，比如电商等，媒体的功能也就面临一种质变。媒体融合要关注传播效果，也要关注服务效果，只有具备服务功能的媒体，传播效果也才能够得到保障。因而媒体融合的成效检验，就看是不是具备"新闻＋政务服务商务"的全效功能。

## 二、贵阳市媒体融合的探索实践

贵阳市推动媒体融合发展的实践特色，主要体现在坚持聚焦"四全"媒体目标推动媒体融合。

一是以市县一体破题"跟谁融"，在推动建设全员媒体上有突破。贵阳的市级融媒体中心建设，是与县级融媒体中心同步启动的。2018 年 10 月贵阳就提出"市县一体、以市带县"和"全市一张网"的融媒体中心建设思路，将"跟谁融"的第一步对象锁定在跨层级媒体之间。2019 年

3 月市县两级"1+12"融媒体中心体系挂牌运行，通过搭建贵阳市融媒体中心编审调度机制，将各区县市融媒体中心以"云采编"的形式纳入市级统一平台。2021 年，市委批准设立拥有 28 个事业编制的贵阳市媒体融合发展服务中心，作为跨媒体统筹全市媒体融合的枢纽，大力推动跨媒体、跨层级、跨行业的"全员媒体"建设。在"全市一张网"的制度安排下，县级融媒体中心被融入市级融媒体中心业务体系，市县融媒体中心又进一步在基层社区和行业单位建立广泛覆盖的通联机制，探索构建超越机构边界的"全员媒体"。目前贵阳市级融媒体中心通讯员已经突破 4200 人，2022 年市级融媒中心发稿总量达到 80 万条。

二是以媒信一体破题"融什么"，在推动建设全程媒体上有突破。这里的"媒"指的是专业媒体，"信"则是指信息公开所涉及的新闻发布和政务新媒体。随着媒体生态的深刻改变，"媒"与"信"之间的边界也被迅速抹平。不仅人员上政务新媒体越来越成为"全员媒体"的组成部分，而且在传播过程上政务新媒体也更有可能成为全程传播的起点。要建设"全程媒体"，就必须把政务新媒体也纳入媒体融合的内容。贵阳市在推动融媒体中心建设中，同步提出建设"部门和企事业单位融媒体分中心"的思路，2019 年全市第一个部门融媒体分中心与市县融媒体中心同步挂牌运行；2021 年贵阳市部门和企事业单位融媒体分中心全面铺开。目前市级融媒体中心先后与教育、税务、市场监管等部门和企事业单位共同组建了 66 个融媒体分中心，将 80 余个政务"两微一端"纳入市级融媒体中心业务体系，借此不仅使专业媒体的采编关口大大前移，而且大大拓展了融媒体中心的矩阵规模。目前贵阳市级融媒体传播平台超过 100 个，粉丝总量超过 5150 万。

三是以融媒大脑破题"怎么融"，在推动建设全息媒体上有突破。从 2018 年开始，贵阳市先后投入 2500 万元建设"贵阳融媒大脑"技术平台，借此将不同层级媒体的客户端和采编管理放在共同的平台之上，打造支撑跨媒体采编和调度指挥的技术平台，融通市县媒体的内容数据中心、资源共享中心、用户管理中心，以及融合政用、民用、商用的服务中心。同时，贵阳将"融媒大脑"作为对接"城市大脑"的技术后台，使媒体融合得以联通智慧城市丰富应用场景，为打造全息媒体创造技术条件。2020 年，"融媒大脑"被市政府批准纳入市级信息化和智慧城市建设内容，规定全市所有面向公众的信息化平台均须开设新闻信息专区，并以"融媒大脑"作为统一播控平台。2021 年，我们基于"融媒大脑"开发运营"壹刻宝"融媒服务平台，整合全市部门企事业单位的民生服务，打造民生服务总出口。2022 年，贵阳启动建设拥有统一屏控系统的"融媒大脑智慧屏"项目，探索打造媒体融合的创新场景……

四是以"两心相悦"破题"融成什么效果"，在推动建设全效媒体上有突破。贵阳市坚持以推动融媒体中心、新时代文明实践中心"两心相悦"为抓手，打造"新闻＋政务服务商务"的全效媒体。2019 年年底，我们将问政服务引入文明实践，依托市级融媒体中心推出"融媒问政"服务平台，引进市县两级 730 多家单位入驻，3 年累计办结市民诉求 4.7 余万条。2023 年，我们依托"融媒问政"的转办机制搭建志愿服务业务中台，推出志愿服务群众"点单"，730 多家问政入驻单位及 4400 多支志愿服务队伍"接单"的模式，实现媒体融合服务功能的机制突破，使宣传的过程变成服务的过程，服务的过程变成宣传的过程，为打造全效媒体积极探索路径。

（作者为贵阳市委宣传部常务副部长）

# 畅游"三海" 未来已来

## ——新时代背景下安吉县融发展探索

**祝 青**

近年来，安吉县融媒体中心（以下简称中心）秉持"融合、创新、跨越、共生"理念，践行"新闻＋政务服务商务"融媒定位，持续发挥媒体在新闻舆论引导、基层社会治理、百姓生活服务等方面的作用，媒体融合发展持续走在全省乃至全国县级媒体前列。中央深改办专题信息介绍安吉媒体智慧融合经验，中宣部确定"爱安吉"新闻客户端为全国示范项目，国家广播电视总局授予广播电视媒体融合先导单位，浙江省委、省政府授予全省改革创新成绩突出集体荣誉。2022 年，中心总营收达到 4.87 亿元；2023 年上半年营收同比增长更是达到 38%。

## 一、遨游"文海" 群众喜闻乐见

第一，无主题不宣传。坚持新闻立台，持续做强新闻主业，每年推出主题报道百余个，形成"全年性大栏目统领、阶段性报道连贯"的主题新闻宣传模式，精准捕捉、深度呈现安吉在高质量建设国际化绿色山水美好城市过程中的精彩场景、亮点工作和经验做法。

第二，非精品少创作。中心以"精品要成为创作常识"为标准，在人才培养上不拘一格，实施星级员工制、导师帮带制、人才工作室等，培养精专人才；在创作手法和表现形式上不断探索，采用 VR 全景视频创作，上线 AI 主持人，推出 Vlog、H5、动漫、海报等形式；在硬件设备上持续更新，投入航拍、高清、4K 等摄制设备技术，使作品活泼新颖有深度。

第三，用大宣统县宣。对标上级媒体新闻制作要求，力求新闻内容与表现形式完美结合，并持续重点对接百个知名宣传平台。中心在省媒以上对外传播条数每年均在 1000 条以上，连续 3 年央视《新闻联播》单条头条，2022 年更取得央视《新闻联播》28 条的历史最好成绩，并实现央广新闻和报纸摘要首次单条头条的历史性突破。

第四，靠项目抓效应。积极承办文化夜市、文化展演、文化展陈以及传统车展、房展等项目，发挥新闻赋能作用，借助新闻内外宣传的强大实力，让各种活动得到更广泛传播，吸引更多关注，进一步提升服务百姓的能力和中心影响力。

## 二、拥抱"蓝海" 智慧无处不在

第一，知民情、晓民意、解民忧，体现民生。县级媒体最贴近基层基础，相对了解百姓需求，也能快速提供解决方案。中心借助这一优势，极力提升研发实力。新冠疫情初期，中心在全国较早推出口罩预约系统，解决百姓口罩购买难题；和乡镇合作推出"智慧5189000"服务，2022年累计提供各类服务4383次，得到群众广泛好评；和酒店、旅游景点合作推出"美好生活券"，给予群众实惠助力县域经济发展。

第二，求实用、很好用、真管用，呈现愿用。全国较早研发推出融"新闻＋政务服务商务"于一体的手机新闻客户端"爱安吉"，并在客户端推出实用好用管用的各类应用，让百姓爱用。如上线消费维权、农林产权交易、数字乡村等9项政务服务应用，为群众提供精准政务信息查询服务；各类生活应用基本覆盖群众的日常出行、娱乐、旅游、饮食等需求，其中"安吉美食"应用，累计聚集全县708家优质商户资源，实行用户点评和动态上架制，确保上架商户服务质量最优、群众口碑最佳。

第三，能赋能、会激能、还蓄能，表现高能。整合全县数字资产，结合社会基层治理现代化需求，启动数字精细化运营，实现建设研发、安全运维、数字经营一体化新模式。同时实施全国战略，在24个省300余个区县落地智慧产品，其中和阿克苏广电台合作研发的"阿克苏—Hi苹果红了"新闻客户端，成为全疆宣传文化重大改革成果。

## 三、走进"人海" 服务就在身边

第一，幕后走到台前，由观众变受众。中心近年来极力拓展各类服务，让隐于幕后看新闻的观众广泛享受中心的各类服务，有效黏合用户。如在58万人口的县域，"爱安吉"注册用户已达到44万；推出"搭便车"服务，预约搭车、随叫随停；开展"走千家入万户"志愿服务活动，帮助百姓解决生活难题等等。

第二，线上联合线下，在指尖即生活。自主研发运营区域公共品牌自主平台"安吉优品汇"，通过线上会员推广和线下爆款单品销售，将安吉优质产品推广到全国各地；推出"游视界"平台，将本地优质农产品从"田间地头"直送消费者"自家灶头",为本地百姓提供便利服务;研发"指惠家"平台,精选全国各地优质产品,为本地百姓提供物美价廉的产品。

第三,有线定向无限,从服务到共享。近年来,中心在做好服务的同时,更极力凸显"共享"内涵,将媒体融合发展成果惠及百姓生活。如"游视界"平台为农户农产品销售提供平台,又为消费者提供质优价廉的产品,2023年进一步启动学校食堂配送项目,为县域学生提供安全优质的菜品;拓展新闻阵地的小区储物柜项目,正抓紧研发向百姓开放的存取件服务;打造融媒城市生活馆,集广电服务、日常消费品采购、果蔬采购等服务于一体,一馆解决百姓生活日常所需。

（作者为安吉县融媒体中心党委书记、主任）

# 数媒融合焕发城市新活力

**程文伟**

## 一、创新机制，统筹资源，做好"一家集成"新文章

一是数字媒体融合发力，开创建设新格局。我们深入贯彻数字中国和媒体融合发展要求，以数字化改革为驱动，以绿色智慧城市建设为载体，探索搭建了"大数据局规划设计、统筹协调，融媒体中心融资投资、建设运营"的智慧城市发展模式。大数据局负责把关审核全县信息化项目，形成项目"一本账"；融媒体中心负责研发实施，其下属文澜公司负责相关模块研发。同时，我们还组建了县域一体化安全运营中心，主要负责政务网络和数据安全。

二是数字中枢统一支撑，形成资源"一盘棋"。近年来，我们持续迭代县级城市大脑，整合升级县级电子政务云、政务网、公共数据平台、智能感知平台等。城市大脑作为全县数字中枢，促进了数智资源有效集成、高效管理，极大程度上避免了资源浪费、重复建设等情况。

三是数字力量内聚外引，营造数字生态圈。我们创新成立了安吉两山转化数字研究院，联合华为、阿里等 12 家互联网头部企业，集合了大数据、物联网、区块链等专家顾问，形成了研发能力雄厚、辐射领域广阔的"两山智库生态圈"。研究院与文澜公司的联动合作，持续输出数字赋能、绿色发展的课题研究成果与案例，推动全县在医疗、交通、农业、旅游等发展领域发生新变革、实现新突破。

## 二、以媒为介，聚智聚力，打造"智慧双圈"新格局

一是打造本土兵团。如何培养、留住人才一直是我们重点抓的一项工作。我们引进了日本东京大学的博士团队，研发"爱安吉"新闻客户端。通过博士传帮带、不定期组织研发人员培训深造、学习借鉴先进经验等多元化途径，累计培养从事数据研发、运维、经营等人才超 200 名，在壮大人才队伍的同时，也为城市智慧场景本地化运营提供了保障。

二是塑造智慧生活圈。新闻要反映民情、体现民意、体恤民生，智慧研发也是如此。比如"爱安吉"App 在提供新闻资讯的同时，上线了安吉美食等近 20 个便民服务板块，群众吃穿住行大小事，在一个应用上就能实现了。目前，"爱安吉"注册用户已经达到 44 万。全县户籍总人口才58 万，占比 75.9%。又比如"智慧5189000"民生服务应用，涵盖家政服务、社区服务等功能，现在单日最高累计服务量达 2000 次。

三是扩大数字经济圈。促进数字经济和实体经济融合发展，是我们探索的方向。我们县融媒体中心推出的"两山优品汇"平台，搜罗了安吉白茶等本地特色农副产品，提供线上订购、全国配送服务，让五湖四海的客人都能品尝到安吉味道。一年来，"两山优品汇"总营收已达 2.5 亿元。

我们还推出了"云工益"数智工会应用场景，累计服务了近 2 万名工会会员的疗休养，对口帮扶福利采购超过 1200 万元，订单达 21 万条。

## 三、数媒相融、智启未来，开创"数智安吉"新篇章

一是国企平台做大做强。我们紧紧抓住"数字 + 媒体"的发展机遇，培育有潜力、有实力、有能力的本地化企业做大做强。当前，文澜公司已取得发明专利 2 项、实用新型专利 6 项、商标权 8 项、软件著作权 53 项，已获得信息安全管理体系世标认证等，满足县域数字化建设能力要求。作为安吉绿色智慧城市主要承建公司，公司营收也由 2018 年的 3902.7 万元大幅增长到 2022 年的 1.89 亿元。

二是智慧城市做好做优。我们走好"以数字赋能推动绿水青山转化金山银山"的路子，在多年努力下，我们先后发布了《绿色智慧城市评价指标体系》等多项团体标准和省级、国家级标准，相继亮相世界互联网大会、中国国际高新技术成果交易会，获得世界智慧城市中国赛区"治理与服务"大奖、中国领军智慧县级城市大奖等荣誉。

三是复制推广做实做深。安吉县融媒体中心在全国率先提出了"新闻智慧 + 政务服务"发展理念，实践证明，新闻让数据活起来，数据也让新闻火起来，当各项智慧产品被广泛使用后，百姓随"机"阅读各类新闻，也成了普遍现象。近年来，我们以文澜公司、两山转化数字研究院为两大阵地，积极将各类应用向县外推广，目前已在全国 24 个省 300 余个市县落地各类智慧产品。我们也与重庆、天津、山东、安徽等 10 余个省区市保持长期的合作关系。

遨游"文海"，做群众喜闻乐见的新闻传播者；拥抱"蓝海"，做无处不在的智慧服务生；茫茫"人海"，做人民至上的真情服务员。"数媒相融"让我们更好地拥抱新时代，奋进新征程。

（作者为安吉县人民政府党组成员、副县长）

　　各位嘉宾的分享都是非常有价值的，从"我的长沙"App来看，其亮点首先在于资源整合的顶层设计。湖南本地媒体采访我，问长沙在媒体融合方面有哪些亮点？我说第一个也是最大的亮点是在顶层设计中，怎么把优质的资源、有效的资源融为一体去推动媒体深度融合。在这方面，长沙市委、市政府是有远见卓识的。"我的长沙"App取得的成绩，刚才长沙广电彭台长和长沙大数据局江局长有非常扎实的分享。之所以能够达到今天的水平，我认为，首先要归因为长沙市委、市政府给他们匹配的资源，长沙台和"我的长沙"App运营团队发挥的作用也是必不可少的。作为这个顶层设计的参与者之一，我本人与有荣焉。

　　"我的长沙"App第二个亮点是精准分发技术的应用。大数据的应用在当前最关键是解决主流媒体客户端精准分发的问题。移动传播一定是精准传播，做移动传播如果没有掌握精准分发的能力，我们在网上看到一句话，"那就是要流氓"，就是浪费财富、浪费资源。"我的长沙"App

运营团队在这方面克服了困难。他们从跟大平台对接的时候都不知道说什么，突破困境走到今天能够投入使用。尽管与大平台比还有很多短板，但是迈出这一步，就是目前主流媒体在深度融合中的标志性成果。

"我的长沙"App 第三个亮点是正在构建依托大数据的商业模式。大家知道，"我的长沙"App 因为也是政府的政务端，不可以做广告经营，运营团队做起来也有很多顾虑，期望这方面有突破。我跟团队的同事们说，我们可以不靠广告运营，传统的一对众的广告模式不是互联网的模式，而他们选择的依靠大数据运营来建立商业模式是根本的解决方案。

"我的长沙"App 第四个亮点是以国有资本为主的股份公司的体制。主要靠技术和服务来专责运营平台。他们的内容主要是聚合长沙台的新闻内容、当地政府的政务信息以及网上的海量优质内容，而不是自建内容生产团队，这样就在短时间里建立了内容丰富的数据库。

贵阳的两位嘉宾，一位是戴建伟部长，另一位周治友总编辑，也是我的老朋友，我也曾经参与过他们的工作。在贵阳各种举措里，我更看重是他们通过"壹刻宝"社区化的民生服务来吸引人民群众，来获得用户。从某种意义上讲，媒体融合的成败，就在于能不能把人民群众聚合在我们主流媒体自有的平台上，做不到就不能说是成功的。怎么去获得这样的资源？实践告诉我们，一定要从服务来入手。"媒体 +"加什么？就是要主流媒体突破原有的功能局限，利用互联网手段，把功能扩展到服务人民群众，服务党和政府的工作。我更希望贵阳的同志们更多介绍他们在这方面怎么克服困难，怎么把资源聚合起来。

安吉融媒体中心在县域融媒体中心里面是最全面最深入参与到当地社会治理的，他们在运营城市，也只有这样他们才能在 2022 年拿到 4.87 亿元的营收。我也是从他们这里发现了方向：未来媒体运营的不是媒体，运营的是城市！在运营城市过程中，主流媒体有多大的功能空间和市场空间？我个人的推测，如果我们各地的主流媒体充分运营了城市，至少可以拿到这个城市 1% 的 GDP，我相信我们的主流媒体有这样的潜力。因此，我认为，主流媒体通过"媒体+"向平台发展的前景是非常广阔的。

我给他们3家提一个共同的问题：我们用大数据来干什么？服务群众、服务政府是我们必须要做的，但是还有一个方面，就是我们如何利用大数据来提升媒体的发现力。从媒体的本质功能上讲，大数据能够带给我们的，关键是如何提升媒体自身的发现力。发现社会的变化，传统媒体是"望闻问切"式的老办法。今天我们靠什么？我认为就是要通过社会感知系统，掌握全社会的大数据，在这个过程中，通过分析大数据来发现社会各种变动，作出判断。这才是媒体运用大数据来提升和加强自身能力的重要方向。

刚才作出分享的几位嘉宾在"媒体+"实践的多个方面都有代表性，但是如何更全面地应用大数据，提升媒体自身的能力，我个人认为还有很多工作可以做。我最近思考主要有两个问题，第一，互联网传播中什么是媒体？答案是媒体就是平台，没有连接力的媒体就只是一个内容供应商，这不是媒体。媒体一定是"渠道运营商+内容供应商"。因此，互联网中的媒体必然是平台，平台一定是各种功能的聚合，就是一个平台经营着多边交互的空间，新闻信息的采集和发布，是这个平台上的核心功能，这才是今天的媒体。所以说，媒体融合就是传统主流媒体的互联网化。总之，没有"媒体+"就没有基于互联网连接的新媒体。

第二，关于未来媒体融合中技术开发应用的方向，我认为还是习近平总书记指出的，"以互联网为核心的现代信息技术"，要把它用好用足。从习近平总书记提出媒体融合的重要论述，到现在有10年了。我们尝试了各种技术应用，其中有些不成功，浪费了很多钱，究其原因，就是因为这些技术应用，与互联网没有关系。如果不能把网上的信息充分导入和聚合，例如"中央厨房"也很难取得实质性的效果。ChatGPT和"中央厨房"的最大不同，就是前者可以在网上提供其丰富的信息聚合和分析能力，并通过互联网上海量的连接和互动继续提升自己的能力，所以前者会成为用户入口，而"中央厨房"不会。因此我们做内容一定要依托以互联网为核心的现代信息技术，以现代信息技术提高信息生产的能力和效率，以互联网连接通过互动来扩大用户规模，提升用户黏性，达到更好的传播效果。

# "融服务　新价值"媒体＋圆桌论坛

- **主持人：曾祥敏**　中国记协新媒体专业委员会专家组组长、中国传媒大学电视学院党委书记
- **嘉　宾：王立强**　陕西广电网络传媒集团党委书记、董事长
  - **潘全心**　北京广播电视台融媒体中心主任、北京新媒体集团、北京时间总经理
  - **王克新**　福建三明市委宣传部副部长，三明市融媒体中心党组书记、主任
  - **王　敏**　江苏江阴市融媒体中心（传媒集团）党委书记、主任、董事长
  - **姚建平**　万达信息市民云中心副总裁
  - **邹　力**　东软集团文化传媒事业总监

　　**曾祥敏：**此次"媒体＋"论坛，我们邀请了省级、地市级、县级媒体负责人，还邀请到在信息技术合作方面的两位专家。刚才有很多专家介绍了什么是"媒体＋"，什么是"新闻＋"，本次圆桌论坛我们从一些具体的问题着手。首先想请问4位来自媒体的嘉宾，"媒体＋"应该怎么"＋"，怎么融，融服务怎么融，请4位嘉宾谈谈自己的体会，以及本单位在这方面的特色。

**王立强**：媒体融合已经推进 10 年，陕西省形成了媒体融合的特色，尤其是"媒体 + 方面"。一是"媒体 + 互联网数字化最新技术"，形成了"陕西一朵云一张网"，目前接入了 107 个县区、6 个地市，还有 4 个地市到 2023 年年底也将接入，省级主流媒体也将全部接入。我们的媒体是以行政区域为单位成立的，陕西省实行集约化互联网模式，为媒体融合创造了基础条件。二是"媒体 + 运营"，提升了基层市县媒体的能力。一方面我们创建了云稿库，方便大家共享；另一方面平台和中央主流媒体平台全部打通，实现中央、省、市、县媒体融合联动的格局。同时把 AI 人工智能试点引入平台，为全省媒体融合赋能。三是"媒体 + 数据共享"。通过深入调研发现，70% 的政务服务数据和办事的决策权在省里，15% 在中央，15% 在市县。我们加强顶层设计，把 30 多项高频次的民生服务中的政务服务赋能所有媒体平台上，实现"媒体 + 政务"。同时把全省平台和新时代文明实践中心平台进行融合，覆盖 30 个县。下一步社会工作部负责与志愿者队伍的互动，这是将来媒体融合参与社会治理的新机遇。四是把 37 个县的数字社区、数字乡村的数据全部与媒体共享，为"媒体 +"提供了公共支撑的服务。

**曾祥敏**：你们确实通过自己的调研找到了路径。接下来请潘全心主任谈谈对这个问题的理解。

**潘全心**：今天的主题是"融服务　新价值"，刚才主持人和各位嘉宾都有一个问题，"媒体 +"，"+"什么、为什么要"媒体 +"，"+"是什么意思？通过这几年实践发现"媒体 +"，这个"+"是要找到主流媒体连接用户、连接行业、连接社会资源的渠道和链路。媒体融合就是互联网化，要做平台，做平台最大的特点要连接用户，没有连接通路，媒体融合的渠道是会缺失的。这几年"北京时间"作为北京广播电视台打造的融媒体平台，是北京首个融媒体平台，我们通过"新闻 + 服务"和"互联网 + 产业"双轮核心驱动推动媒体深度融合。无论主流媒体、商业传播平台，大家都在探讨哪个媒体或平台能够复制，我们能够复制芒果

TV、安吉吗？没有一个经验是可以"拿来主义"，要根据总体的任务和目标。首先是主责主业，作为主流媒体要发挥喉舌作用，形成主流媒体的传播力和内容力。在互联网时代，如何让内容得到更好的传播，我们要用新媒体方式和手段，使主流声音传得更广，这种连接方式就是服务。

广电媒体主要收入来源在大屏，如何认识小屏资源，如何进行大小屏融合，我们着重在3个方面挖掘广电媒体在深度融合方面的能力。一是"广电品质＋互联网"的技术和运营，广电品质意味着高品质，把广电的能力和互联网运营技术结合起来。我们打造"时间小妮"数字人的时候，获得了国家广播电视总局举办的第二届广播电视和网络视听人工智能应用创新大赛智能推荐技术应用一等奖。"北京时间"策划制造了北京冬奥会一周年的仪式，很好体现了北京广电的能力，我们集结了最好的导演、灯光、舞美，举办了一台最好的晚会。举办晚会不是最终目的，要让晚会广泛传播，让更多人能够弘扬冬奥迎难而上，追求卓越的精神。我们创作了一首主题歌，叫《那年冬天我们一起走过》，播发当天播放量突破了1000万次。北京广电的制作能力和互联网内容运营能力得到了印证。当我们开始做时就想到了如何二次传播，如何在互联网形成热点。二是广电能像水一样和用户、客户、行业、城市融为一体，做到真正的融合。融媒体中心的核心是发挥平台作用将一个一个产品联合起来，拓展媒体之外的服务能力。我们和北京"12345"技术后台打通了，每天接收5万多条热线，一键转发后通过"北京时间"，赋能北京青年报，我们"媒体＋"的能力拓展了行业和用户的能力。三是对党忠诚，群众信赖。我们在党和政府群众之间，形成了强连接、强信任，这是很好的连接用户的方式和链路，是可持续发展整合资源的能力。我们既要完成媒体的主责主业，围绕中心服务大局，同时也要有可持续发展的造血能力。这3个优势有助于我们一起打造有社会影响力和市场竞争力的新型主流媒体。

**曾祥敏：**潘全心主任认识到广电媒体主流媒体的特色，下面有请三明市委宣传部王克新部长，谈一谈我们在融服务当中有什么体会。

**王克新**：三明市融媒体中心是 2019 年 8 月福建省挂牌的第一家融媒体中心，整合三明日报、三明广播电视台、三明网 3 家单位。融合 3 年多来，在"新闻+"的过程中，我们认为，要把"新闻+"做大做强，首先要打造一个客户端。这几年我们打造的三明客户端，全市常住人口 248 万，现在三明客户端注册用户达到了总人口的 70%，客户端和群众关系密切，这个过程中媒体主要发挥 4 个方面的作用。一是把三明客户端打造为新闻首发的资讯和平台，打造为全天候的发布平台，市民可以在三明客户端上获取所有三明市委、市政府的讯息。二是在服务上跟有关部门合作，全市市县的有关服务，包括医疗、民生、城市运营、入学、城市医保、公积金和民生有关的都可以在网上办理，让大家平时在网上办事像网购一样方便。三是为市民参与城市经营、民生互动提供平台。在客户端上开设了易督察、随手拍，让群众参与城市管理、城市监督，随手拍拍上去以后，有专门部门 24 小时受理服务，满意率达 99%。四是增加黏性，提供大量的新闻素材，让新闻业务、新闻宣传，更接地气，更有温度。这几年，与市县有关部门开展新闻运营合作，为 20 多个部门提供打包服务创收，每年经营收入递增超过 17%，群众获得感不断增强。在"新闻+"过程中，前途无限，在路上还有广阔空间。

**曾祥敏**：谢谢王克新部长，作为媒体实际管理者和实际操盘手，王克新部长在"媒体+"方面非常有说服力，刚才一些具体案例也说明了三明市的方向。下面请江阴市的王敏书记谈谈自己的体会。

**王敏**：非常荣幸参加"媒体+"论坛，"媒体+"的"+"是什么含义，很多人认为是融合，我认为是连接。好的媒体本质上是好的社会信息系统和神经系统，一个好的媒体要连接，不仅是要连接政务、服务、商务等服务，更应该连接广泛，连接社会各种资源，甚至连接社会各行各业。另外，千百年以来，人类一直是在物质和精神塑造的世界里生存，但是进入新世纪，我们进入的世界是三维世界，是物质世界、数字世界，还有精神世界，我觉得"媒体+"更应该连接新的数字世界。

江阴作为中国最小的传播体系当中的小单元，我们也做了一些实践，简单分享一下。一是利用第三方平台进入互联网。县域媒体首先是要用好第三方平台，很多县域媒体没有能力做自己的客户端来刚性地连接互联网端口，那就要做好第三方平台。这方面我们全面转型转场，我们新媒体指数，包括公众号、视频号等一直在全国同级榜单中长期占据第一的位置。通过第三方平台，让主流的声音传得更开，提高了传播力和影响力，这是媒体的使命所在。

二是在自主可控平台方面江阴有自己的优势。虽然是县级市，但拥有强大的经济实力作为后盾，有条件在城市超级客户端上做尝试。我们推行了"最江阴"App 城市超级客户端，目前有效下载量达 290 万次，注册用户 190 万，江阴的常住人口才 178 万，做到人口全覆盖。表现亮眼的是活跃度，我们日活最高达到 80 万，老百姓使用"最江阴"App 的频率非常高，"最江阴"App 一端阅尽天下大事，一端解决百姓实事，已经成为一种共识，深入人心。

在"媒体+"，最终要塑造新的商业生态、商业模式。在媒体经济上，我们抢先布局数字经济的板块，联合江阴 7 家国有企事业单位，成立江阴大数据股份有限公司，我们占 50% 的股份，大家一起合力做这个事情。公司除了要运营"最江阴"App，还拥有独家经营权，江阴市的项目信息化、项目投资、运营都由这家公司负责。我们参与了整个智慧城市的建设，这家公司起步即冲刺，2022 年是第一年，20 多个年轻人，产值达到了 1 亿元，2023 年预计达到 1.8 亿元。在数字经济带领下，传媒产业在积极打破行业框架，走向媒体融合，整个传媒集团的营收在 2022 年达到 2.6 亿元，基本上实现了在经济下行情况下翻一番的目标。所有经济成果都是为了赋能新闻宣传事业，希望接下来继续把经营工作做好，壮大主流舆论阵地。

**曾祥敏：** 谢谢王敏书记，刚才大量的数据，既有自己方向性的思考，也有路径。媒体融合就是一把手工程，希望更多的媒体有更多有思路、有做法的一把手亲自抓媒体的转型。

刚才 4 位嘉宾，从不同的角度谈到对"媒体 +"的理解，关键是具体的做法。全媒体的顶层设计已经铺设，接下来需要更多的模式、路径和方法，刚才 4 位嘉宾也提供了多元的路径。有很多嘉宾提到了媒体融合不是新闻单位一家的事，要发挥社会资源的能力，同时也提到媒体转型要成为平台型的媒体，这种媒体离不开大数据支撑，我们今天有两位，首先是万达信息市民云中心副总裁姚建平。

**姚建平：**作为"我的长沙"App 背后的技术企业，分享一下成立万达信息服务品牌的建设。万达信息是从软件研究所转制过来，目前已成立 28 年，创业板上市 10 多年，我们为政府客户提供各种 IT 服务。融媒融了 10 年，10 年前智慧城市发展到"互联网 +"模式，我们研究了城市服务平台产品，主要侧重于怎么为老百姓提供城市服务，所以叫市民云。现在发展到了 30 个城市，每个城市有自己的一朵"云"，是以长沙市委、市政府前期的"互联网 +"工程为基础，打通 30 个到 40 个政府部门，向公众提供上百项城市公共服务。在一个城市里面，通过一个 App 一个账号，能够畅享城市各项服务。这 30 个云里面的注册用户超过了 1.5 亿，上海、海口、成都、长沙等城市云的活跃度在 20% 以上。从 2019 年开始，在长沙市政府指导下，万达信息联合长沙广电开始新的模式，"媒体 + 服务"的模式开启了"我的长沙"App 模式，以长沙数字融媒的生产平台加万达信息服务平台，以及数据中心平台，共同打造数字融媒体的平台，提供城市服务、媒体服务以及社会治理，同时服务商业化来支持发展。

如何进行更好的服务，有 3 个体会：一是以人为本，用户量里，大部分是实名制用户。首先以百姓需求出发，我们紧靠市委、市政府，以人民为中心，为了百姓需求，市民需要什么我们就提供什么，市民有什么痛点，我们就攻克相关的难点。二是数据驱动，融服务提供的时候，特别是以数据为基础，以数据的共享、互联互通为基础，不断激发数据活力，进一步找到数据融合的价值。比如"我的长沙"App 打造"出生一件事"服务专区，一个小孩出生父母要办很多事，以往是跑很多部门办这些事，然后就打造了"出生一件事"，可以办理出生证明、落户、登记、参保等。三是畅销运营，不仅是开发商建这个平台，而是联合当地企业共同成立运营实体，运营好这个平台。上线一个服务很容易，难能可贵的是，一直持续做好这个服务，不断迭代、不断打磨、不断运营，把这个服务从基本能用到好用爱用，这样客户就能长久留下来。

**曾祥敏：** 请东软集团邹力总监简要地分享一下。

**邹力：** 各位嘉宾下午好，我是东软集团的邹力，主要的业务方向包含政府、金融、企业、传媒等各行各业的类型，我们也有"媒体＋"的形态，具体有两点体会，一是建好"媒体＋"要深挖民情民意，解决百姓实际的困难。我们媒体机构可以搭建网络问政、新闻爆料、线索升级等板块，有效地解决百姓的民意无处表达的问题。通过这种长效的解决问题机制，才能保证所有的服务能够为百姓办实事的效率提升更高。二是提供个性化、精准化的服务，搭建便民的平台。比如广州市融媒体平台，广州日报一直着力打造"社区＋服务"的模式，启动过百名记者进行采访，渗透了广州 140 万社区和 400 万人口，推动专属服务，在整个平台上有求医问诊的需求，在评测板块有购买房子车子的评测结果，还有跑腿、家政等服务，构建了市、区、街三级服务体系，真正将便民服务送到市民身边，起到了助力社会治理的作用。

**曾祥敏：** 我们的圆桌论坛主题是"融服务　新价值"，融要融出特色，融出价值，融出效能。主流媒体最主要是塑造主流新格局，我们不是什么都融，什么赚钱融什么，今天的论坛"媒体＋"，已经在"新闻＋"的基础上，有一个大的范围，我们最终要认识到主业是主流舆论引导和价值引领，坚持这样的基础是我们做好"新闻＋"和"媒体＋"是我们的优势所在。

# 2023中国新媒体大会

CHINA NEW MEDIA CONFERENCE

| 省级融媒创新论坛 |

▶▶

# 深融致远，"拾"级而上

**刘思扬**

2023 年是全面贯彻落实党的二十大精神的开局之年，也恰逢习近平总书记作出加快媒体融合发展重要指示 10 周年。今天我们因"媒"而来、因"融"而聚，共商媒体融合发展大计，共话省级媒体高质量发展未来。

党的十八大以来，以习近平同志为核心的党中央深刻洞察时代发展大势和信息革命趋势，科学分析新闻舆论工作面临的形势挑战，系统阐释媒体融合发展一系列重大理论和实践问题，为我们推进媒体深度融合、建设新型主流媒体、做大做强主流舆论提供了根本遵循，指明了前进方向，新闻舆论工作气象为之一新，主流思想舆论更加积极向上。

10年来，在中央顶层设计有力指导推动下，中央和省级主流媒体举全媒之力、谋融合创新，走出一条高质量发展之路，取得一系列丰硕成果。主力军全面挺进主战场，一批内容生产能力强、技术引领能力强、舆论引导能力强的新型主流媒体迅速成长。优质内容产能不断扩大，大批融媒产品"破圈"传播，围绕中心服务大局水平显著提升。全媒体传播体系加快构建，央、省、市、县四级媒体架构长足发展，主流媒体和商业传播平台互促互补。信息技术与民生服务相融合，拓宽服务民众、反映民情、通达民意新渠道。体制机制改革取得新突破，组织架构更加协同高效，媒体运营更加具有活力。人才队伍建设成效显著，脚力、眼力、脑力、笔力显著增强，人才活力大幅激发。国际传播能力进一步加强，话语体系不断创新，中国故事、中国声音、中华文明广泛传播。

当前，世界百年未有之大变局加速演进，改革发展任务艰巨繁重，主流媒体作为新闻信息的报道者、思想价值的引领者、公平正义的守望者，要更加坚定自觉地用党的创新理论武装头脑、指导实践、推动工作，这是宣传思想工作面临的重大课题和紧迫任务。

媒体融合趋势犹如湘江之水奔流不止、奔腾向前，省级主流媒体既面临难得历史机遇，也面临严峻风险考验。百舸争流，奋楫者先，我们当深融致远，"拾"级而上，不断开创媒体融合新局面。

深融致远，"拾"级而上，要求我们始终坚持以内容建设为根本，不断扩大主流价值影响力版图。融合发展给媒体带来了前所未有的变革和挑战，但无论生产模式、产品样式、传播手段如何变化，内容始终是最核心竞争力，内容建设始终是主流媒体建设之本，依托优质内容形成的传播优势始终是主流媒体最大优势。我们要保持定力、坚定信心，牢牢把握正确政治方向、舆论导向、价值取向，坚持内容为王，突出思想引领，着力用先进技术提升内容品质，创新产品形态，改善受众体验，坚定宣传科学理论、弘扬先进文化、传播主流价值，打造更多有思想、有温度、接地气、聚人气的全媒体产品，让党的声音传得更开、传得更广、传得更深入，让正能量更强劲、主旋律更高昂，以内容优势赢得发展优势，不断增强主流媒体传播力、引导力、影响力、公信力。

深融致远，"拾"级而上，要求我们始终坚持以技术建设为支撑，走好融媒高质量发展之路。融合发展作为媒体领域的一场自我革命，技术是关键性因素和重要推动力。当前互联网格局加速演变，以生成式人工智能、语言大模型等为代表的内容生产技术，以 5G 等为代表的信息传播技术，以混合现实（MR）、元宇宙等为代表的人机交互技术迅速发展，必将深刻改变新闻信息内容的生态、网络舆论空间的语态、用户"触网"交互的惯态。我们要把技术建设摆在更加突出的战略位置，紧跟信息化发展新趋势，紧盯技术发展最前沿，力争在关键核心技术自主创新方面取得更多突破，努力实现从"跟跑"向"领跑"的跃升，以技术更新业态，以技术丰富表现，以技术促进融合，不断抢占技术新高地、打造传播新优势、开拓辐射新版图。

深融致远，"拾"级而上，要求我们始终坚持以创新管理为保障，坚持省媒融合的长期主义。融合发展是一场前所未有的深刻变革，其深刻性就在于它不是表面的、局部的改良，而是从内容产品、组织架构到保障措施的全方位变革。要打通生产传播全流程、全链条，实现全方位融合融通，关键在于深化体制机制改革，推动由以增量业务创新为主向存量增量业务一体融合、一体创新转变。我们要着力探索推动内部管理体制机制改革，再造策划、采编、播发、反馈全流程，优化组织架构，整合资源配置，建设全媒体人才队伍，推动实现全媒体生产和传播。着力探索推进"新闻＋"运营模式，聚合本地资源，建好终端平台，强化服务功能，增强用户黏性，更好把社会思想文化资源转化为主流思想舆论传播的有效载体，充分发挥主流媒体作为治理能力现代化推动力量的重要作用。着力探索推动省市县一体化传播体系，找准融合路径模式，打通平台技术壁垒，全力做好带动者、连接者和助推者。着力探索构建专业化垂直化新媒体集群，突出区域性特色，发挥区域性优势，打造区域性平台，开展差异化运营，实现精准传播和有效传播。

中国记协作为党领导的全国新闻界的人民团体，承担着助力推动媒体融合发展、巩固壮大主流思想舆论的重要使命，我们愿与各方同心协力、共谋良策。希望通过本次论坛的举办，开创新之局、发变革之声、强融合之势、聚发展之力，以高质量融合实现高质量传播，以高质量传播助推高质量发展。

*（作者为中国记协党组书记、副主席）*

# 应势而动，全力打造媒体融合
# 发展的"湖南样板"

**秦国文**

以习近平同志为核心的党中央深刻把握时代发展大势和全媒体发展规律，作出推动媒体融合发展的重大决策部署。2023 年是媒体融合发展上升为国家战略的第 10 年，扎实推进媒体深度融合，被首次写入政府工作报告，媒体融合发展已是大势所趋。面对舆论生态、媒体格局、传播方式发生的深刻变化，湖南省因势而谋、应势而动、顺势而为，全力打造媒体融合发展的湖南样板。

自始至终，我们坚守初心，举步踏歌，让主流体制更亮。党的二十大指出，加强全媒体传播体系建设，塑造主流舆论新格局，湖南广电、湖南日报、湖南出版等媒体湘军始终坚守主流舆论阵地，用镜头和笔触，讲述时代档案的动人故事和三湘儿女的家国情怀，在媒体融合赋能高质量发展的答卷上留下了浓墨重彩的湖南印记。第 32 届中国新闻奖，湖南 19 件作品获奖，总数位居全国前列。潇湘大地上融媒体主题报道一浪接着一浪，有筋骨、有道德、有温度的作品一批接着一批，承载着一个时代的主流价值，让党心、民心交融激荡，让正能量更加强劲，主旋律更加高昂。

这 10 年，我们勇于探索、开拓创新，让发展动力更足。十年融合，探索不止，湖南将创新基因融入血脉，通过创新实践，激活了媒体融合发展的一棵春笋。湖南广电超前利用互联网思维，探索出了传统广电建设主流媒体融合新生态，旗下芒果 TV 是广电系统内用户规模最大的新媒体平台，湖南卫视融合创新获评全国广播电视媒体融合典型案例。我们全面打造新型主流媒体，从单打独斗，到一体作战，从"1+1"，到融为一体，合二为一。既磨砺"俯身笔耕"的老本领，也掌握"云端漫步"的新本事，走出了一条媒体融合发展新路径，为加快中国式现代化新湖南建设提供了强大精神力量。

未来，我们同心志远，向心而行，让融合动能更强。立足新起点，面向新征程，湖南省将充分利用马栏山视频文创数字媒体实验室，加强大数据汇聚和创新应用，系统推进全媒体传播体系建设，加速打造具有全球影响力的数字视频产业链基地和媒体融合新地标。与此同时，希望大家与我们携手共进，共同打造省级融媒协作圈，以系统、协同，构筑全媒体传播生态体系。通过强化全方位、深层次、多形式的跨越协作机制，进一步创新内容生产链条，推动媒体深度融合，实现资源共享和优势互补，形成整体联动、差异发展、协同高效的媒体融合发展新格局。

勇立潮头逐浪高、芙蓉带领新时代，我们将坚定不移地沿着习近平总书记指引的方向，勇毅前行，在持续奋斗中书写优异答卷，为推动媒体融合向纵深发展贡献更大的湖南力量。

（作者为湖南省人民政府党组成员、副省长）

# 以"首善标准"破解"北京时间"的生成密码

**余俊生**

　　党的十八大以来，党中央高度重视媒体融合发展工作，习近平总书记在党的二十大报告中进一步强调要"加强全媒体传播体系建设，塑造主流舆论新格局"。北京广播电视台深入贯彻落实党中央决策部署，坚持以"首善标准"加快建设首都新型主流媒体，在构建全媒体传播体系的省级媒体方阵中奋力走在前列、努力当好表率。其中，"北京时间"作为北京广播电视台的自有新媒体平台、北京首个市级融媒体平台，充分发挥首都主流媒体独有优势，以内容为传播筑基、以科技为生产赋能、以服务为经营扩容，逐步探索生成了"三大密码"。

## 一、以优质内容构筑流量高地

在新的传播环境下，流量是一种稀缺资源，比流量更为稀缺的是能够吸引用户、服务用户、引导用户的优质内容。把正能量和大流量结合起来，是主流媒体的使命所在、职责所在。我们始终认为，只要优质内容在、核心受众在，就一切皆可为。我们积极整合资源，强化大小屏联动，设立融合专项资金，将奖励直接发放到团队和个人，有效推动主力军全面挺进主战场。两年间，大屏端向"北京时间"供稿量环比提升了56%，稿件访问量增长了3.6倍。我们持续增强内容供给的精准性、契合度，聚焦建党百年、北京冬奥会、党的二十大等重大主题，在首页首屏开设《奋斗百年路　启航新征程》《奋进新征程　建功新时代》等近百个专题专栏，多个话题阅读量破亿，有效扩大了主流舆论声量。我们以智能互联时代用户需求为导向，重点打造"时间"系列品牌IP，"时间直播"累计直播超7200场次，全网观看量近11亿次，粉丝量近3000万；"时间视频"平台流量达90亿，矩阵粉丝量超2300万，凸显了主流媒体客户端的影响力和传播力。在优质融媒内容的支持下，"北京时间"客户端下载量较3年前增长了6.2倍，用户黏性实现了有效跃升。

## 二、以先进技术夯实转型底座

作为全国科技创新中心，北京最大的优势就是科技力量雄厚，"北京时间"紧紧抓住这一优势，让先进技术成为首都媒体融合转型的发动机和提速器。我们组建了一支专业技术团队，每年投入近2000万元，服务自有平台建设，确保核心技术牢牢掌握在自己手中。我们自主研发的融媒生产发布平台，集合大数据运算、人工智能等先进技术，集成了30多种生产工具，可以实现内容审核、直播拆条、多渠道发布等功能，极大提高了生产发布效率。我们推出的中国首个广播级智能交互真人数字人"时间小妮"，集人工智能、深度学习于一体，深度参与党的二十大和冬奥宣传报道，荣获广电总局虚拟数字人技术应用一等奖等 7 个相关奖项。我们推出的"北京时间接诉即办融合应用"，成功对接北京"12345"市民热线数据平台，以数据智能应用实现双平台分流联动和事项高效办理，有效助力首都城市治理现代化，全网内容播放量过亿，获得中国新闻奖一等奖。目前，"北京时间"独立自主研发核心系统及应用 42 个，拥有发明专利 8 项，取得软件著作权、商标著作权 30 多项，被列入国家级高新技术企业，为媒体融合发展提供了坚实的技术保障。

### 三、以持续创新打开未来空间

创新是北京台的发展基因，是我们永远不变的精神传承。如何让媒体的内容、技术优势与商业模式相互催化，产生创新迭变，实现价值变现，一直是"北京时间"高度重视的战略问题。我们打通政府、媒体和市场间的资源壁垒，通过政务新媒体服务、电子商务、跨界营销等方式开展市场运营，逐步构建起广告、电商、培训、版权、文旅等多元营销体系。我们积极拓展"新闻 +"服务，推出了天安门广场参观预约、法律服务、中医挂号等 80 余项应用和垂类 IP 产品，将用户需求转化为品牌优势，有效提升了市场竞争力。我们打造城市动物智慧服务平台，向用户提供宠物电子身份证、免疫预约、免疫信息查询等网上独家服务，为撬动京城百亿规模宠物市场奠定了基础。我们创新"信息传播 + 公共服务"模式，携手天津"津云"和河北"冀云"，联合多家知名企业共同发起"暖城记"大型融媒活动，为外卖骑手、网约车司机、快递小哥提供暖心公益服务，深度参与城市治理。我们建立了"BRTV 北京时间数字文化产业基地"，与多个行业和头部企业形成联盟协作，向多维业态延伸布局，探索未来经济新蓝海。

为者常成，行者常至。融媒创新既要有时不我待的冲劲，也要有久久为功的韧劲，唯有砥砺深耕，方能行稳致远、结出硕果。未来，北京广播电视台将认真吸收借鉴这次大会的经验成果，积极参与用好"省级融媒协作圈"，以更大力度、更多举措、更强智慧为媒体深度融合探寻新密码，为新型主流媒体发展提供新动能，为文化强国建设、民族复兴伟业书写新篇章！

（作者为中共北京市委宣传部副部长，
北京广播电视台党组书记、台长）

# 10 年奋楫 "深融" 致远

李 芸

　　2023 年是媒体融合作为国家战略整体推进的第 10 年，也是上海报业集团成立 10 周年。10 年奋楫，上报人始终以坚定转型重塑媒体格局，以锐意创新开拓前沿新局，以高质量赢得大流量，让大流量奔腾正能量，主流思想舆论不断巩固壮大，主流媒体集团的竞争力不断提升。

## 一、让主力军挺进主战场，重塑主流媒体新格局

　　上报集团有一支政治可靠、能力过硬、能打善拼的采编队伍，改革之初我们就坚定不移推动主力军挺进主战场，从单一的"纸媒人"转变为"全媒人"，不仅重塑了主流媒体新格局，而且提升了主流舆论在互

联网主战场的引导力影响力。

构筑精品党媒集群。集团旗下历史底蕴厚重的解放日报、文汇报、新民晚报，积极进军网络舆论阵地，突出各自特色。"解放日报·上观新闻"突出"党"字、"文汇报·文汇"App紧扣人文、"新民晚报·新民"App立足为民。做精报纸、做强移动互联传播、坚持价值引领、凸显特色，重大主题报道在舆论场起到"压舱石"作用。

培育强大互联网平台。2014年集团成立不到一年，澎湃新闻、界面财联社应时而生。澎湃新闻关注时政和思想，始终保持高品质内容供给，通过A、B轮融资注入发展动力。目前客户端下载量达2.5亿次，拥有全网第三方平台和分发渠道110余个，每日全网阅读量超过4.5亿次，牢牢站稳互联网第一方阵地位。界面财联社坚持"原创财经资讯和创新金融科技"双轮驱动，构筑"媒体+资讯+数据+服务+交易"五位一体的业务闭环，内容覆盖国内近4000家上市公司及券商、银行和保险公司，成为全国财经资讯提供和金融信息服务的行业龙头。

创新全媒体时代国际传播。集团利用上海日报良好基础，借助澎湃平台优势，先后推出"第六声 Sixthtone"、"CNS"（City News Service）、"IP Shanghai"等多个平台，分别以"诉说'小而美'中国故事""悉心服务在沪境外人士""创新孵化城市美好形象"等高品质、抓人心的产品"破圈""出海"。其中第六声海外社交平台活跃粉丝数逾100万，年覆盖1.2亿人，推动世界对中国社会形成理性认识。

建好主阵地，发展有底气。截至2022年年底，集团各类新媒体形态端口总计332个，稳定覆盖用户数超过9.55亿，努力形成立足上海、辐射全国、影响世界的全媒体传播方阵。

## 二、以高质量赢得大流量，增强主流舆论引导力

媒介形态日新月异，内容为王、价值引领始终不变。上报人以纸

为基、以网为翼，用新闻记录时代，定格下中国共产党百年风华的信仰之路、国之重器的高光时刻、逆行出征的坚毅身影、人民城市的温暖瞬间……涌现了一大批带泥土、沾露珠、冒热气的精品力作，以高质量赢得大流量，让主流成为顶流。

紧扣重大主题，全媒联动推出精品。2022年，解放、文汇、新民三大报全力奏响学习宣传贯彻党的二十大精神的壮阔旋律，推出《百姓话思想》《大家聊巨变》《老外讲故事》等精品力作，总浏览量超过13亿次。澎湃新闻2021年"建党百年初心之路"大型全媒体报道和综合传播项目，走进全国23个省55个城市，全网累计传播超过百亿次。

深耕基层一线，主动发声引导舆论。面对突发事件，及时发声遏制谣言；面对群众反映强烈的出租车管理难点，多方采访，探讨破解之道；面对老公房加装电梯等百姓关切，以媒体视角引导各方换位思考。同时，以接地气的语言表达、融媒产品的呈现，主动发声引导舆论，起到很好的传播效果。

坚持原创驱动，凸显主题凝聚力量。围绕改革发展，以优质的报道内容、丰富的融媒表达，凝聚思想力量。解放日报推出"上海高质量发展观察"系列报道，探究高质量发展的上海路径；文汇报《大家聊创新》系列纪录短片，从多维度呈现科技创新策源能力；新民晚报推出《难题与破局：上海城市更新报告》，关注城市建设将百姓宜居安居放在首位；开展主题教育蹲点调研，推动解决急难愁盼问题，澎湃新闻打造的"大调研"系列，目前全网传播量达5.4亿次。

集团主要媒体每天生产原创报道2500余条，让主流声音充盈网络舆论场。仅2022年，集团各媒体有23件作品获得包括中国新闻奖一等奖在内的全国级奖项。

## 三、以融媒发力创新，提升主流队伍融合力

媒体融合改革的核心在人。上报集团始终注重创新体制机制，营造

灵活多样、包容创新的工作氛围，全方位激发释放队伍活力。

2022 年以来，集团把握移动化、视频化、轻量化趋势，推出三大融媒引导项目：打造"融媒轻骑兵"，鼓励采编队伍拥抱视频新赛道；赋能"融媒工作室"，培育塔尖 IP；开设"融媒云课堂"，加强新技能培训。还打造"融媒创新空间"，为创作者提供视频制作、技术集成等各类服务。

一年多来，提笔能写、对镜能讲、举机能拍的融媒人才队伍不断壮大。不少短视频单篇阅读量超百万次，一批赋能工作室账号增速显著，总粉丝数均超百万，成为百姓喜闻乐见的大流量。2023 年集团再度启动赋能计划，36 个融媒工作室脱颖而出。

激发采编人员创新活力，集团各媒体视频生产能力显著提升。截至 2022 年年底，集团开设第三方平台视频账号共计 182 个，比 2021 年增长翻番，日均生产视频 703 分钟；媒体自有客户端日均生产视频 940 分钟，账号数和日均产能实现双增长。

## 四、以新技术赋能采编，强化主流平台驱动力

ChatGPT 横空出世，开启了新一轮技术创新周期。互联网时代的媒体行业只有紧跟技术发展，探索应用场景，才能占领影响力高地。上报集团强化技术赋能，积极探索利用 AI、大数据、元宇宙等新技术催生新内容，保持上海报业在新赛道竞速中的先发优势。

聚焦新技术多场景应用。推动新技术在智能文案生成、智能审核等应用场景的使用，运用 AI 技术制作短视频，尝试多模态内容合成技术应用。为头部融媒 IP、主流媒体"大 V"量身打造"数字人"，集团多个媒体的数字人亮相世界人工智能大会，AI 数字人播报新闻效果良好。

聚焦"新闻+"技术平台跨界服务。澎湃新闻自主研发"清穹"平台，为第三方提供内容审核全案解决方案。财联社入选首批境内金融信

息服务机构，其"财联社创投通""财联社资管投研标准集"成功在上海数据交易所挂牌，拓展金融与资本市场的服务功能。

聚焦数字科技与内容创新互动发展。集团与行业头部科技企业开展战略合作，将前沿技术在媒体领域落地应用，探索媒体内容产品入驻智能穿戴、智能家居、智能汽车等新型终端，找到接入点发力点。

新时代、新征程，上报集团融合改革又站上了新起点。舆论生态之变、技术之变、话语之变，要求我们继续发扬"踏平坎坷成大道"的闯劲、"咬定青山不放松"的韧劲，努力书写媒体深度融合新篇章，让主流成为顶流，让大流量充盈正能量。

（作者为上海报业集团党委书记、社长）

# 构建主流舆论"深融"新格局

## ——以湖南日报社为例的路径探析

**邹继红**

习近平总书记指出："我们要立足形势发展，坚定不移推动媒体深度融合。"面对挑战和机遇，湖南日报社始终坚持融合创新、改革转型，以"深融"催生内容生产新生态，聚合加速发展新动能、壮大主流舆论新格局。如果说 10 年前，媒体融合是做"选择题"，那么现在就是做"必答题"。

### 一、用好"指挥棒" 构建传播新生态

"深融"时代，传播情境更加多元，媒体必须创新自我话语体系，进

行更加开放的创意生产、传播互动和宣传推广工作。

2021 年，我们启动新一轮媒体深度融合改革，湖南日报与新湖南客户端"融为一体、合而为一"，由中心制变频道制，全媒体编委会全流程指挥调度全社内容生产，逐步构建起"一报两端、一网多号"的全媒体传播体系。

出台全媒体考核考评办法、全媒体稿件评分办法等一系列制度文件。稿件除基本稿分和专家考评分之外，增加传播分考核，"破圈""出海"还有额外奖励，推动采编力量全面向新媒体转型、往新湖南客户端集聚，内容由客户端首发、朝视频化方向发展。新湖南客户端总发稿量、总点击量、视频产量、原创稿件数量等出现几何式增长。目前，新湖南客户端累计下载量突破 6500 万次，报社媒体覆盖总用户超过 1 亿。

做大做强"湘视频""犇视频"品牌，不断探索沉浸式、互动式、社交化产品新形态，出现了一大批十万＋、百万＋、千万＋的视频产品。"湘视频"组建拍客团队，倾力打造《目击者》栏目，日发稿量已达 3000 条，成为湖南地区原创视频的集源地和分发地。"犇视频"推出近 20 个视频专栏，打造 10 多个"网红 IP"，形成了在第三方平台上短视频传播涨粉的新业态。

组建品牌推广中心，加强与抖音、快手、腾讯、B 站等第三方平台合作，加快从单终端、单形态、单走向的传播向多终端渠道、多形态展示、多互动反馈的全媒体传播转变。2023 年，我们首次组织 3 批 12 名记者奔赴非洲 6 国采访，推出《出海记·走进非洲》融媒报道，海内外超过 30 家主流媒体新媒体平台全程转发，全网阅读量超过 10 亿次。网友们评价我们办报纸的也开始办电视了。这期间，我们策划推出《袁隆平老师，我们来迟了》多语种融媒报道，被外交部新闻发言人在海外社交平台推介，全网点击量超 1 亿次。

## 二、注入"催化剂" 催生发展新动能

"新闻+",就是我们深度融合的催化剂,催生发展新动能。

深化"新闻+政务"。我们代运维的湖南省政府门户网站,连续两年在国务院组织的政府网站评估中位居全国第三。我们推动新湖南客户端连通省政府"湘易办"App,与省直厅局、县市区政府深度合作,让群众办事更快捷。量身打造了政法工作室、教育工作室、智库工作室等一批融媒工作室,打破部门分隔限制,有效推动融媒集群发展。

做实"新闻+服务"。新湖南客户端进一步实践"优质内容+刚需服务"的创新突破,上线政务、教育、生活、交通等领域45个服务功能,同时在首页频道规划服务组件,为用户提供"资讯+服务"组合的快捷入口。例如,我们推出的"大卫控糖",利用抖音、小红书等多个新媒体平台,为糖尿病患者及减脂控糖人群提供实用健康生活知识,受到很多人的欢迎。我们策划推出的"最美家乡推荐官"活动,引导用户自主投稿,利用榜单提升热度,吸引景区商家让利,助推文旅产业发展。

推进"新闻+商务"。以搭建中台、电商和品牌IP为方向,探索实施鼓励创新的融媒孵化机制,为推进"深融"挖掘全新动能。我们启动实施"新星计划""探云计划""登峰计划"三大计划,赋能报社媒体深度融合发展。"新星计划"每年拿出500万元,为一批年轻的记者提供资金、技术、平台支持,打造一批全新个人IP、垂直账号,增强影响力变现力。"探云计划"每年拿出100万元,扶持各重点第三方传播平台做大做强,提升融合传播力指数。"登峰计划"通过学用结合、学以致用,分级分类开展采编人员教育培训,适应高质量发展需要。通过"三大计划",我们记者为开发新媒体账号营造了更加积极有效的氛围。

跨界资源开发,要素系统协同。如今,新湖南客户端已迭代升级为真正意义上的"新闻+政务服务商务"综合性平台。报社新媒体收入连

续两年保持 30% 以上的增长。

## 三、装上"加速器" 升级打造新智媒

智媒时代，谁掌握了技术并充分运用，谁就能在激烈的竞争中脱颖而出。

始终选择走自主可控的技术支撑路径。组建名列省级媒体第一方阵、由 100 多人组成的互联网技术团队，自主解决新湖南客户端、华声在线网站、"新湖南云"省级技术平台所有技术问题。

全面布局智媒中台建设。通过建设 AI 中台、智能媒资系统，探索符合报社实际需要的全媒体智能化、数据化解决方案，构建智媒发展"加速器"。

AI 创作与虚拟数字人项目有了新成果。我们推出虚拟数字主播"小胡""小楠"，包括 AI 访谈在内的全国两会报道，全网总点击量达 8.2 亿次。

我们与国防科技大学共建"媒体融合内容感知与安全"湖南省重点实验室，研发的多媒体自动化检测平台不但可以检测文字、图片，还能检测视频，相关技术在国内处于领先地位。

以技术为支撑，加快"跨界""破圈"。"新湖南云"省级技术平台已开发完成 37 大功能模块、近 200 项功能点。依托这一平台，湖南日报社已为全省 72 个县级融媒体中心和 130 多个机关、企业、园区、高校融媒体平台提供技术和内容支撑。

媒体"深融"赛段，湖南日报社将始终坚持守正创新，不断创新理念、内容、体裁、形式、方法、手段、业态、体制、机制，走出融合发展新路子，建设全媒体传播体系，塑造主流舆论新格局。

*（作者为湖南日报社党组副书记、总编辑）*

# "四新"赋能 "四力"提升
# 巩固壮大奋进新时代的主流思想舆论

王 彬

　　推动媒体融合发展、建设全媒体成为我们面临的一项紧迫课题。融合 10 年，笃行致远，面对全媒体建设的新要求、新挑战，我们紧扣新形势下宣传思想工作使命任务，按照"主流新表达、传播新矩阵、垂直新生态、发展新格局"发展思路，加快构建全媒体传播体系，塑造主流媒体发展新格局，巩固壮大奋进新时代的主流思想舆论。

## 一、以"主流新表达"提升内容品质，扩大主流媒体传播力影响力

将主题宣传的权威性、严肃性和表达方式的时尚性、创新性结合起来，以"轻量化"传播、"浅语式"表达和"浸润式"影响，在春风化雨、润物无声之间传递主流价值。2023年以来全网置顶作品27个，再创历史新高。

一是持续深化"头条工程"。通过"现场"阐释"思想"，循着"足迹"体会"深意"，重温"嘱托"谋划"发展"，推出《江河湖北 澎湃中国》《最坚实的领航 最坚强的成长》等新媒体产品，推出《习语暖荆楚 奋进先行区》《听，总书记的话》等系列报道，充分展现大党大国领袖的光辉形象和深厚的为民情怀。

二是创新理论传播工程。2022年，我们推出大型理论节目《改变中国的真理力量》（第一季），全网传播量达4.5亿次，被中宣部点名表扬。2023年正在全新升级打造首档沉浸互动式理论节目《改变中国的真理力量》第二季。创新推出《是这个理》系列理论节目，推动党的创新理论"飞入寻常百姓家"。

三是实施国际传播工程。组建国际传播中心，实施"新时代新湖北"国际形象传播工程。2023年以来，双语短片《端午·龙舟》经"Open Hubei"海外账号矩阵发布后，被"Xi's Moments"脸谱账号转发；《老人与江豚》等多个产品被80多个国家和地区的582家媒体和社交账号转发，被美联社、路透社等西方主流媒体转载，海外阅读量6.5亿次。《江豚又回来了》被联合国官网头条刊发、全矩阵账号推广。

## 二、以"传播新矩阵"构建全媒体传播体系，巩固壮大主流思想舆论阵地

近年来，我们全力构建以自主可控的长江云平台为核心、以频道频率为支撑、省市县三级媒体联动、大小屏联通和云、网、端一体化智能协同的全媒体传播体系，不断扩大主流价值影响力版图。2022 央视索福瑞数据显示，湖北台新闻融合传播指数位居全国第三，短视频传播指数位居全国第二。在 2023 年上半年榜单中，我们的新闻融合传播指数位列第二，又前进了一步。

一方面，在传统矩阵上做减法。近年来，我们大力推进减频道、减机构"双减行动"，广播电视频道由 21 套精简至 15 套，频道机构从 21 家精简为 10 家，推动主力军全面挺进主阵地。

另一方面，在新型矩阵上做加法。强化移动属性、视频特色，大力推进长江云新闻客户端焕新升级，长江云新闻进入全国广电新媒体矩阵排名前三。目前，长江云平台联通省市县三级 122 个云上系列客户端，用户规模突破 5000 万。精心打造互联网传播矩阵，全台全网粉丝总量达 2.8 亿。

## 三、以"垂直新生态"强化服务供给，在长江云上再造一个湖北广电

2014 年，湖北台以"新闻＋政务＋服务"为定位，建立了全国首个移动政务融媒体平台——长江云，成为全国县级融媒体中心建设的范本。为适应媒体融合发展新趋势，我们以互联网思维优化内容供给，推动所有频道频率成为长江云垂直频道和长江号的编辑部，把全台所有新媒体账号纳入长江云品牌朋友圈。我们以"（新闻＋政务）× 服务"为定位，

变相加为相乘，以服务为主线，在广电新生态、用户新连接、政务新服务上寻求突破，努力"在长江云上再造一个湖北广电"。

一是打造老百姓指尖上的"办事窗口"，强化媒体服务功能。全省2220个政务部门入驻长江云"政务大厅"，我们将9大类64项高频便民服务项目，接入全省122个云上系列客户端，方便用户、服务群众。

二是自主研发新时代文明实践平台，强化媒体参与社会治理功能。目前，平台已入驻省内外68个市县、志愿组织3万多个、志愿者300多万，发布活动30多万次，服务时长1100多万小时。

三是一键部署"云上问政"平台，强化媒体监督功能。老百姓可通过87家长江云系列客户端"问政"频道，提交诉求，实现全天候"一键问政"，平台每天可接收问政信息1000多条。我们将这些信息形成内参，服务省委、省政府决策，有效解决了一大批老百姓急难愁盼的问题。

四是推出"社科＋智库"融合平台，强化媒体智库功能。湖北社科信息服务平台，汇集11700位社科专家科研成果30万篇、中国特色社会主义理论体系等经典文献著作243部，受到有关部门充分肯定。

## 四、以"发展新格局"打造基础底座，构筑主流媒体未来生态

当前，宣传思想工作面临一系列新形势新任务新要求。我们将坚定不移贯彻落实中央关于媒体深度融合的决策部署，大力实施"1234"战略，大力构建未来广电大宣传格局、大视听格局、大产业格局，在奋进新时代伟大征程上努力建设具有强大传播力影响力的新型主流媒体。我们正在大力推进以下几项工作。

一是整体搬迁入驻广电传媒基地。从2023年7月19日到2023年年底，我们将整体搬迁入驻广电传媒基地。这次搬迁，不仅仅是办公地点的改变，更是湖北广电人迈向媒体深度融合的全新出发。未来，随着广电技术的迭代升级，传统广电的生产关系、组织架构和体制机制必将迎

来深刻变革、深度调整。

二是在新基地大力打造未来广电数字化底座。以"全台一云"技术路线，设计制定了"大基座、大制作、大播出、大总控、大媒资、大安全"的整体技术框架。建成后，将实现一体化资源配置、全流程智能协同、多媒体内容汇聚、共平台内容生产、多工具精准服务、多渠道内容分发，我们的内容生产将真正实现 IP 化、云化、融化。

三是大力推进资产资本化证券化。加速推进长江云新媒体集团 IPO 上市，打造"湖北广电"和"长江云"两大上市平台，围绕"产业＋资本"双轮驱动的战略路径，快速发展壮大广电产业体系。

四是持续加强机制配套改革。推进传统广播电视事业部、频道类公司化管理，深化揭榜挂帅制、工作室制改革等一系列改革，重塑架构、激发活力，打基础、利长远，奋力谱写湖北台高质量发展的新篇章！

［作者为湖北广播电视台（集团）党委书记、台长、董事长］

# 向"智"！向"新"！向"融"！

## ——打造"龙头 +"构建融媒传播新生态

**张春姣**

　　黑龙江日报报业集团在构建新型主流媒体建设进程中，坚持守正创新，促进融合发展，通过平台管理智能化、传播体系立体化、媒体合作联动化这"三化"融媒改革举措，打造"龙头"阵地，构建"龙头 +"融媒传播新生态。

　　黑龙江日报报业集团龙头新闻客户端于 2021 年 1 月上线，完全实行市场化运行，一年下载量 1000 万次，两年下载量突破 2100 万次，成为东北地区移动传播旗舰。2022 年 9 月，黑龙江日报报业集团的改革做法被中宣部确定为"全国新时代文化改革发展"典型案例；2023 年 6 月，"龙头 +"新型传播矩阵入选中国报业深度融合发展"全媒体传播体系"类别创新案例。

## 一、数字化赋能，向"智"

龙头新闻上线伊始，即被定位为集团融合发展的全新主阵地、主渠道、主战舰，坚持数字化赋能，实现平台管理的智能化，以此全面构建"龙头+"融媒传播新生态，开启黑龙江日报报业集团智能化发展的新时代。

我们与北大方正合作，采用超融合采编系统，实现"策、采、编、发、馈"采编全流程智能化。

我们与人民网合作，面向"5G+AIoT"构建智媒聚合分发平台，筛选优质内容并通过多渠道平台进行分发，传播实现立体化。该应用案例入选"2022年中国报业媒体融合'用得好'案例库名录"。

我们与清华大学合作，建设黑龙江融媒体元宇宙实验室，在元宇宙技术媒体应用领域展开深度合作，龙头新闻虚拟数字人"北极雪""东极冰"已上线应用。集团"龙头新闻视觉中心"项目已在黑龙江省发改委立项并规划建设。

## 二、立体化传播，向"新"

面对智媒技术快速迭代更新的浪潮，黑龙江日报报业集团致力于可视化内容生产，谋求传播体系立体化。视频、H5、动漫、海报、长图等视觉产品，不再是文字报道的附属内容，而是独立新闻产品、主打内容、常态化报道。

在党的二十大召开前我们推出的《迎二十大 新黑龙江故事——神奇黑土地》大型融媒系列报道，精选22个饱含龙江元素又在全国叫得响的精彩故事，进行全媒呈现。系列报道不仅在国内多渠道推送，同时译成俄、韩等不同语种，在东北亚地区等国家的媒体合作平台播出，讲好饱含龙江元素的中国故事。

我们2023年4月启动的《不一样的哈尔滨》融媒系列报道，深度再现中西文化交融的哈尔滨城市魅力，用精美的音、画、诗文等现代时尚元素生成视频产品，创意表达哈尔滨这座城市的文艺范、时尚范、国际范，让大家感受独具魅力的哈尔滨。

### 三、联动化发力，向"融"

移动客户端的特性是由互联网的根本属性所决定的，我们做到将龙头新闻的内容生产和其跨界、开放、交互等属性共同谋划，在实现媒体自身闭合式的小融合基础上，走向开放式的大融合。

2022年8月，龙粤合作"三端四频一微"融媒体平台上线，这是黑龙江日报报业集团携手南方报业传媒集团、深圳报业集团，探索党媒跨区域联动融合的创新性举措。

2023年全国两会前夕，黑龙江日报策划发起大型融媒联动报道——自豪中国接力晒，与全国30家省级党媒同频共鸣，联动发力，围绕新时代改革硕果、标志性红色旅游、领衔性科技成果、代表性物产美食4个方面，推出图文、海报、音频、短视频等形式多样的融媒体产品，在微博、抖音平台开展"接力"推送，合作共"融"出新理念、新高度、新样板。在全国两会召开的前4天，各省级党媒就发布报道232篇次，全网传播量达2000万次，为全国两会胜利召开营造了良好社会氛围。

以"智"抢滩新赛道，以"新"构建全媒体，以"融"打赢阵地战。

*（作者为中国记协副主席，*
*黑龙江日报报业集团党委书记、社长）*

# 平台内容技术产业协同发力
# 加速建设一流新型主流媒体

## ——山东广播电视台媒体融合发展的实践和体会

**周盛阔**

　　媒体融合发展 10 年，传播格局已经重塑，媒体业态、生态发生革命性变革，媒体融合发展已经进入深水区。近年来，山东广播电视台认真贯彻习近平总书记重要指示要求和党中央关于加快推进媒体深度融合发展的决策部署，在山东省委、省政府和省委宣传部的正确领导和大力支持下，以内容建设为根本、先进技术为支撑、创新管理为保障，奋力推动媒体融合向纵深发展，全力建设一流新型主流媒体。

## 一、平台建设：聚力打造 3 个平台，推动主流价值重塑、传播能力升级

传统媒体的衰落，首先是从平台价值的衰落开始的，"平台失灵"是传统媒体面临的最大危机。要继续发挥主流媒体作用，就必须继续拥有主流媒体传播平台，大力建设自主可控的自有平台。近年来，我们坚持"两手抓"，一手积极拓展与社会化平台的合作共赢，一手着力打造具有自身特色的 3 个平台。

第一个平台是移动内容聚合平台闪电新闻。闪电新闻以直播和视频为特色，截至 2023 年 6 月底，闪电新闻累计下载量超 8270 万次，日均发稿数超 5000 条，平台覆盖用户超 4.5 亿，在 40 余家聚合平台、短视频平台开通近百个账号，全网年均流量达 100 亿 +。闪电新闻先后荣获"指尖融媒榜"广电十大最具影响力融媒平台、全国广电媒体融合成长项目、"新时代·新品牌·新影响"广电媒体融合新闻品牌等荣誉称号，成为特色鲜明的平台型新媒体。

第二个平台是山东省县级融媒体中心省级技术平台。2019 年 1 月，根据山东省委宣传部的统一安排，我们开始承担建设山东省县级融媒体中心省级技术平台，打造覆盖全省的闪电云平台。截至目前，全省 136 个县市区全部完成平台建设并与省平台打通，形成了山东"全省一盘棋、共享一朵云"的格局，其中 131 个县市区基于省平台开通"一县一端"客户端，平台注册用户超过 2400 万。闪电云平台已经构筑起一个覆盖全省、互联互通、协同高效、安全可控的融媒体生态圈。

第三个平台是山东 IPTV 集成播控平台。该平台由山东广播电视台旗下所属的海看网络科技（山东）股份有限公司独家运营，现有用户 1600 余万。该平台已成为山东省最大的广播电视和网络视听平台，日益成为重要主流新媒体舆论阵地。

## 二、内容生产：创作优质新媒体产品，让正能量实现大流量

我们按照"宣传也是生产力，正能量要有大流量"的要求，积极引导全台内容创作主体转型，生产导向正确、内容质量提高、适合不同媒体传播特点的优质新媒体产品。一是大力培育优质新媒体内容品牌。闪电 MCN、星空 MCN 快速成长，孵化出"生活帮""一切为了群众""吾纪录"等超级账号，打造了"苏小妹"系列短视频等内容品牌（全网播放量超 6 亿次）；二是创作推出一系列"正能量大流量"作品。我们在全台设立"正能量、大流量"作品奖，鼓励优质短视频内容上首页上头条上热搜，一旦获奖第二天即可兑现。自 2022 年 8 月，山东省委宣传部实施全网全省推荐"正能量、大流量"作品以来，山东广播电视台入选作品总数占全省推荐总数的 50.5%。2023 年上半年，闪电新闻内容上抖音、微博等平台全国热搜榜 468 个，平均每天 2.6 个，其中 37 条传播量过亿次。同时，我们坚持立足山东、面向全国、时代风貌、国际表达、移动优先，继续抓好中长视频的创作，《大河之洲》《长山列岛》《大泰山》等精品纪录片，《戏宇宙》《中国礼　中国乐》《黄河文化大会》等多部多档文化类节目推出后，在网上热传，频频登上热搜热榜。2016 年以来，山东台共有 31 件作品获得中国新闻奖，平均每年 5 件左右。

## 三、技术创新：坚持以我为主、自主研发，推动关键核心技术突破

节目外包、技术代维、广告代营一度是广电系统的普遍做法。实践证明，长期依赖外包、代维的结果，是自己核心竞争力和生命力的萎缩。要实现媒体深度融合和创新发展，就必须要依靠新技术的引领，更重要的是要将新技术牢牢掌握在自己手中。2016 年，我们按照体制集团化、

管理企业化、技术融合化的目标，全面深化山东广电体制改革，组建山东广电传媒集团。改革以来，我们坚持自主研发，推动关键核心技术突破，让媒体融合"走实"发展。我们整合了相关技术资源，组建山东广电信通网络运营有限公司等技术板块，按照互联网企业模式运营，负责建设具有完全自主知识产权的融媒体工作平台，负责全部技术的开发和运维。广电信通公司已发展成为国家高新技术企业，拥有国家媒体融合发展专家、高级系统架构设计师、高级软件工程师等专业技术人才和全面丰富的技术矩阵，技术研发人员占职工人数的 60% 以上；拥有 10 项专利、63 项软件著作权、129 项客户端软件著作权，为推动全台和全省的融合发展提供了强有力的技术支持。

## 四、产业拓展：深度整合资源，构建全媒体"融"特色产业生态链

面对极为严峻的经营形势，我们加速资源整合与重构，积极探索全媒体产业链运营，不断开发新的利润增长点，将可剥离的资源剥离到山东广电传媒集团。改革实践证明，台和集团一体化管理、一体化运行实现了事业、产业双轮驱动、相互促进，形成了共同发展、良性循环的"双赢"格局，集团及所属骨干公司获得了良好发展。2023 年 6 月 20 日，山东广电传媒集团控股企业海看网络科技（山东）股份有限公司在深交所敲钟上市，成为实行注册制后上市的全国首家 IPTV 企业，首轮融资 12.6 亿元。截至 2023 年 7 月 10 日收盘，公司总市值达 118 亿元。海看的快速发展在我们加快媒体融合发展中具有里程碑意义，也是以 IPTV 为代表的广电创新业务在国内资本市场实现的新突破。我们将继续按照"互联网＋科技＋文化发展"的模式，力争成为全国领先的互联网科技和视听新媒体运营机构，努力走出"技术引入到技术自研再到技术输出"可持续发展之路。

融合发展，道阻且长，唯有守正创新，方能勇立潮头。山东广播电视台将认真贯彻落实习近平总书记和党中央的重要指示和战略部署，认真学习先进经验，积极加强与业界同仁朋友的交流合作，为共同谱写中国传媒业的崭新篇章携手共进，砥砺前行。

*（作者为山东广播电视台党委副书记、总编辑）*

# 在"破"与"立"中跑出贵州速度

毛　健

　　多彩新媒是贵州广播电视台投资控股的企业，主要运营 IPTV 业务，成立于 2017 年，是全国最后一家开展 IPTV 业务的省份。截至 2022 年 12 月末，多彩新媒的 IPTV 业务在贵州省内家庭用户的渗透率已超过 68%；公司最近 3 年的营业收入和净利润的复合增长率分别达到 50.42% 和 54.84%；2023 年 3 月 23 日，多彩新媒正式通过深圳交易所上市委员会的审核，5 年半时间，我们完成了一个几乎不可能完成的任务。

　　复盘 5 年半的历程，我们最鲜明的标签是"开放＋融合"，最有效的策略是"下沉＋贴近"。

　　无论是《关于加快推进媒体深度融合发展的意见》的相关要求，还是贵州广播电视台党委提出的"开放办台"经营理念，本质上都是要求通过开放，以实现信息技术与媒体产业的融合，是一场产业的彻底变革，以便更好地服务群众和引导群众。因此，我们结合企业发展的阶段性特征，尤其是结合当下用户日益多元化的需求，提出了"开放＋融合"的战略思想和"下沉＋贴近"的运营策略。"两刀理论"——砍刀来破，砖刀来立。为什么要破，为什么要立？因为，当前社会已经进入数智化新时代，跨界降维对媒体行业的影响远超行业内部的竞争，"媒体融合＋产业互联"成为未来发展的方向，这意味着传统视听行业正在向虚实融合、强交互、个性化的新视听模式转型。同时，客厅经济也迎来全新的发展机会，媒体有机会参与新体验、新消费、新生活方式的各类服务。

这里蕴含着在当下对媒体以及内容的认知重构。大家对内容都很熟悉，但今天的内容已不是过去的内容。我们有3点认识：一是内容和商业边界已经模糊，技术已经成为内容的一部分；二是内容不能仅是传播，而是运营，仅为了传播的内容往往不能传播；三是媒体影响力、用户活跃度、商业变现能力已经成为一个相互依存、相互转化、相互促进的闭环体系。这个认知的重构和实践已经成为广电走出"特困"、走向新生的必由之路。

"开放＋融合""下沉＋贴近"不仅是我们5年半以来的经验小结，更是我们在未来的策略和选择。未来，我们将通过在渠道、内容、技术、模式、生态等方面的"破"和"立"，实现多彩新媒的跃迁式发展。

第一，按照"开放融合"的战略思想，围绕"下沉＋贴近"的运营策略，我们提出了"多屏战略"，突破了IPTV以往作为"单一的家庭大屏服务渠道"这一传统模式。通过下沉服务能力、去贴近更多的服务场景，建立起集电视大屏、手机屏、户外屏、地铁屏等于一体相互联动的多屏生态，实现了多屏、多元化的场景覆盖，构建了多触点的网络视听服务，未来的目标是成为"贵州超级入口"。

此外，为打破IPTV分省运营壁垒，2022年5月，在多彩新媒的倡议下，贵州、湖南、湖北、云南4省IPTV联合打造的"看中国"专区正式上线，成为全国 IPTV 行业"渠道融合 + 流量共享"的重大里程碑事件。截至 2023 年 6 月，仅一年，"看中国"已覆盖全国 22 个省市，覆盖 1.9 亿家庭用户，超过 5.7 亿人。如今，"看中国"正在成为全国 IPTV 电视大屏渠道的一个超级联动平台，最大限度地促进各地文化交流和产业发展。将来，贵州省内的网络要越织越密、省外的要越织越广，区域性媒体才会更有价值。

第二，我们提出了一个口号：多彩新媒要成为善于运用科技手段的文化发现者！内容的创新创优，是电视媒体发展的根本动力。自成立以来，我们始终坚持创新驱动理念，打破 IPTV 传统只会"买 + 播"这一搬运工的尴尬模式。通过在原创内容、互动内容、创新内容等方面的不断探索，打造了属于我们自己的本土内容品牌集群，实现了内容供给侧改革。

例如，自 2020 年起，我们和第三方合作企业——贵州远博文化有限公司，就关注到了乡村草根篮球赛的传播潜力。3 年来，我们不断下沉，累计生产相关媒资超过 5000 多集，总时长超过 10 万分钟，下沉场景包含 100 所学校，9 个社区，25 家企业，1500 多个农村。直到 2022 年"村 BA"火爆全网，成为现象级的网红事件，还被央视评为"观察中国式现代化的一个窗口"。据不完全统计，2023 年"村 BA"3 天总决赛的直播，在全网获得的累计播放量已超 12 亿次。

再比如，我们创新打造了全国首档 IPTV 首播、联播的大型综艺节目《她·乡》，不仅突破了 IPTV 平台以往仅作为内容播出渠道之一的业务局限，还凸显了 IPTV 作为主流传播渠道的规模价值，并让社会各界看到了 IPTV 作为"重要的宣传思想文化平台和意识形态阵地"的发展潜力与流量变现能力。

此外，我们的原创少儿节目品牌《萌趣星乐园》，孵化了"又又姐姐""萌趣星家族"等 IP，实现了跨平台、跨区域的能力输出和内容销售。节目除了上线湖南、辽宁、安徽等 23 个 IPTV 平台，还登陆了康佳、

TCL、酷开、小米等 9 个 OTT 平台，并且全量内容上线优酷。《萌趣星乐园》节目于 2020 年、2022 年两次入选国家广电总局"年度优秀少儿节目扶持项目"。

立足贵州省委宣传部对多彩新媒"文化＋科技"平台的明确定位，我们联合 4K 花园、咪咕视讯，正在筹备出品贵州首部 8K 生态人文纪录片《万物之生·贵州篇》。节目采用"8K+VR+ 裸眼 3D"新技术，展现贵州人与自然和谐共生的文明成果。

值得一提的是，我们还与央视频、新华社、抖音、快手、B 站、咕咚体育等头部互联网平台开展充分合作，搭建出不同场景的内容体系，以实现家庭大屏与流量平台的共建共享。

第三，《关于加快推进媒体深度融合发展的意见》指出："要以先进技术引领驱动融合发展。"为此，公司强化技术自研，建立了前中后台的技术体系。比如，自主研发了"IPTV 大屏创新短视频应用"，基于智能打点技术截取视听内容的"高燃片段"，再以算法推荐精准触达用户，以短带长，在大屏上实现了从"人找内容"到"内容找人"的转变。该应用上线后，相关栏目的点播率提升 540%。目前，该应用已实现向省外 IPTV 平台输出，并被国家广电总局列为"全国大屏算法推荐技术省级试点单位"。

我们还与互联网头部企业，如百度、科大讯飞等深入合作，借助对方 AI 技术的原创创新，基于大屏场景进行应用研究，共同探索基于大模型的 AIGC 能力，研发 AIGC 在视频生成、剧本生成、AI 配音、图片生成、音频生成、AI 智能编目等场景中的应用。

在数智化业务布局方面，我们依托云计算、云原生等技术，打造技术中台、数据中台、业务中台等数智基座，实现技术、业务、决策的深度融合，逐步夯实数智化业务运转的基础设施，帮助企业获得以客户为中心的价值链最短路径，最终实现企业效率和收益的提高。

第四，在模式的突破上，我们力求让用户实现从"看电视"到"用电视"的转变，这也是内容向商业的转变。

围绕家庭生活方方面面的需求，我们正在整合在线教育、远程医疗、居家金融等业务，以期不断构建包括科技、内容、服务等在内的供应链体系，面向 C 端、H 端、B 端以及 G 端，提供包括新视听、新商业、新生活场景等在内的新产品和新服务，实现 IPTV 从传统视听向新视听、新生活方式的全面跃迁，力争打造涵盖用户"衣、食、住、行、游、购、娱"等需求在内的，全生命周期、全媒体商业服务体系。

第五，在生态方面，我们通过构建产业互联平台，充分发挥主流媒体优势，以数智化为契机，以新视听为抓手，实现生态跃迁，推动区域文化和产业的发展。

过去 5 年，我们通过建立和运营贵州网络视听产业园，基本实现了生态体系构建的 1.0 版本。例如，园区目前已聚集了 33 家省内优秀企业，服务范围覆盖影视投资、内容制作、技术支持、圈层运营、户外渠道等十大体系。园区在促进公司业务发展及扩大社会影响力的同时，也推进了本土生态协同，为公司的后续发展积攒了丰厚的"生态资源"。

2022 年年末，我们与地方政府协同，开始筹备并实施"中国首个数字视听产业生态村落"项目，计划以优美的自然风光、诱人的招商引资政策、齐备的软硬件服务能力以及生机勃勃的业务合作体系，吸引全国网络视听上下游产业链的头部公司、优秀公司和创新公司，共同推进新时代背景下"文化科技青年上山下乡"的新风潮，让网络视听产业充分融合乡村文化，为乡村注入"文化＋科技"的生产力，深度参与乡村发展，探索乡村振兴新模式。

我们相信，在产业融合带来的多米诺骨牌效应下，多彩新媒将逐步形成一个不断良性互动的产业生态体系和共生空间。

成立 5 年多以来，多彩新媒认真贯彻落实《意见》要求，持续推进媒体深度融合发展，打造新型主流媒体，用努力和探索，找到了一套能够促进自身良性发展的运营模式。我们归纳总结为：在对基础视听内容进行纵向深耕的同时，不遗余力地进行业务和服务的横向拓展，连接更多产业和服务，形成一个多屏触达，覆盖本土民生、娱乐、教育、健康、养老等多个产业的"智慧融媒服务平台"，从而不断积累企业高质量发展的能力。

未来，多彩新媒将凭借跨行业、跨领域、跨区域的数据资源和技术创新，以及特有的传播资源优势，连接大屏后面的千行百业、服务大屏前的千家万户，不断突破业务边界，创造更多增量价值，实现媒体产业的彻底变革。

（作者为贵州多彩新媒体股份有限公司董事长、总经理）

# 科技"触电"新闻客户端 开拓大湾区融媒广阔空间

**蔡伏青**

习近平总书记在党的二十大报告中指出："要加强全媒体传播体系建设，塑造主流舆论新格局。"广东台深入学习贯彻习近平总书记关于推动媒体融合发展的重要论述精神，通过转型升级和融合发展重构媒体传播体系，立足"粤港澳大湾区"新定位优势，以技术、文化和服务为新型主流媒体建设赋能，打造湾区融媒新范式，以市场造血实现媒体融合的笃行致远。

## 一、技术赋能，构建融合新格局

传统广电诞生于技术，新兴媒体更依赖技术，技术始终是广电的核心竞争力之一。基于这一认识，我们长期聚焦技术赋能。

一是依靠技术打造融媒产业发展体系。广东台面向大、中、小屏 3 类终端，推动建成"1+1+5+N"（1 个广播矩阵、1 个电视矩阵、5 个新媒体自有平台、N 个外部平台账号）新型传播平台体系、"1+N"（1 个广电融媒体中心、N 个融媒工作室）融媒内容生产体系和"2+N"（新媒股份、触电传媒、N 个产业板块）产业体系，实现技术平台、内容生产、媒体运营的深度融合。

二是打造以自有新媒体平台为主的融媒体传播体系。目前，广东台的触电新闻视频 App、粤听音频 App、IPTV、OTT、荔枝网等 5 个自有互联网平台和外部平台媒体号矩阵总用户超过 6.5 亿。其中，触电新闻 App 定位"湾区资讯服务第一端"，累计下载用户 1.39 亿。粤听 App 用户 3800 万，成长为全球最大的粤语移动音频客户端。此外，由我台建设的广东县级融媒体中心省级技术平台"珠江云"，已经构建起省、市、县三级贯通的融媒体生态体系，已有用户 3.5 亿。而广东台外部平台 300 多个账号的粉丝数达到 1.65 亿，尤其是在抖音平台培育出 4 个千万级账号，"今日关注"抖音号粉丝量 2082 万，在广东媒体号中排名第 1。通过传播平台的建设，广东台逐步构建起了全网全渠道覆盖优势，建设起覆盖海内外的全媒体传播体系。

三是打造立足湾区的国际传播体系。2022 年 7 月，南方卫视转型升级为大湾区卫视频道，南粤之声转型升级为珠江之声，广东台初步构建起以大湾区卫视为龙头，以湾区品质生活为特色的全媒体国际传播矩阵。一方面通过整合以往各频道的覆盖资源和电视融媒中心、对外传播中心、港澳记者站、全台各频率频道的湾区主题节目资源，推动大湾区卫视成为对港澳传播、讲好大湾区故事的主阵地。另一方面，积极通过境外社交平台，瞩目大湾区脉动，看见当下中国的发展进步，有效提升了国际传播效能、国家文化软实力和中华文化影响力。

## 二、文化赋能，引领湾区融媒传播新主流

习近平总书记 2023 年 6 月 2 日在文化传承发展座谈会上的讲话，深刻阐述了"两个结合"的重要意义，给了我们很大的启发和鼓舞。近年来，广东台一直也是围绕"两个结合"来开展工作。融媒节目做什么是我反复思考的一个问题，我们从广东人的性情和爱好中得到了灵感。广东人重视资讯信息的获取，重视传统文化，所以我们努力做好新闻类、文化类节目。

一是把新闻立台延伸到新闻立端，强化新闻宣传的融合创新传播。以电视融媒中心新闻融媒账号矩阵为龙头，打造 10 档栏目、24 个工作室、68 个账号，目前总粉丝数超过 6000 万，成为移动端新闻短视频、新闻大片的主阵地。连续 5 年，《广东新闻联播》全国两会数熙融合传播指数居全国省级卫视联播首位。我们精心打造的"新闻大片"——《飞越广东》大型融媒直播，由广东台携手全省 21 个地级以上市委宣传部、广播电视台，围绕重大主题宣传，以"大主题、大视野、大策划、大制作、大版面、大传播"为方向，加大融合传播技术应用创新力度，以行进式、全景式的方式，深入广东各地生动展现广东新时代砥砺奋进发展的壮丽画卷。截至目前，围绕党的二十大、建党百年、特区 40 年、全面小康、新中国成立 70 周年等主题先后推出 5 季，全网浏览量超过 16 亿次，多次得到中宣部、国家广电总局阅评表扬。

二是坚持文化兴台，厚植华夏传统文明、梳理岭南历史文脉、探索湾区现代文化。如最近围绕二十四节气，广东台打造的外交官访谈节目《二十四食者》，互动众多领事馆，以二十四节气为引、以美食为媒，探讨中外文化交流。广东卫视精心打造的传统文化类节目 IP《国乐大典》《技惊四座》《秘境神草》等深耕国乐、杂技、本草等中华千年文化，连年来好评不断，不仅让优秀传统文化活起来、潮起来，而且在海内外都

具有强大的传播力。《技惊四座》节目视频《内蒙古女孩"技"惊四座中国杂技尽显独特魅力》，被包括美联社等在内的 352 家海外主流媒体网站转载。2023 年广东卫视《遇兔呈祥大湾区——广东卫视春节晚会》注重网民网感，以源远流长的岭南文化、日新月异的湾区气象、厚植于心的家国情怀打造了一场湾区新春文化盛宴，总传播量超过 30 亿次，小屏单一平台直播全国第一。其中，摇滚英歌《一身正气》、国风节目《锦鲤戏莲》等多个节目"出圈"，晚会《锦鲤戏莲》短视频还得到我国外交部发言人汪文斌在海外社交媒体推介。

这些融媒传播的效果都说明"中华文明五千多年历史中沉淀的，正是走向未来的磅礴力量"，广东台要充分利用"粤港澳大湾区"作为"新发展格局的战略支点、高质量发展的示范地、中国式现代化的引领地"的定位优势，讲好湾区故事，讲好中国故事。

## 三、服务赋能，走出可持续发展新道路

2023 年"扎实推进媒体深度融合"首次被写进了《政府工作报告》，这在给我们打了一剂强心针的同时，也提出了更高的要求。既要有推进的有效措施，也要有能持续推进的动力，这就要面向市场去寻求可持续发展的道路。广东台也在积极探索，重塑创收模式、培育发展增量、提升"造血"功能，寻求一条切合实际的市场化发展新路。

一是做好"全案服务"的运营模式，打破硬广单一模式，为客户提供策划、编导、制作、转直播、宣推等全要素服务。首先是不断提升运营主体能力水平，围绕广东省委、省政府的重要会议、重要活动，建立线上线下、网上网下、内宣外宣统一起来的全案服务模式，最大化宣传效果，用最好的服务首先服务于党委政府。2023 年 1 月 28 日，全省高质量发展大会在广州召开，广东台承担了直播、宣传和部分会务工作，用不到 10 天的时间做了 80 分钟 5 条片子，搭建了一个央媒、地市媒体和

社会媒体互动的传播体系，一个 600 人的线下会议在全网直播和宣传总浏览量超过 1 亿次。此外，近年的珠海航展、全省农民丰收节、2023 中国佛山网络视听艺术周等大型宣传项目，广东台全案服务也取得丰硕成果，实现了良好的"双效"目标。其次是服务市场，向传统媒体要公信力、向新媒体要效率、向行业资源要效益，充分利用优质的策划、内容制作、多端呈现、商务合作能力为客户提供全案服务。如广东台承接的"全国技能大赛"全案服务，共有约 1200 家媒体参与其中，全网点击量达到 27.1 亿次。旗下触电传媒在 2022 年经营项目大多为全案服务，总数超过 800 个。

二是以技术服务开拓运营新增长点。广播电视既是宣传机构，又是技术单位，开展技术服务是扬己之长。广东台积极开展新技术应用探索，推动节目内容、形式与技术完美结合。2022 年的珠海航展节目，运用虚拟现实技术构建节目场景，省去了做实景的成本，给观众带来身临其境的美好收视体验；在《流淌的歌声》《国乐大典》等节目中采用 VR、三维声等技术录制，也省去了置景的钱，节目画面元素更丰富、声音还原更有感染力；在内容审核把关方面，触电传媒开发了基于人工智能的多媒体内容识别系统——"秒鉴"，并形成了成熟的产品，为视听内容传播保驾护航，省了不少人力。而这些技术的应用也顺应了市场的需求，成为运营的新增长点。广东台下属的触电传媒目前已经成长为广东省最大的融媒技术服务商，通过公司化运作，触电传媒 2022 年经营收入突破 2 亿元。

在技术服务这条路上，我们尝到了甜头，大家铆足劲推进。2023 年 6 月，广东台旗下广东南方新媒体股份有限公司与科大讯飞共同成立元宇宙 XR 联合创新实验室，升级广播电视领域数字化和商业化落地能力，重点推进面向家庭场景的应用落地和商业变现。

三是以内容制作技术和传播技术吸引客户。我们一直在内容和品牌项目的制作上持续发力，并通过和各新媒体平台的长期合作，以强大的融媒传播力来吸引客户。如广东卫视打造的"云上音乐季"，与微信视频号、抖音等平台紧密合作，全网曝光量超 150 亿次，项目获评"中国广告风云榜年度内容营销案例"，成功赢得了客户的青睐。7 月 8 日，我们在广州塔举办的"无处不尽兴——夏日青春歌会"就是由健力宝独家冠名，线上直播在线观看 1600 万人，当晚话题传播量超 6 亿次。而我们与微信视频号联合制作的 17 小时不间断的大型融媒直播《追光》，当时创下微信视频号开通直播功能以来的新纪录。

四是探索数字新形态产品市场新蓝海。广东台为培育元宇宙新业态成立了"元媒实验室"，打造了粤语虚拟主播"悦小满"、湾区音乐会、赛博醒狮数字藏品等一系列新产品。全球首位粤语虚拟偶像"悦小满"，拥有全天候的 AI 编播电台，发行了多首单曲，并与大湾区的艺人全方位开展合作，打造"'满'游湾区"IP，在对港澳同胞、海外侨胞和 Z 世代的传播上都具有重要意义。同时，广东台还开启了虚实混融的新文旅体验。比如，筹备开平碉楼"非遗＋元宇宙"文旅生态建设项目，运用数字化技术推动非遗文化创造性转化和创新性发展。

媒体融合 10 年，任重而道远。习近平总书记在文化传承发展座谈会上的重要讲话，为扎实推进媒体深度融合提供了根本遵循，指明了发展方向。"道阻且长，行则将至"，广东台也将以改革创新的精神，在上级指导下，学习兄弟台的先进经验，把握新机遇，开启新篇章。

（作者为广东广播电视台党委书记、台长，

广东南方新媒体股份有限公司董事长）

# 全时　全面　全域
# 构建智媒发展新格局

陈　岚

推进媒体融合发展的 10 年，是主流媒体阵地转变的 10 年，平台跨越的 10 年，技术创新的 10 年，"四力"提升的 10 年。四川日报大步挺进互联网主战场，以互联网思维优化资源配置，从一张报纸转变为一个集"纸、端、网、号"于一体的全媒体平台，从以报纸为中心转变为以新媒体为中心，从发行量超 40 万跨越到用户规模超 1.1 亿，从以人为主采写内容跨越到人机协同智能传播，着力打造"智能＋智慧＋智库"的智媒体，构建"全时全面全域"的智媒发展新格局。

## 一、全时壮大主流舆论，建强智慧主导的全媒内容体系

从一天一报到 24 小时全时传播，四川日报全媒体坚持内容为王，注重智慧主导，以高品质内容推动高质量传播。

一是理论主导。始终重视党的创新理论传播，把宣传阐释习近平新时代中国特色社会主义思想作为首要政治任务，打造《学习早报》《学习小课堂》等视频产品；围绕贯彻落实习近平总书记对四川工作系列重要指示精神，在 2023 年 6 月习近平总书记来川视察一周年之际，策划推出《向总书记报告》系列产品，全网阅读量破亿；始终重视理论阵地建设，持续做强四川日报《思想周刊》、川观新闻"思想频道"，作为理论宣传优秀案例入选"奋进新时代"党的二十大主题展中央展区；结合主题教育推出"中国式现代化 100 问""理响巴蜀·六个一百"红色品牌工程等特色内容，引起业界关注。

二是价值主导。在服务中心大局中彰显价值，"江河上游看变迁"等特色专题获社会各界肯定；"给五年后的自己写封信"入选中国记协"党的二十大报道融创精品十大案例"；"工业灯塔十城行"等唱响经济"光明论"，提升全国影响。在文化传承发展中弘扬价值，推出"考古中国 从蜀地出发"等重点策划，擦亮三星堆、三苏文化等金字招牌；恢复设立四川日报"川观文学奖"，创办"西岭雪"文艺评论频道，切实担负起新的文化使命。在民生民情共振中突出价值，"民情热线"栏目、民情频道每日更新，联合相关部门持续为群众排忧解难，舆论监督报道多次获得中国新闻奖；做强"川观辟谣"等品牌栏目，有效引导社会舆论。

三是产品主导。强化视听产品创新，全力打造"C 视频"品牌，推出"首席 V 观""太好'科'了"等栏目矩阵，构建具有党报特色的视频传播生态；建设省级影像数字化服务平台"C 视觉"，集优质视觉内容聚合、生产、传播和版权交易为一体。强化交互产品特色，"川观答题"作

为创新型理论知识学习互动平台，受到党史学习教育中央指导组肯定，获第三届中国报业深度融合发展创新案例奖；2023 年推出的"我们的新征程"网络知识竞赛，3 个月参与互动超 1 亿次。

## 二、全面变革智媒生产，建立智能引领的全媒技术体系

面向人工智能发展趋势，探索以智能技术重构内容采编与传播全流程，在智媒理念引领、智媒技术研发、智媒团队建设等方面努力走在媒体前列。"四川日报全媒体一体化深度融合创新"获第二届中国报业深度融合发展创新案例奖。

一是全面打造智能传播平台。建强移动传播平台，以川观新闻客户端为主平台，持续迭代升级，为用户提供"数字新智能、社交新体验"，累计下载用户规模居省级党报前列。建强智媒牵引平台，持续建设智媒编辑部，驱动人工智能与内容建设深度融合，构建人机协同生产的编辑部，产生聚合效应，形成"智媒大脑"。

二是全面变革智能生产流程。线索采集上，运用线索监控机器人提高快速反应能力，自主研发的"一种数据智能爬取方法"获得国家专利。内容采写上，研发大川机器人和小观数字人，积极探索 AIGC 生产。内容审核上，用安全监测系统"云眼"自动高效校正错误信息。内容分发上，"川观算法"首创五层算法体系，让主流价值判断与用户兴趣推荐相结合。流程融合上，打通新媒体采编系统和报纸出版系统，实现智媒采编一体化。

三是全面探索前沿智媒技术。加强前瞻性、基础性、应用型技术研发与应用，全力建设全媒体技术与传播认知四川省重点实验室，已入选四川省"十四五"重大工程对口项目。数据方面，与四川省委网信办和省大数据中心深度合作，挂牌数据要素市场化配置改革示范点和网络综合治理数字化应用示范点。成果方面，联合开展的"健全网络智能综合治理体系研究"课题入选国家社科基金重大项目。

## 三、全域融入现代治理，建设智库驱动的全媒服务体系

把建设智库型媒体作为融合转型战略工作，以"川观智库"为品牌，深度融入省域治理体系，促进治理能力现代化。

一是建构智库服务矩阵。深入开展智库服务，打造特色鲜明的"问、参、论、评"四大产品系列，助力各级党委政府和企事业单位解决真问题，深入开展群众服务。"问政四川"网络平台实现省内各级党政部门全覆盖入驻，2022 年近 10 万人次问需、问难，相关党政部门回复率达98%；深入开展治理服务，"四川云"赋能省、市、县三级治理体系，为各地各部门提供一体传播、综合运营等全流程服务。

二是建构智库研究支撑。注重全国视野，建立川观智库首席顾问体系，聘请 13 位专家院士担任顾问。注重专业深耕，建立行业资深研究员和特约研究员体系，为日常研究提供依托。注重开放合作，建立机构研究体系，与中国社科院马克思主义研究院、国家工业信息安全发展研究中心等开展常态化合作。

三是建构智库运行特色。突出思想的引领性，以马克思主义中国化时代化最新成果为统领，成功举办创新驱动引领高质量发展研讨会等。突出系统的整体性，构建"1+N"组织运行架构，"1"即川观智库发展研究中心，"N"即四川日报全媒体各中心建立的若干智库单元，在编委会领导下分工协作分类考核。突出技术的驱动性，打造"数据资源汇聚、数据应用引领"的数据智库产品，获得第四届中国数据新闻大赛业界一等奖。

10 年深融，10 年跨越，"报"的定义已发生深刻变化，在移动化、智媒化发展新阶段，让我们积极拥抱新变化，书写新型主流媒体全时传播、全面变革、全域拓展的新答卷。

*（作者为四川日报报业集团党委书记、*

*董事长、四川日报社社长）*

# 奋力跃进省域融媒新格局的浙江实践

**钱伟刚**

## 一、浙江媒体融合发展的"三步走"战略

第一步是创办浙江宣传微信公众号。2022 年 5 月 30 日，"浙江宣传"微信公众号首发上线。近几个月来所发文章阅读量几乎都是 10 万 +，用户数超过 278 万。这些文章在关键时刻引导社会舆论、引领人心走向，为基于移动互联网的新媒体内容生产和传播打了样。犹如一艘"破冰快艇"，"浙江宣传"通过文风转变，在互联网传播的深水区掀起了阵阵涟漪。"浙江宣传"特别注重传播的对象意识，尊重用户的感受，注重引起用户的共鸣，做到设身处地理解网民的想法和感受，做到平等、真诚地交流。这种"用户至上、情绪传播"的打法，客观上遵循了互联网传播

规律，深谙了社交化传播的动力机制。

第二步是成立传播大脑科技公司，打造省市县一体化的全媒体传播引擎。传播大脑公司注册资本 4.9 亿元，由浙江日报报业集团、浙江广电集团、浙江出版集团、浙江文投集团四大省级文化企业共同投资，是一家"国有控股 + 市场机制 + 资本加持"的新型互联网企业。成立传播大脑公司，旨在改变浙江省媒体传播支撑的小作坊模式为大团队联合作战模式，通过用户打通、内容打通和运营打通，构建省市县一体化的融媒体技术平台。

第三步是打造两大传播新平台。2023 年 2 月 18 日，由浙江日报报业集团打造的重大新闻传播平台——"潮新闻"重磅上线；4 月 18 日，由浙江广电集团打造的重大文化传播平台——"Z 视介"试听新物种启航。浙江日报打造的潮新闻平台进行了许多改革创新：一是全面的架构重组；二是全面体现先端后报；三是全面进行内容供给升级。

## 二、"三打通"推动全省媒体一张网建设

传播大脑是新平台、新技术、新传播的复合体，是浙江省域媒体探索融合一体化的"破局点"，以此为杠杆，撬动"一张网"的省域传播体系建设。以潮新闻为龙头，以市县融媒体矩阵为依托，以天目蓝云为技术底座，通过用户打通、内容打通和运营打通，构建全省融媒体一张网。

最核心的任务是"三打通"，即通过用户打通、内容打通和运营打通，贯通省、市、县三级媒体资源。截至 2023 年 6 月底，传播大脑已支撑全省 72 家媒体的日常新媒体内容生产、发布和传播工作，打通 1000 万注册用户，日均生产 1 万余篇内容，形成全省媒体技术统一支撑平台。在这一过程中，形成了五大产品，作为技术的支撑底座。

一是建设核心引领工程，打造重大新闻传播平台。重点支撑浙江省重大新闻传播平台主力战舰"潮新闻客户端"的研发。

二是加强技术统筹，打磨以"天目蓝云"为基础的一体化技术底座。以浙江省委宣传部提出的"对内抱成团，对外一张网，系统一盘棋"为导向，传播大脑积极推进"天目云""新蓝云"的二云合一，形成"天目蓝云"产品。

三是筑牢"五共"基础，加速省市县协同。"五共"是指内容共建、技术共享、运营共推、用户共有、人才共育，这是浙报集团融媒共享联盟的运营宗旨。

四是汇聚省域大流量，打造广告投放新引擎。全国首个省市县一体化数字营销平台——"洪泽"发布，通过搭建"流量集聚与治理""数据沉淀与挖掘""营销管理与结算"三大功能模块，打通流量变现全闭环流程。

五是厚植传媒基因，全面赋能品牌形象。"智岛"作为"一张网"价值的探索，以"集聚品牌效益、提升品牌动力、维稳品牌安全"为目标，以科技来赋能政府、企业、城市形象的全链路打造。产品通过形象刻画、内容管控、舆论场巡查、品牌传播、效果评估、案例沉淀等多项能力，为不同阶段的形象塑造提供差异化策略方案，从而为客户打造独具特色的品牌战略、品牌经济和品牌形象注入"新动能"。

## 三、浙江媒体平台化发展的 3 个技术理念

党的二十大指出"加强全媒体传播体系建设，塑造主流舆论新格局"，这为"十四五"期间媒体如何加快深度融合指明了方向。而中共中央办公厅、国务院办公厅《关于加快推进媒体深度融合发展的意见》又提出"建立以内容建设为根本、先进技术为支撑、创新管理为保障的全媒体传播体系"的明确要求。媒体要反向思考，运用互联网思维，努力打造自己的平台，实现媒体平台化。在浙江的媒体平台化探索过程中有以下 3 个关于技术的理念。

技术引领——媒体需紧跟互联网上对传播有深刻影响的新技术。当下，应关注以 AIGC 为代表的智能化新技术，以 AR、VR、区块链为代表的元宇宙技术，以云计算和 5G 为代表的云端化技术，这些技术将深刻改变媒体的内容生成逻辑、表达逻辑、传播逻辑和产业逻辑。面对技术发展日新月异，需明确媒体是重要的应用场景，需要场景化开发，而场景化的开发需要媒体建立自己强大的技术团队。传播大脑公司已与北京拓尔思联手开发媒体领域的垂类大模型，推进大模型能力在媒体领域的场景落地。

技术迭代——互联网的制胜法则就是以快制快，快速迭代。有了专业的技术团队，才能加快各种应用场景的研发，不断迭代产品。新技术产品要在使用中不断迭代改进，一个技术产品的成熟，常常需要一年半载的使用驯化。

技术成本——技术投入不足是媒体技术落后的重要原因之一。大型互联网企业的研发投入占营收比普遍超过 15%，这个成本如果不投入，就难以实现技术快速迭代和引领。如何合理增加技术投入，使媒体承担得起技术成本，也是大家要共同思考的问题。

融合十年，笃行致远。在新的起点与全新的"省级融媒协作圈"机制下，传播大脑将不断探索媒体深度融合新空间，实现全省媒体技术一体化发展。

［作者为浙江日报报业集团副社长、党委委员，

传播大脑（科技）股份有限公司董事长］

# 建区域 IP 化的媒体矩阵
# 走具时代感的融合之路

**陈丽娜**

10 年来，互联网信息技术日新月异，媒体融合进入加速赛道。在新发展阶段下，如何完善中央媒体、省级媒体、市级媒体和县级融媒体中心四级融合发展布局，变得更加紧迫和必要。微博作为社交媒体平台，一直致力于加强与报纸、广播、电视、网站等不同类型媒体的合作，并投入巨大资源，以多样化实践积极推动媒体与平台的"融"与"和"。

## 一、从"中央厨房"到新媒体驱动，助力省级融媒抢占传播高地

省级媒体与其他各级媒体一样，肩负着引导和服务群众的使命任务。

在与微博的持续深度合作过程中，很多头部媒体的跨端融合，已从"中央厨房"式升级为新媒体驱动式，逐渐抢占传播高地，产生了如@时间视频、@澎湃新闻、@潮新闻、@封面新闻、@三湘都市报等一大批新型主流媒体，巩固和壮大了舆论引导和主流价值引领的主阵地。

主流媒体的新媒体部门驱动内容生产已成为常态，媒体人不断在"同题报道"中，打破"千人一面"的创作观，探索多样化、个性化切入点。以杭州外卖小哥跳江救人为例，媒体观察到该事件的讨论热度后，发动记者从小哥现状、表彰情况、对于见义勇为的讨论情况等不同方向、不同角度进行了追踪调查报道。形成了以浙江日报、都市快报、钱江晚报、中国蓝新闻等当地媒体主持的20多个不同角度的热搜话题，让大流量澎湃正能量的同时，也让正能量获得了大流量。

此外，在新媒体上做内容传播，对报道内容的时效、深度和温度提出了更高要求。在一些重大社会事件，尤其是网民关注度较高的事件当中，当地媒体第一时间跟进报道、快速核实、回应网友关切，不仅可以稳定民心，提升媒体公信力，更有助于政府开展互联网深度治理。同时，在内容表达方面，省级媒体也需要不断打造与新媒体文化相通的话语方式，形成具有强烈时代感、年轻态、网络化的话语体系，实现与时代同频，与用户共振，不断提升自身的传播力、引导力、影响力、公信力。

## 二、依托当地优势资源，加强媒体账号矩阵化、特色化建设

新媒体传播矩阵作为融合发展的基础性框架，其重要性不言而喻。而融合发展定位模糊，特色业务不突出，品牌影响力不大仍是一道难题。因此设计者需要因时、因势、因地制宜，进一步明确发展定位，以宏观视野和未来眼光为省级媒体融合发展把舵定向。

在日常运营中，我们已经发现一些省级媒体在这方面提供了非常好的范本。像这次大会的东道主湖南，这里是文娱产业发展的沃土，湖南

卫视、芒果 TV 是这里繁盛文娱产业的代表，也是千年湖湘文化沉淀出的文娱基因的缩影。由芒果 TV、湖南卫视联合推出的《声生不息》是一档典型的先网后台的全媒体节目，并与微博平台实现了多维的深度融合，做到大小屏互动、长短视频联动，实现现象级传播。2022 年的港乐季，相关的 415 个话题纷纷登上热搜主榜、文娱榜，全站视频播放量达 25 亿次；刚刚收官不久的宝岛季，共收获 583 个双榜热搜，视频播放量超 28 亿次，成为全网主流精品综艺的典范。

值得一提的还有 2021 年的河南春晚，仅《唐宫夜宴》单条内容在微博的播放量就突破 5700 万次，全站视频播放量超 20 亿次，传统文化 IP 成为爆款，成功"破屏""出圈"；另外，@ 潮新闻凭借监督报道和深度评论，实现"民有所呼，我有所应"，并以此在全网迅速脱颖而出。

为了更好地服务于媒体融合国家战略，微博也在持续加强与省级媒体的战略合作。近两年，我们先后与北京青年报、北京广播电视台、新京报等媒体达成战略合作，双方结合北京发展实际，围绕文化、体育、电竞、时事新闻等重点方向，在运营策划、垂直矩阵建设、品牌 IP 打造等方面进行紧密合作，不断深入推动媒体融合发展，提升用户活跃度，强化舆论引导力。

微博也正在筹划与上海、河南、浙江、湖北等地头部媒体之间的战略合作，鼓励媒体打造视角更新、互动性更强、参与感更好的矩阵账号，并凭借不断开拓专业化和垂直化内容，深化地方传统文化等区域 IP 挖掘包装，弘扬正能量，于新视角、新切面中展示地域特色、时代精神、中国力量，推动提升省级媒体在主流媒体中的权威性和影响力。

## 三、产品属性开放多元，赋能媒体融合高质量发展

微博在产品演进与运营策略中，持续为媒体深度融合提供支撑。从 2009 年至今，微博不断更新产品形态，除了图文、视频和直播以外，还

有高互动性的直播连麦产品和降低媒体内容互动门槛的投票产品等。开放的产品属性和全载体支撑，满足了媒体各类内容传播的需求，也提供了公共开放空间，帮助媒体和用户之间建立互动桥梁。经过长期的融合发展，国内传统媒体在社交平台获得的用户积淀、传播数据与相应的社会影响力不断提高，在网民中也拥有了更高的公信力和权威性。目前，微博上注册的央级、省级和地方媒体账号大约1.9万个，月均阅读量1292亿次，互动量3亿次。

传统媒体借助微博进一步拓宽了发展空间，微博也在持续探索助力媒体发展的新路径。2023年4月，微博上线了"暖新闻"机制，把镜头对准亿万网民，挖掘更多沾泥土、带露珠、冒热气的凡人善举，记录平凡人绽放的点点微光，并在热搜较高位置持续推荐。话题词上榜后出现"暖"标，通过该方式加大暖新闻内容的识别度，让主流价值更加可感、可触、深入人心。目前，全国已有约140家媒体参与"暖新闻"计划，其中像@闪电新闻、@陕视新闻、@钱江晚报等省级媒体成为重要的内容供给者。据统计，6月共有1517个暖新闻话题词登上热搜榜，总阅读量396亿次，总讨论量约279万次。一个"主旋律上热搜，正能量有话题，暖心故事常推送"的宣传新生态正在形成。

大道不孤，众行致远。在媒体融合发展的道路上，微博将持续加强与省级媒体和地方媒体的合作，发挥社交平台优势，推动出现更多具有全国影响力，乃至全球影响力的媒体账号；同时也期待越来越多的媒体和媒体人在微博落地生根、枝繁叶茂，通过微博更好传播党的政策主张、记录时代风云、推动社会进步、守望公平正义。微博也将不忘初心，为塑造主流舆论格局持续贡献"微博"之力。

*（作者为微博政府媒体事务副总裁、微博总编辑）*

# CNMC

# 2023中国新媒体大会
CHINA NEW MEDIA CONFERENCE

## │ 马栏山时间文创活动 │

▶▶

# 抢抓人工智能发展新机遇
# 努力打造媒体融合新地标

陈 澎

  2023 年是全面贯彻党的二十大精神的开局之年，是中央提出媒体融合发展 10 周年。2020 年 9 月 17 日，习近平总书记视察马栏山视频文创产业园，以"守正创新"点题，为我们指明了"文化＋科技"的发展方向。党的二十大报告对繁荣发展文化事业和文化产业作出重要部署，提出实施国家文化数字化战略。2023 年 6 月 2 日，习近平总书记在文化传承发展座谈会上强调，担负起新的文化使命，努力建设中华民族现代文明。今天，我们举办"数实相生 智创视界"马栏山时间文创活动正是落实习近平总书记重要讲话指示精神的具体举措。

两年多来，马栏山视频文创产业园坚持"文化＋科技"，推动媒体深度融合，集聚了一批内容和技术创新能力较强的文化科技企业，形成了以高新视频为特色，内容、制作、储存、播发、交易全链条的数字文化产业生态，先后获评国家文化和科技融合优秀示范基地、国家级文化产业示范园区。

当前，以深度学习为代表的新一代人工智能和以大模型为代表的通用人工智能突飞猛进，正推动新一轮科技革命和产业革命加速演进。AIGC（人工智能生成内容）发展进入快车道，正在引领人工智能技术新趋势，对人类生产生活将产生革命性影响。本次高峰论坛旨在围绕"AIGC 发展与机遇"，探讨马栏山视频文创产业如何利用现有优势，依托华为、芒果 TV 等头部支撑，搭建技术交流与合作平台，以场景应用促进技术研发、带动产学研正向循环，为推动人工智能时代媒体行业变革与深度融合发展探索新路径，积蓄新动能。

人工智能与音视频的结合是无尽的星辰大海。马栏山视频文创产业园将把发展人工智能作为优先战略选择，坚持突破关键技术和建设开放生态相统一，不断强化创新资源、应用示范、政策供给和人才集聚，鼓励算法创新、芯片研发、算力提升，开放更多应用场景，推动协同创新，加快打造具有全球影响力的数字视频产业链基地和媒体融合新地标，为建设中华民族现代文明贡献马栏山力量。

（作者为中共长沙市委常委、宣传部部长）

# 数实相生　智创视界

**贺　辉**

世界进入数字时代，数字化成为新一轮科技革命和产业变革的核心力量，AIGC 代表了人工智能技术发展的新趋势。AIGC 利用人工智能赋能内容生产，高质量助力创新应用、高性能蓄势数字生产、高效率赋能内容创作，推进"文化与科技"深度融合、发展和演化，是文化数字化蓬勃发展的一个典型缩影。拥抱 AIGC，就是积极拥抱文化数字化战略，拥抱新一轮数字化浪潮。

2020 年，习近平总书记来到马栏山，以"守正创新"点题，为马栏山指明了"文化＋科技融合发展"的文化产业发展方向，为园区赋予了新使命新任务。近年来，湖南省大力推动文化数字化战略，省委、省政府办公厅印发了《关于推进国家文化数字化战略的实施方案》，提出到"十四五"时期末，完成文化产业数字化布局，数字出版、数字影视等新型文化业态走在全国前列，力争将马栏山打造成全国"规模最大、种类最全、质量最高、成本最低、速度最快"的文化产业数字化园区，致力于成为"具有全球影响力的数字视频产业链基地和媒体融合新地标"。

马栏山作为湖南省乃至全国视频文创产业的前沿阵地，在国家广电总局和部省共建合作协议的科学指引下，以湖南广电、中南传媒、华为、创梦天地、中影年年等园区头部企业为支撑，将人工智能作为产业高质量发展的主赛道之一，协同国家广电总局发展研究中心创造性开展"马栏山指数"研究，通过建强技术底座、做实内容生产、深化场景应用，积极完善生态体系，在人工智能领域取得了多项发展成果，技术积淀深厚、发展潜力强劲，值得广大人工智能数字化企业入驻投资，共创共赢。

AIGC 技术是无法阻挡的"趋势"，更是不可或缺的"机遇"，面对趋势，唯有"顺势而为，借势而进，造势而起，乘势而上"。面对未来，视频文创产业如何抢抓 AIGC 技术，促进视频文创产业与 AIGC 深入融合、和谐共生。一是坚持人才为本，打造数字化人才高地。数字化人才是发展的第一根本，要顺应数字时代的新变化、新形势，牵住数字化人才队伍建设这个"牛鼻子"，健全完善数字化人才培养工作机制，完善人才"引育留用"政策体系，支持优秀数字化人才入园兴业，强化与知名科研院所开展产学研合作，加速数字化人才在马栏山聚集。二是坚持内容为王，创新内容表现形式。数字化时代，内容为王仍是文化市场不变的法则，要借助人工智能浪潮的东风，使内容"靓起来"，更要"火起来"。必须坚持以社会主义核心价值观为引领，内容为王、质量为先，建设全要素视频产业生态圈，发展人民喜闻乐见的社会主义大众文化，让内容作品更有作为、主流宣传更有特色。三是坚持科技为翼，建强数字化技术支撑。AIGC 外层是内容生产，其核心是算力、电力，是技术底座。要加快推进 5G+ 云技术底座、IDC 机房、大数据中心、AI 软件基础设施等数字基础设施建设，不断释放人工智能效能，降低人工智能开发和应用门槛，致力于让人工智能成为像水、电一样触手可得的普惠资源，以先进技术为内容生产提供强大支撑，推进媒体融合向纵深发展。

（作者为中共湖南省委宣传部副部长，
湖南省广播电视局党组书记、局长）

# 合作共赢开启更大"蓝海"

易 鹰

　　马栏山是习近平总书记亲临考察，并就文化产业持续健康发展作出重要指示的地方。在马栏山这个新时代文化地标，有个随处可见的口号，叫作"天生青春"。何以青春？何以马栏山？今天，借此机会，我想和大家分享一下青春马栏山的 4 个"天生不同"，既是推介，也是汇报，还是展示，更是邀请。希望大家和我们一起，更好地了解马栏山、走进马栏山，携手并进抢抓创新"风口"，合作共赢开启更大"蓝海"。

## 一、战略机遇天生不同

　　据工信部统计，截至 2022 年年底，我国超高清视频产业规模超过 3

万亿元。2023 年 6 月 19 日，湖南省委提出，要把长沙打造成全球研发中心城市。6 月 21 日，湖南省政府提出强调，要加快打造全国领先的音视频产业集群，力争到 2025 年，音视频行业集聚企业 5000 家以上。一直以来，湖南省、长沙市党委政府高度重视马栏山发展，将马栏山作为实施强省会战略的重要平台，集全省全市之力，在政策、资金、项目上倾力支持园区发展。当前，我们正全力打造"具有全球影响力的数字视频产业链基地和媒体融合新地标"，力争到 2026 年园区产值突破 1200 亿元，努力建设全国"规模最大、种类最全、质量最高、成本最低、速度最快"的视频生产园区。

这个"天生不同"，概括来说就是"三湘四水能够兼容兼优"的战略优势。我们相信，马栏山的产业发展，孕育着触手可及的巨大商机，必将给大家带来创富创业的无限空间和无限可能。我们期待，各位企业家走进马栏山、扎根马栏山，繁荣发展文化产业，共享重大战略红利。

## 二、资源禀赋天生不同

长沙是一座历经 3000 年城名、城址不改的首批国家历史文化名城，坐拥山水洲城之美和人杰地灵之秀。"马栏山"这个地名流传了 1800 多年，相传三国时期关公战长沙在此屯兵养马而得名。长沙作为"世界媒体艺术之都"、"东亚文化之都"、中非经贸博览会长期举办地、"一带一路"重要节点城市，底蕴深厚、科教发达、发展强劲，拥有海量的应用场景、完善的产业配套，市场纵深广阔。马栏山是"广电湘军""出版湘军""动漫湘军""演艺湘军"的大本营，资源富集、人才云集，产业有基础、技术有优势，所以习近平总书记称赞"湖南文创很有特色"。马栏山园区成立 5 年来，实现企业营收超 2519 亿元、税收超 144 亿元、固定资产投资超 497 亿元、重大项目投资超 318 亿元，引进了华为、中电港、华太电子 5G 芯片研发中心等 100 多家头部企业，新落地企业超 3000 家。

近年来，园区企业作品捧回各类国家级、省部级奖项200多项；"时空凝结技术""人工智能手语播报系统"等一批技术成果在全国、全省创造了多个第一，创新动力强劲。

这个"天生不同"，概括来说就是"产业事业能够深耕深植"的资源优势。我们欢迎，各位企业家深入马栏山、体验马栏山，共同开发这片文化沃土，释放"蓝色生产力"，让"马栏山IP"赋能企业做大做强做久，打造长青基业。

## 三、产业生态天生不同

马栏山是全国少有的"文化＋科技"融合发展的高地，做好产业生态，绝非一日之功。这些年来，我们做算法、造模型、立主体、建平台，瞄准风口、选准赛道、精准布局，抓住了数字技术变革的先机，推动园区实现高质量发展。园区现有14个企业聚集区（含商务楼宇和"飞地"）、3000多家企业；汇集了144家"四上"企业、115家高新技术企业、8家研究机构、20多个创新创业类服务平台，实现"上下楼就是上下游、产业园就是产业链、朋友圈就是生态圈"。近年来，5G高新视频多场景应用国家广电总局重点实验室、马栏山华为云音视频产业创新中心、马栏山视频超算平台等一批AIGC新型内容生产基础设施建成投用；"马栏山盒子"、"中国V链"、"5G智慧电台"、超高清视频算法研究、马栏山影视级XR虚拟影棚等一批"科文融合"产业项目相继落地，都得益于园区生态产业链"1+1>2"的协同效应。近年来，园区企业在连续两届全国广播电视和网络视听高新视频创新应用大赛、人工智能应用创新大赛决赛中，获得20多个冠亚军奖项，获奖数量位居全国前列；参与制定7项国家行业标准和省级地方标准；获得专利授权364个（含发明专利122个）。

这个"天生不同"，概括来说就是"创新创造能够互促互进"的生态优势。我们期盼，各位企业家和我们一起，集聚产业资源、优化产业平台、转化科创成果，合力打造未来发展的产业高地、创新高地、价值高地。

## 四、服务品质天生不同

我们的服务品牌就是"马栏山、马上办、马上好"，努力做到环节最少、时间最短、成本最低、效率最高。我们坚持"让企业和企业家舒心、安心、放心"的理念，不管国资、民资、外资，无论大、中、小、微企业，都将获得最优服务、享受最高礼遇。这5年来，我们全心全意"优底座"，新建5A级写字楼97万平方米、全国一流的影视演播厅3万平方米，建设"115"技术支撑底座，也就是1个产业云平台、1个产业创新中心、5个产业研究机构，不断提升产业承载能力。全心全意"优政策"，量体裁衣出台15项产业激励政策，涉及内容、技术、人才、资金等全要素支撑，鼓励企业创新创造。比如，园区企业成功在主板上市，可获得一次性补助200万元；企业的科研成果转化投入，可最高补贴1000万元。企业"真金白银"的投，我们就"真金白银"的补，全心全意"优保障"。落实省市支持马栏山发展的"一揽子"政策，93项行政审批事项实现"园区事园区办"，企业入驻奖补、房租补贴"即申即审"，企业入规奖励、高新企业入驻奖励"免申即享"。我们引进优质教育资源办学，如实验小学、南雅中学，未来马栏山办学优质教育资源涵盖义务教育全阶段；建成1500亩生态公园，建设2000多套人才公寓，建设"近零碳示范园区""儿童友好园区"，让企业和人才在这里可以安居乐业。

这个"天生不同"，概括来说就是"爱商富商能够共识共为"的服务优势。我们承诺，只要企业有所需，园区必定有所为；只要是企业的事，我们都会用心办、顶格办、快速办，做到完成、完好、完美。

4个"天生不同"，就是4个比较优势。每个天生不同，都蕴含着新动能；每个天生不同，都蕴含着新机会；每个天生不同，都为大家投资马栏山、兴业马栏山，铺设了更多发展赛道，提供了更多创富机会。稍后，我们将与华为技术有限公司等 6 家企业现场签约。本次签约的项目，包括了技术研发、内容制作、数字营销等领域，是马栏山深化"文化＋科技"融合发展的又一重大成果，必将助力马栏山进一步延长产业链、丰富产业生态。我们绝不会耽误任何一个项目，也绝不会辜负任何一位企业家。

新使命催人奋进，新征程任重道远。我们真诚希望，各位企业家和朋友们，发现商机、找准项目、借势发力，成为马栏山的产业发展"合伙人"。我们诚挚邀请，各位企业家和朋友们，到马栏山投资兴业同时安居乐业，住浏阳河畔、呷粤式早茶、品经典湘菜，观最火爆的综艺节目录制，与明星来一场不期而遇的邂逅，送孩子到最好的学校读书。我们郑重承诺，以最优环境、最好政策、最高礼遇，让每一位创业投资者，体验最满意的全生态服务，收获最丰沛的"阳光雨露"，让大家在马栏山创业一路顺心、办事一路"绿灯"、发展一路长虹。马栏山将全力打造具有全球影响力的数字视频产业链基地和媒体融合新地标，为在新的历史起点上继续推动文化繁荣、建设文化强国、建设中华民族现代文明贡献马栏山力量。

［作者为马栏山（长沙）视频文创园
党工委副书记、管委会主任］

# 马栏山"大模型+AIGC"生态架构

**周苏岳**

　　大模型 AIGC 是元宇宙加速发展的动力。我认为，从元宇宙角度来看这是 40 年的新阶段，它一定会改变经济社会和产业形态，必须积极拥抱和快速融入。从技术发展角度上可以看到连接技术在过去 200 年快速发展，从 1844 年摩尔斯电码发行之后大概每 15—20 年就会有一次迭代，但 2010 年以后，迭代速度已经加快到每 5—6 年。在元宇宙时期，大模型时代模型迭代在 1 年以内，甚至每 3 个月就会有一次迭代，所以技术加速迭代是目前的核心趋势。除了连接技术之外还有一个很重要的技术就是交互技术。交互技术从命令行的形式，到图形界面、触摸屏、语音，再到未来的脑机接口形式，发展趋势非常强。

　　从金融角度来看，金融产业作为最标准的数字化产业，在过去 40 年里经历了 Web1.0、Web2.0 到 Web3.0，经历了 1G 到 5G 的改变。整个交互和连接技术的改变带来 3 个核心变化，一是智能交互数字人的出现，二是数字货币的出现，三是金融业态的改变。从金融业来看这叫作道随器变。

从元宇宙行业来看，元宇宙是汇集多种技术的智能体，尤其是大模型和 AIGC 加速了元宇宙的发展。在整个元宇宙中有 3 项核心技术，一是图形技术的改变，二是交互式信任、分布式信任的出现，三是虚拟制作技术，最核心的是人工智能和机器学习、大模型领域。尤其在苹果推出了空间计算之后，进一步加速了元宇宙的到来。

## 一、核心认知

大模型不仅仅是模型，它实现了交互方式的改变，甚至是新一代计算机。它具有 6 个发展关键点：数据集、GPU 资源、人才密度、关键性应用、组织能力和工程能力，这些能力是大模型发展的核心。大模型的发展目前接近于登月的难度。从整个大模型角度来讲，它会在 2C 和 2B 两个方向进行应用。在 2C 方向上的主要机会，比如在文生图、文生视频、文生文、图生文等方面带来交互体验的改变。在 2B 方向上会形成伴侣或者形成生产力工具。

AIGC 可以形成完整的场景，从文本的生成一直到各方面的生成，这些生成对于整个行业有本质性的推动力，它将形成一个完整的上中下游的关系。总体来看，在未来 10—15 年里，它的相关业务场景会从内容领域一直扩展到其他新领域，有机构预测到 2030 年整个市场规模将达 1 万亿元人民币。

## 二、马栏山的发展

马栏山从 2020 年 7 月开始布局元宇宙，到 2022 年，这 3 年里在元宇宙方面形成了完整的体系，重点形成了"3个生态+1个体系"的模式。内容生态是AIGC，基础设施生态是大模型，再加上区块链和AI渲染，构建了一个完整生态体系的模型。

在马栏山原生的AIGC从2020年开始研发，到2021年3月产品出来，2022年10月获得国家广电总局的一等奖。产品内容包括模型需要怎么做，系统如何构建，完整的工艺流程的形成以及生产线的构建，包括未来要解决的问题。

在马栏山大模型的基础上，马栏山建设了一个围绕园区发改的云，用30T的带宽和288条光纤把园区围住。建立了四云融合的云，构建了完整的从融媒体到电视到影视的全媒体平台。定义了视频超算，形成了端到端的生态创新路线图，构建了完整的云原生的基础平台，其中最重要的能力就是智能和大数据AI。总体来看，过去3年里，每一个时间点在这个领域都有对应的推进。

## 三、应用生态和产业链

目前，在马栏山已经形成了强主业、强研发、厚要素、厚人才的基本模式。从创作到拍摄到制作到流程管理到发行，构建了完整产业链。像火石平台，目前在生产旺季时座无虚席，还需要增加设备，已经形成规模，其中最核心的能力就是AIGC。

我们设想未来马栏山AIGC大模型的场景应用生态，大概是这样的：在资源生态、大模型和AIGC上，尤其是在大模型上会充分应用OpenAI的模型，3D图形的模型能力、美图模型、盘古大模型等都会涉及，在此基础上，围绕服务生态到应用生态，每一个生态、每一个方向都会被AI改变。

美图大模型从模型一直到所有生态，都是围绕模型和算法完成的。比如园区数字资产的生产平台，用工业化的体系，用超千人的规模完成视频数据级的建立，形成自己的人力资源。从人力资源形成的角度来看，目前整个人力资源的模型已经改变。围绕 AI 整个数据级的形成、三维点云数据的形成，这些都为未来元宇宙模型和场景提供了工业化生产的能力，包括各种技术。例如谱蓝和瑞士 Soreal 形成的一套用 CT 技术加上光场构建完整孪生体的技术，也是完全以 AI 为核心的。

最后，我用一个 21 岁的湖南女孩的创业故事来说明新一代创业者是如何用 AI 形成产品体系。她的 3D 生成引擎从程序化建模到贴图到 3D 的生成，到材质构建完全生成时的资产；围绕整个技术构建，从语音到对话到形象到驱动，形成自己角色化的大模型；再从原生的 AIGC 资产里构建应用场景以及用现实中的 IP 构建应用场景。通过各种提示生成图再生成对应的商品和设计，形成产品体系，形成了元宇宙持有、虚实交互以及实物定制的完整产业链，最终应用于文化影视产业和时尚潮流行业。这样的创新型企业，是由一群学计算机的人和一群学艺术的人整合在一起，构造了一个全新的模型，我想这就是未来的发展模式。

*[作者为马栏山（长沙）视频文创园首席专家]*

# AIGC 在芒果 TV 的应用实践

杨 杰

在芒果 TV，我们将 AIGC 看作数字内容生产创新的新引擎。目前已经在各个业务维度上进行了广泛探索和应用。一些是业务团队自发利用 AIGC 工具进行内容生产或效率提升；一些则是通过多媒体算法团队进行系统化的落地应用。AIGC 技术在芒果 TV 内部已经成为不可或缺、举足轻重的一个技术栈。

在这些应用中，第一个重点介绍的项目是有声剧。有声剧是利用 AIGC 技术深度挖掘存量内容价值的一个创新产品。能够将我们自有版权的优质内容 IP 的视频内容转成音频新内容，拓展内容消费的新场景，让我们能够在不看画面的情况下，通过听的方式就能欣赏电视剧内容。让用户在通勤、家务、助眠等场景，能用听剧的方式来体验电视剧。同时，这对于视力有障碍的用户也是非常友好的。在这个产品中，我们用语言模型进行旁白文字的生成及改写，让解说能在合适的地方以适当的长度出现，然后利用文本转语音的技术将旁白文字转换成旁白解说的语音。AIGC 技术极大缩短了有声剧的生产周期，能够批量地将存量视频内容制作成有声剧新内容。

第二个重点介绍的项目是"加速之城"。"加速之城"是芒果最近热门综艺《全员加速中》IP 衍生创新玩法，我们在虚拟空间里复刻了节目中的场景和互动形式，让粉丝可以在元宇宙里体验综艺节目的情节和游戏。在这个虚拟空间的制作中，我们利用 AIGC 技术生成了整个故事背景、游戏关卡，很多绚丽的场景也是采用 AI 绘画先出图，激发设计师创意，再完成后续工作。这样会极大地加速内容生产速度和整个项目进度。未来，我们还将用于虚拟数字资产的生产，支撑芒果 TV 的开放式元宇宙平台建设，做到"一个节目一座城市，一座城市一个故事"，实现内容的数字孪生。

除了这些，我们还推出了具备芒果领域知识的模型，能够完全接管人工咨询的服务；在芒果壁纸中，由 AI 生成的壁纸不仅产量大，还长期霸榜最受用户欢迎的 TOP 榜单；我们利用 AIGC 生成长视频剧情速看短视频；在更多的项目中，采用 AIGC 技术提升效率，创造新的内容和交互方式，不断为内容生产、业务运营带来惊喜。

我们应用 AIGC 技术，可以说是"不以善小而不为"，不论场景大场景小，我们都尽量去应用，我们相信用得多了就能触达质变的临界点。经过实践总结，让 AIGC 技术发挥更大的潜能，低门槛和高可控是我们团队下一步研究推进的重要方向。低门槛才能带来更广泛的应用，高可控可以带来高可用。因此我们面向公司内部推出了 AIGC HUB 平台，希望通过低门槛的方式把 AIGC 的能力送达每一个同事的案头，鼓励大家在具体工作中拥抱 AIGC，也期望在大规模的应用中催生出生产力变革，激发出创新产品创意。

我们的产品涵盖了文本生成、AI 绘画、语音音乐生成以及 NFT 素材生成等方面的能力。上线之后，我们也观察到更多的同事将这些能力应用到具体工作中，并且迸发了大量结合业务场景的创新创意。希望通过这个工具把公司团队成建制地转变成擅长与 AI 一起工作的团队。

（作者为芒果 TV 智能算法部多媒体算法负责人）

# 盘古大模型，传媒领域新的动力引擎

## 吴 雷

人工智能和任何新技术一样，发展不是一帆风顺的，经历了萌芽、起步、质疑、徘徊，到再次大发展。在这个起起伏伏的过程中，人工智能的内涵也在悄然进化。过去，我们希望人工智能能够理解这个世界，用给定的规则，帮助我们判别、感知，让人类从烦琐、重复性的事务中脱离出来。但现实世界纷繁复杂，规则是无法穷尽的，判别式算法不断遇到新的需求和挑战。

随着计算机科学蓬勃发展，算力突飞猛进，结合大数据技术，让通用人工智能成为可能。通用人工智能技术，从一定程度上摆脱了预设规则的牵绊，用海量的参数理解世界，并具备了基于现实世界生成内容的可能。目前来看，大模型是通用人工智能技术的路径之一，从诞生开始，就不断和人类的生产生活发生碰撞，迸发出一个又一个惊叹和兴奋的火花。

华为公司为什么可以在人工智能领域有一席之地？华为秉承着"自己生产的降落伞自己先跳"的原则，率将人工智能用于自身的流程自动化和数字化转型，将概率近似正确的理论，变成确定的算法和模型。2012 年是玛雅人预测世界末日的年份，华为也在同期成立了 2012 实验室，探索未知世界。在 2012 实验室科学家、工程师的努力下，结合华为近 30 年的经验、自身的数字化转型经历，以及海量的项目实践和工程代码，一个又一个人工智能算法应运而生。华为也将这些人工智能算法应用于实际的产品设计、代码编写、项目交付、工程实施。自己做"第一个吃螃蟹的人"，知行合一。

2017 年，华为正式成立了 EI 服务产品部，将这些宝贵的资产沉淀下来，并放在华为云上服务化，以云服务 PaaS 的形式提供给传媒、金融、政府等多个行业。这就是华为人工智能技术的由来。华为云 EI 服务产品部，也是用这种方式，确保所提供的人工智能技术，已经经过实践和锤炼，来之能战，战之能胜。

华为深知，发展高科技离不开全球化视野和人才。依托于华为集团全球化研究所布局。华为云 EI 服务产品部，在全球四大洲 15 个以上研发中心有自己的团队，包括中国本土在内，研发人员总数超过 5000 人，其中 10% 以上为高学历人才。年轻的优秀人才，在华为内部称为"天才少年"。他们立志高远，思维活跃，不受传统方法束缚，勇于打破常规，结合超强的动手能力，勇敢地朝着不确定前进；他们善于解题，步步推进，让无数个不可能想法变成了确定性的方案。同时加上数千名优秀的工程师，用严谨、务实的态度和精湛的技术功底，将想法和方案整合成高安全、高可靠、高性能的产品。

除了组建自己的研发团队，华为 EI 服务产品部还和超过 85 个科研机构合作，打开视野，吸收宇宙能量。经过几年的研究和开发，已经在算力、数据、算法、平台和框架等方面取得优异成绩，同时还将很多优秀成果推送给开源社区，为人工智能生态的繁荣贡献自己的力量。

基于华为在计算视觉、自然语言处理、多模态、预测、科学计算等领域的深厚积累，华为在 2019 年立项了大模型方向，并在 2021 年首次发布盘古大模型。随后，华为深入行业场景，实现行业 Know-how 与大模型的结合，持续演进，发布了最新的盘古大模型 3.0 版本。

盘古大模型 3.0 分为 L0 层基础大模型，L1 层行业大模型和 L2 层场景化模型 3 层架构。其中 L0 层有 CV，也就是计算视觉；NLP，也就是自然语言处理；多模态；预测决策和科学计算 5 个基础模型。5 个基础模型提供通用的基础能力，可以独立工作，也可以组合调用。在此基础上，采用特定行业的脱敏数据进行训练和调优，打造面向行业的解决方案，其中传媒大模型是多个行业大模型之一。

华为盘古大模型优势在于采用了海量数据进行预训练，有千亿级参数，同时结合华为昇腾芯片的澎湃算力，可以为传媒行业提供精度高、泛化性强、响应速度快的场景化解决方案。2023 年，华为云还加强了生态体系的建设，用更加开放、透明、双赢的方式，和业内伙伴一起构建开放共赢的人工智能生态。大模型仅仅是通用人工智能的开始，华为将在这个领域深耕技术，高强度的投入，持续演进，为中国的科技自主贡献力量。

华为公司在传媒领域耕耘多年，在音视频编解码、媒资、IPTV/OTT 流媒体、直播、CDN、RTC 等领域都有成熟的产品和解决方案，也为传媒领域贡献了大量专利、标准、技术、算法和产品。华为将这些经验和成果与盘古大模型相结合，形成了盘古传媒大模型解决方案。

盘古大模型面向传媒场景，提供场景化 API，包括视频合成、替换、生产；视频识别、标注、检查；图文对话；图文生产等等，可以被数字内容生产线调用，辅助、提速数字内容生产。

首先，基于盘古大模型，可以实现自动化生产。将日常大量重复性手工操作，通过人工智能的识别、分析、提炼、编辑、生产等能力，变成自动化生产。其次，多模态能力覆盖文本、图片、视频，高度匹配传媒领域内容形态和需求。此外，大模型实现了人工智能算法从判别到生成的跃迁，支持文图生成、图文生成、合成、联想，充分打开创意空间。

传媒大模型在通用能力的基础上，用传媒领域专业化数据进行训练和微调，实现从通用到专业的进化。华为已经开始和多个新媒体行业内客户进行创新性合作，在项目中持续迭代，让算法越用越好、越用越准。

最后，盘古大模型是自主可控的人工智能解决方案。盘古大模型从数据采集到算法训练，充分考虑了伦理道德、安全隐私、社会公平、版权保护以及中国国情，保证大模型的可控、可解释。同时还有针对性地设计了防攻击措施，抵御模型投毒、数据污染、误导等手段，确保大模型的安全运营。总之，盘古大模型是满足"中国价值观"的大模型，让传媒领域的合作伙伴放心使用、可控生产，并建立起健康的商业模式，共同繁荣人工智能生态，共同繁荣新媒体产业。

大模型开启了通用 AI 技术的大门，带来了广阔的想象空间。华为盘古大模型融合华为 ICT、芯片、终端、华为云在传媒领域的经验，吸纳全球智慧，目标是采用云服务方式，服务数字内容的自动化、智能化生产，为传媒领域加上新的动力引擎。

"一花独放不是春，百花齐放春满园。"华为会秉承开放、合作、共赢的初心，期待和新媒体领域的各位领导、专家、同仁，一起携手共进，共创美好未来。

（作者为华为云计算技术有限公司华为云 EI 产品总监）

# 全功能 GPU 助力生成式 AI

李 丰

摩尔线程是 2020 年 10 月正式成立的，是中国发展最快的芯片公司之一，我们打造全功能 GPU，为数字孪生、AIGC 和元宇宙提供底层算力。

元宇宙有两个核心点——物理世界数字化和数字世界物理化，这跟我国数字经济中的产业数字化和数字产业化可以说是不谋而合。为数字经济赋能、元宇宙应用推动，这一切海量的计算都依赖于 GPU。目前全世界每年新增的 90% 的有效算力都来自 GPU，大家知道，当前的热门应用，例如 AIGC、元宇宙、自动驾驶、AI 训练等底层计算无一不依赖 GPU，所以我们要解决国产化 GPU 的问题。

物理世界数字化涉及很多技术，包括影视圈熟悉的三维建模、数字人、AI 模型训练、物联网传感器、数字孪生、知识图谱、脑机接口等，所有这一切是把数据和信息向数字世界进行迁移或者连接。数字世界物理化，就包括 3D 渲染、影视特效、物理仿真、AR/VR/XR 技术，以 OpenAI、ChatGPT 为代表的大规模分布式并行推理与计算以及影视界视网膜级别、8K 级别的视频编解码和生物仿真机器人技术。所有这一切是把物理世界里的数据和信息通过某种接口跟现实世界进行某种推演和联系，展示到现实世界中，然后与人产生交互。

这两点列举的只是一个技术指令，所有底层都依赖于 GPU。摩尔线程发展到今天，2 年时间已经发布了 2 颗芯片。

作为 GPU 必须支持四大领域技术，首先最直接的必须支持 3D 图形渲染，支持如微软 Windows、OpenGL，还要支持大量人工智能计算，同时需要支持很多视频、音频格式，还要支持科学计算，具备这些功能的才能够称之为全功能 GPU。在芯片之下更重要的是要有一个统一的计算架构，摩尔线程统一的计算架构称为 MUSA，MUSA 的统一计算架构在芯片上都是完全统一化的，MUSA 架构使得很多在 CUDA 上的代码便于迁移。所以，AI 大模型一旦开源出来以后，以小时计就可以在摩尔线程 GPU 上运行。

基于 GPU 计算集群，我们有完整的元宇宙平台，支持所有类型的计算需求，在平台上不只提供最底层的算力，同时在基础架构层提供所有的计算支持。在技术架构层上有一整套工具链，在工具链上跑着各种各样应用级的产品，整个平台叫作 MTVERSE。

说到数字人领域，我们有全套数字人解决方案，我们把它称为 DigitalME，包括 TTS、语音识别、音色复刻、表情驱动、后台大模型进行交互，我们在马栏山的合作伙伴已经部署了整个的交互数字人。

说到 AIGC，大家可以在摩尔线程微信公众号里进入"摩笔马良"，这是唯一一个运行在国产化 GPU 上的 AIGC 应用，我们目前和多所院校在进行 AIGC 合作。"摩笔马良"不仅可以运行在云端，还可以在本地运行，将来我们会把本地运行版开源。之前，我们在发布会现场还举办了第一届基于"摩笔马良"的 AI 画展。"摩笔马良"内置了开源大模型，让很多不会写或者写不好文档的人同样可以进行 AI 内容创作。

未来要在 AIGC 产业上大力发展，最核心的需要是全功能 GPU 支持的底层算力。马栏山有各种各样类型的企业都用 AI 技术和 3D 技术、元宇宙技术驱动自己的内容创作，而所有这一切都高度依赖于 GPU 驱动的计算底座，这一切在很长时间里是没有国产 GPU 支撑的。今天我们已经有全国产化的平台来支撑，摩尔线程期待能为更多企业赋能。

（作者为摩尔线程智能科技有限责任公司、摩尔学院院长）

# AIGC 时代元宇宙核心技术探索者

**谢成鸿**

元宇宙跟 AIGC 是"情侣"关系，不是敌对关系，双方结合得非常紧密。在软件行业有两项核心技术，一是 3D 引擎。3D 引擎是元宇宙不可或缺的底层技术，没有 3D 引擎，无论是游戏、消费级元宇宙还是工业元宇宙，虚拟现实都不可能呈现出来。目前在国内知名的 3D 引擎有 3 款，分别是 Unity、Unreal、LayaAir。3D 引擎目前事关国家的数字化安全，国产化替代成为非常急迫的事情。二是元宇宙的内容生产工具。我们要大规模提升生产力，使元宇宙制作成本大幅度降低。依赖非专业性的工具，我们叫作零代码工具，正在跟 AIGC 结合，进一步降低成本和门槛。

AIGC 对元宇宙有哪方面的助力呢？一是降低生产成本，降低生产门槛；二是提高元宇宙的智能体验。比如说原来需要真人服务的客服系统，通过 AIGC 完全可以智能化，包括游戏视频里面的角色，都可以通过 AI 自动形成服务。

公司 2014 年成立，主要的定位是 AIGC 3D 数字化核心技术研发。目前整个业务类型分两大块，一是专业的 3D 引擎，二是大众化内容创作工具。经过 9 年发展，目前已经成为中国最大的国产 3D 引擎提供商。

我们在几年发展过程中取得了大量的成果，拥有上百项的知识产权和专利，同时也是工信部工业元宇宙协同发展组织副理事长单位，北京市专精特新中小企业。目前主要服务国内市场，在国内有 6 个办事处，总部在北京。马栏山是我们打造的第一个元宇宙生态产业园，通过跟马栏山的合作为我们的生态提供技术赋能，提供整个元宇宙相关的创作服务。

我们的业务分六大板块，全面整合了 AIGC 的能力。已经发布而且已经产生盈利有 3 个业务，一个是通用的 AIGC 3D 引擎，一个是游戏 UGC 创作工具，一个是轻量元宇宙众创平台。正在研发的 3 个业务是工业 3D 引擎、AI 云原生引擎和 AR UGC 工具。

作为国产 3D 引擎龙头代表，如何在这么激烈的竞争中取得了快速发展、拥有了百万开发者、创造了 50 亿元以上的产值？我们在 Web 和 App 上领先全球。目前，3D 引擎的国产化替代正在申请国家课题，因为 3D 引擎除了游戏以外，在元宇宙价值越来越大。

2023 年 6 月 30 日是 LayaAir1.0 发布 6 周年的日子，同一天我们发布了 LayaAir3.0 正式版。LayaAir3.0 最重要的升级是与 AIGC 的深度整合，我们将在 AIGC 领域持续投资。目前知名的案例，比如腾讯微信版《王者荣耀》《腾讯台球》《穿越火线》，还有字节跳动代理的第一款休闲游戏《消灭病毒》，包括三七互娱的产品，像《斗罗大陆》《一刀传世》《大天使之剑》等都是采用我们的 LayaAir 引擎研发的。

目前 3D 引擎和 AIGC 的结合主要推出了 4 个领域的服务，LayaAir

AID 辅助编辑，LayaAir Automator 一键自动生成项目，LayaAir Wise 游戏运行中的 AI 能力，LayaAir Collaboration AIGC 认证商店。

生态合作是做引擎的关键。目前，有一些 AIGC 的能力并不是由我们公司提供的，而是很多生态合作伙伴使用我们提供的接口，使用我们提供的协议整合进平台。

（作者为蓝亚盒子科技有限公司创始人、董事长）

# 基于空间计算和 AIGC 的
# 空间编辑与数智运营平台

范 晓

作为基于空间计算和 AIGC 的空间编辑和智能运营平台，最重要的是现实空间，要重新思考它以及创造更多的增量经济。我们认为数字中国的下一个时代是"算法时代"，是让人际交往，内容、交互重新回归真实世界的时代。

我们打造的元宇宙音乐会，其中的场景并不是纯真实的，将数字化的内容和演唱会的曲目进行了联动，音乐会现场的 2000 多位观众拿起手机或戴上眼镜之后会发现整个世界都发生了变化。如果其中的内容用真实布局制作要花费高昂的时间和成本，但现在只用 5 天时间就可以展现一个完全不一样、科幻级别的音乐会效果。

香港的铜锣湾时代广场是比较传统的空间和街区，使用我们的平台之后整个空间完全发生了改变，包含了各种有趣时尚的内容，未来会变得更加丰富。结合更多的场景会让每个人看到的空间不同，我们在一步一步把科幻电影变成现实。希望可以把中国或者全世界更多的空间变得更加丰富，让每个人看到同样的空间可以获得不一样的体验。

基于我们的平台，可以让更多的年轻创作者制作出有意思的内容，丰富受众体验。他们把更多的 IP 放到真实的空间中，为受众提供更多互动体验。比如放入一只小兔子跟大家玩游戏，受众会一边跟它玩一边跟它沟通，同时会被引导到线下店铺进行消费。原来游戏只能在线上玩，但是现在可以在商圈、文旅等任何一个地方玩。之前的交互技术不管是基于电视电影屏幕、手机屏幕都无法和现实的实际空间进行直接联动，现在我们平台提供了更多的可能性。比如我们利用空间计算技术和空间 AIGC 技术在公司大楼放了一个 6 米的数字机器人，让每个人都可以体验到 6 米的机器人、50 米的宇航飞船。苹果在自己的产品推介视频里面设计了类似的恐龙。一个 14 米的霸王龙在我们面前是什么感受？可能之前只能在博物馆里看到，现在随时随地都可以有身临其境的体会。

我们的产品可以将时空大数据、空间计算等服务都整合到平台中。我们面向所有内容创作者开放，还可以提供崭新的画布，不管是园区、公园、城市街道、城市商圈，都可以把它建成新的画布，让所有的内容创作者有全新的展示舞台。以前受众可能只能在手机、电视上观看，现在走在街上和朋友互动的时候可以制作展示自己的创意。除此之外，我们的产品还可以把空间变成运营入口，整个大的空间进行数字化编辑后，可以知道不同的人在看什么，在进行怎样的互动。

我们的硬件设备已迭代到 7 代，可以用激光和视觉双重的算法把巨量的空间进行高效和精准计算。在线下运营、交互过程中，可线上线下融合整个产业链。比如"网红"探店线上导流和线下紧密交互，将线上流量重新导流到线下，重新挖掘线下空间魅力。

我们的空间计算和空间 AIGC 技术可以让机器读懂空间；我们的硬件激光扫描，可以让大家清楚了解眼镜或者手机在空间的位置，并精准到厘米级别。基于这样的算法可进行实时编辑和交互，这种大空间大尺度的计算，可以配合 AIGC 算法内容生成以及内容重合。之前把一个数字化内容精准放在物理空间是非常困难的，但现在迭代的产品可以让每个创作者快速编辑和创作属于自己的现实空间，这是我们产品最大的价值和意义所在。我们的产品可以让内容创作者低成本生产拥有良好交互体验的产品。比如说从门里走进来，有一个机器人飞快地跳到面前等类似的交互内容。这样的内容编辑在之前是非常消耗时间和精力的，而现在在我们的平台上可以非常快速、低成本制作完成。

维享时空是全国领先的空间计算企业，在上海、河南、四川、中国香港和新加坡等地都建设了丰富的场景，希望未来和马栏山视频文创产业园的产业进行紧密合作，共同把马栏山打造成全国乃至全世界空间计算和实景体验的高地。

（作者为维享时空信息科技有限公司首席执行官）

# "大模型 +AIGC 产业机遇"圆桌论坛

■ 主持人：万 欣
周苏岳 马栏山（长沙）视频文创园首席专家
■ 嘉 宾：梁 威 湖南出版投资控股集团有限公司党委委员、中南出版传媒集团股份有限公司副总经理
关敬蓉 中广天择传媒股份有限公司常务副总经理、湖南马栏山天择微链科技有限公司董事长
梁子康 创壹科技文化有限公司联合创始人、CEO
苑朋飞 中影年年文化传媒有限公司合伙人、CTO
谢松县 马栏山视频先进技术研究院有限公司副总经理

**周苏岳：** 今天我们围绕"大模型 +AIGC 产业机遇"，开展圆桌对话。首先请问中影年年的苑朋飞，请问：大模型和 AIGC 对行业赋能，对行业就业人员有什么影响？中影年年作为长篇三维动画领域的头部企业之一，在制作中应用到了哪些 AIGC 技术？未来是否要训练自己的大模型？

**苑朋飞：** 大模型、元宇宙，包括 AIGC 大家都耳熟能详了。从人类科学技术发展的角度而言，我们经历了农耕时代、工业电器时代，到互联网时代，到现在的智能化时代，每个时代都有每个时代的产物和需求，到了智能时代一定是为我们这个行业起到加速作用的。同时各行各业通过 AIGC、大模型训练，增加了包括科学技术的需求，对我们行业起到了

"数实相生 智创视界"马栏山时间文创活动

"数实相生 智创视界"马栏山时间文创活动

赋能作用。

中影年年是一家数字科技和数字文化相结合的企业，我们自主研发了200多项国家软件著作权包括相关的发明专利。同时与华为云成立了联合实验室，共同打造云上数字人生产线，同时与华为盘古大模型也签署了战略合作协议。

从训练大模型角度来说，因为它是千行百业，我们会结合自身的优势。我们有5000多个数字人，包括《少年歌行》《元龙》等大家耳熟能详的，同时我们的数字艺人也得到了市场认证。基于数字人、数字景和数字物作为一个数字的训练级，结合图形图像学的优势，制作这方面的模型。我们研发了文生图、图生3D，包括AI的文字生成场景、生成道具技术，所以具有很强的大模型研发能力。

**周苏岳**：关敬蓉董事长，目前AI领域里一个比较热门的方向是生成式AI，最近漫威使用生成式AI做了自己的新剧《秘密入侵》的开场，引发了一些争议，给从事创意行业的人带来一个担忧：什么时候我们这些人会被AI干掉？中广天择就是创意行业，有没有影响到贵公司？

**关敬蓉**：我先简单介绍一下，中广天择是一家专注在内容创意领域的主板上市公司，近几年也有一些比较优质的作品，比如《守护解放西》已经成为 B 站的镇站之宝，最近我们又制作了《闪闪的儿科医生》，在橘子洲头一票难求的《恰同学少年》也是我们的内容产品，我们一直在致力于内容领域。

中国 V 链是中广天择与马栏山管委会共同成立的一家全域数字资产网络和交易平台，服务于原创音视频、图文、IP 衍生，跟 VR 的版权方进行确权、保护、交易工作。关于生成式 AI 会不会对内容创意行业产生巨大的危机？当然我觉得它带来巨大的挑战，但是我更想把它当成一次巨大的机会。

现在生成式 AI 很火，尤其国内大模型纷纷出台，包括华为的盘古大模型，而且这些大模型慢慢地都走向开源。这当中的参与方还有关键应用，像中广天择的创意公司核心会放在关键性应用方面，在底座大模型方面会生产出行业的专属数据。大家都知道的《守护解放西》是利用纯 4K 拍摄，素材量高达 1.5T，成片 10 集有 2.2T，我们如何挑选千分之一的素材把它整合成爆款，这是内容创意行业的能力。我们把这种专属数据导入 AI，可以生成关于内容创意行业的优质小模型。

湖南的目标是要打造全球的研发中心，中广天择在 10 年前就在进行模式库的整理，我们拥有全球优质的节目创意库，这都是非常海量的数据。同时中广天择的千台一网，跟全国 1000 多家电视台合作。比如长沙 1951 年的五一路在长沙电视台媒资库里面，洛阳 1980 年的图景在洛阳电视台的媒资库里。我们拥有上千个电视台可以挖掘出这些行业的专属数据。

同时中国 V 链与全国很多同行进行合作，我们也有整合能力，基于这些做一些专属数据是非常有优势的。中国 V 链致力于知识产权保护，现在 AI 换脸、AI 绘画，很多不规范的时候会侵犯版权方的权益以及侵犯个人肖像权。中国 V 链用区块链步步存证，进行包围式保护，相信在未来的内容创作行业，版权方会迎来一个巨大的机遇。

**周苏岳**：梁总，中南传媒作为出版行业的龙头企业，在媒体行业里是最传统的行业，请您站在龙头企业经营者的角度给大家做一个解读，AIGC 对出版行业的机遇和挑战有哪些？

**梁威**：我觉得人和 AIGC 的关系是使用者与工具的关系。从主客体角度讲，人仍然是主体，AIGC 是一个客体，我对它的基本认识是工具。基于这样的认识，我们读书的时候说人很重要的一个特征就是会使用工具，更强大的工具毫无疑问会使得人类更强大，更强大的产业工具会使得产业更强大。

大航海时代有了轮船，大交通时代有了汽车，现在人类进入了 AI 时代，它的现象级产品是 AIGC，在智能时代有了 AIGC，这个想象力是无比巨大的。对出版界的机会来讲我认为有以下几个方面。

一是生产力的提升。所有行业都会因此提升生产力，出版业也是，文生文、文生图、文生视频我们出版行业都需要。以前连环画的画家画图需要很长时间，现在的图书当中有插图，是需要高技能人才的产品，使用 AIGC 会大大提升生产力。

二是生产流程的再造。当有了这个产品之后，也许出版的传统部分由于这个工具的出现再造一个新的底座。小时候我的家在铁路边上，那时候列车速度是很慢的，我知道当时的路基和现在高铁的路基是不一样的，我觉得速度的提升不仅源自列车部分，更重要的部分是路基，AIGC 对于出版流程的再造也许是路基部分。

三是产品会更丰富。传统的书籍报刊，将来在智能时代有新的内容服务，以出版为核心价值的内容服务会出现。

AIGC 带给出版行业的机会无处不在、无时不在，可能超乎我们的想象。有些事情我们想得到做不到，甚至不敢想，但是人工智能时代可以想到做到，甚至实现一部分人想、一部分人做。您说到"挑战"这个词，我认为挑战就只有两条。第一个挑战是你用了工具，而我没有用这个工具，或者说我买不起，我不会用、用不好。是你用了这个工具，而我没有用这个工具的挑战。第二个挑战是我用了这个工具，而你用了一个更高级的工具，终究是人与人的竞争，行业与行业的竞争，并不是工具本身带给行业的挑战。

**周苏岳：**接下来想问梁子康，创壹科技公司这些年拿到了不同领域的奖项，各个领域的峰会也在邀请创壹参加，在虚拟 IP 或者数字 IP 的打造上都走在了前列，从 AIGC 和大模型的方向或者从媒体角度怎么定义你们自己？创壹是什么样的公司？你们为什么会打造虚拟主播"柳夜熙"？

**梁子康：**这些年我们出过一些 IP，最早 2018 年推出"慧慧周"，这是全网最大的特效 IP。2020 年、2021 年"柳夜熙"爆火，目前在国内甚至在全球，在商业化能力、流量能力、影响能力、粉丝量各个层面都是顶级的，在国内应该是第一，在全球也是排名前几的。到 2023 年上半年，完成了全球首部虚拟制作短剧《柒两人生》，在 2023 年 8 月登陆各大平台跟大家见面。

创壹是什么样的公司，我们怎么定义自己？我们的理解是：我们最早做特效技术、数字人技术，包括现在的 AIGC、Web3.0、元宇宙技术，我们定义自己为一家以科技驱动的 IP 公司，我们希望将内容跟技术进行很好的结合。刚才讲到的技术工具会让我们更快捷产生更优质的 IP 内容。因为对内容的打造有一套独特的心得，我们的核心能力是错位竞争，技术与内容结合，发挥运营能力。像"柳夜熙"2021 年 10 月 31 日发布，到 11 月中旬，全网相关话题量突破 50 亿次，通过内容跟技术结合占领市场。未来，通过自主打造 IP 跟科技结合这套流程工具将赋能产业方生产。2022—2023 年，人民日报推向国内的第一个数字人、字节跳动的第一个数字人，里面的 NPC 角色等都是由我们公司打造，不管是同行业的、其他行业内的各大数字人 IP，要么是跟我们合作，要么是由我们打造。这些年推向市面上的工具，通过我们自己的 IP 将它打造成爆款，将流程工具推向整个产业，赋能整个行业，这是我们希望做的事情。

**周苏岳：**前面我们看到了媒体产业不同的细分市场上的不同类型企

业家的看法，在整个 AI 跃迁过程中还有一个霸权叫"算力霸权"，没有"算力霸权"这一切都不可能存在，尤其是像三维空间计算。比如刚才关敬蓉提到的海量的媒资，目前在马栏山现有的云上已经积累了 40 多 PB 的数据，这些数据未来都要进行结构化，都要变成资产。再加上我们出版的书籍和版权的数字化，从图片到磁带到模拟时代到数字时代的媒资，未来都需要算力。

谢总，视频超算是我们设计你们具体承建的，站在超算的角度，在整个算力基础平台上您怎么理解算力基建的作用？以及怎么参与到过程中来？

**谢松县：**2023 年 AIGC 的火爆引爆了全球对算力的追逐，我们也见证了算力提供商万亿元级的"独角兽"英伟达的诞生，引发了我们国内算力工作者的思考。在马栏山园区建的超算服务园区，怎样参与园区的内容生产建设，用什么角度建设。可以从 3 个维度展开。

第一，现在所谓的大模型或者大制作、大场景的建设都离不开算力。算力的提供方式一定要并行化，只有并行化才能把数以千计甚至是上万计的 CPU、GPU 有效调动起来，服务于上层的计算推理。同时，在建设这台超算的时候考虑到了园区整个算力的统筹规划，我们通过多云纳管的方式把园区前期建设的几朵云统一管理在一起，通过云化虚拟的方式给园区各个从业者提供非常灵活配置的资源调度的方式，让大家有效使用。

第二，作为园区企业，积极考虑园区作为内容生产的大的发展方向，结合从业者的需求来进行算力供给。比如跟芒果 TV 一起合作。怎样对内容生产环节当中的云制作进行算力供给，这个云制作不仅仅是提供云桌面或者说云存储，还希望把我们的算力贯穿在整个拍摄、文件管理、数据流的分发、权限的管理、云上的协作，把整个制作流程管起来。比如虚拟拍摄，我们跟乐田在一起探讨在棚里拍摄的时候就可以把高清的 4K、8K 甚至 16K 的数据存到超算里面，在超算里面进行后期制作，制作完了以后分发到各个终端，大大优化内容制作、视频生产流程。

第三，结合国内现实，考虑到国外对国内高性能计算的打压，我们在积极跟国内一线芯片公司，包括跟摩尔线程对接合作，把国产算力引进到园区。争取跟摩尔线程合作在园区规划一个 200P 左右的算力，可以把前期累积的经验、制作的工具引进到国产算力上来，实现逐步的替代和迁移。

**周苏岳：** 大家看到每个嘉宾都有他对于大模型 AIGC 的观点，我认为，今天在座的 5 家企业是互为上下游，互为合作伙伴，我们就是一条产业链。比如说把梁总放在中间的原因是所有创作基础都来源于出版记录下来的故事。我认为中南出版在产业链的最顶端，因为没有脚本什么也做不了。比如说子康和朋飞，一个是做传统动画长视频，朋飞是更现代的视频变现模式，我们最终的形式都是视频，但本质上需要跟传统的 IP 进行整合。整合完了之后，就像刚才关总提到的，这些资产都需要进行存证，都需要上链，都需要进入数字资产的交易库，都需要加上智能合约，这所有的一切都是高算力需求。

请我们在座的每一位嘉宾用一分钟时间讲讲，告诉其余 4 个人你需要他们为你做什么。

**关敬蓉：** 站在 V 链的角度上，希望有越来越多的玩家在上面，我们也有园区自己的平台，而且我们是区块链和大的算法，谢总有大量的算力，因为你们是超算出来的。我们一直在打造内容创意的小模型，希望跟您多多合作，把内容创意合作的大模型弄出来，支撑其他的 IP 公司上链，在进行全方位保护的方面希望有你们的加入。

对子康和朋飞这边，你们都属于 IP 的拥有者，非常重要的版权方，我们需要对他们进行全包围式的保护，从他们的原图、形象，所有的故事应该步步都要上链，步步都要保护，而且在整个 V 链可以让你们跟更多的商业嫁接，虽然你们已经嫁接得很好了，但是希望为你们做更多的嫁接。

出版是非常大的上游，我们现在和很多图文、出版进行链接，我们跟中南传媒也是邻居，希望为你们过去海量的资源，从纸质化变成数字化服务，包括全方位保护，防止在数字化过程中优质内容被侵权。

我觉得朋飞是非常厉害的 3D 动画制作公司，给一张图片 3 分钟就生成数字人，我觉得这也需要智能合约，你的数字人到了哪一步，进入到哪个 IP 作品，也希望跟你们有更深合作。

**苑朋飞：**从梁总那儿拿了版权，让"柳夜熙"跟《少年歌行》的萧瑟、无咎组 CP，一块去演剧，结合谢总这边的云算力进行云渲染，最后关总这边的区块链确权，让每一个创作人员不只是创作者，同时也是受益者。

**梁威：**主持人刚刚把我归结为上游的时候我就知道自己所处的位置，我也认真想了一下，是不是我像卖鱼的行业，这边把我的鱼做成了红烧鱼，那边做成快消品的鱼，还有更高级的把鱼提纯成某种元素，做成汤味品什么的。大家带我们一起，因为我们的行业最传统，附加值是最低的。

**梁子康：**现在算力在国内非常稀缺，未来跟谢总这边，3 个产品都要紧密结合，相信通过算力更容易做成爆款。梁总这边更简单，我们本身有出版书的打算，因为 IP 的核心在于链接，希望能够触及不同的渠道，这一块是梁总能给我们赋能的。我们也希望能够成为 Web3.0 时代新的出版的内容爆款，从文字到视频到虚拟全部打通。到关总这边更重要的，一出道全网都盗取我们的视频图片，把我们的商标都注册掉了，所以未来所有的数字人、数字内容都可以登录到 V 链上面去确权。朋飞这边，我们做的内容其实偏短，我们做了上万个百万级的爆款，我们未来可以做更长的内容，可以帮我们一起解决产品的问题，推出新的剧。

**谢松县：**在现场的所有人，包括在线的全国各个需要算力的企业厂家，打一个不太恰当的比方，我们把自己比作燃油车时代的汽油和电动车时代的电力，希望各个开车的老总，开的车越来越豪华，跑得越来越快、越来越远，但是别忘了加油和加电。

**周苏岳**：非常感谢在座的5位嘉宾，每个人都分享了自己的核心观点，对自己的立场也很清楚。梁总，现在只有上游才具有最本质的垄断权，你是有可能实现全产业链的。像子康这边的短能力，苑总这边的长能力，关总这边的平台，包括发行能力等，特别期望中南传媒进入园区以后走整个视频化这条路，因为现在所有的媒体形式都是视频化的，不视频化没有人会接受，传播也靠视频，流量靠视频，销售靠直播，品牌又回到传播。

**万欣**：感谢各位嘉宾的精彩分享。在现场分享了信息，同时又做了生意和合作，马栏山是充满了激情和机遇的福地，马栏山（长沙）视频文创园永远会向您敞开怀抱、敞开大门。

CNMC

# 2O23中国新媒体大会
CHINA NEW MEDIA CONFERENCE

## 媒体报道

# 2023 中国新媒体大会在长沙举行

## 李书磊出席并发表主旨演讲

7月12日，2023中国新媒体大会在湖南省长沙市举行。中共中央政治局委员、中宣部部长李书磊出席并发表主旨演讲。

与会嘉宾认为，今年是习近平总书记作出"加快传统媒体和新兴媒体融合发展"重要指示10周年。这些年，新闻战线深入贯彻落实习近平总书记重要指示精神，全媒体阵地不断拓展，现象级融媒体产品不断涌现，党的声音通过网络渠道传得更开、更广、更深入，媒体融合发展取得显著成效。

与会嘉宾表示，党的二十大擘画了以中国式现代化全面推进中华民族伟大复兴的宏伟蓝图，对加强全媒体传播体系建设、塑造主流舆论新格局提出明确要求。深入贯彻党的二十大精神，担负起新的文化使命，建设中华民族现代文明，是新闻工作者的光荣责任。新征程上，要坚持以习近平新时代中国特色社会主义思想为指导，把握正确方向导向，推动主力军挺进主战场，持续营造良好网络生态，推动媒体融合发展再上新台阶，提高主流舆论传播力、引导力、影响力、公信力，为强国建设、民族复兴提供有力舆论支持。

本次大会由中华全国新闻工作者协会、湖南省人民政府共同举办，来自中央有关部门、各省区市党委宣传部、中央和地方新闻单位、网站平台、新闻院校和研究机构的代表800余人参会。

新华社长沙2023年7月12日电

# 2023 中国新媒体大会在长沙举行

## 李书磊出席并发表主旨演讲
## 沈晓明孙业礼何平毛伟明出席

**刘燕娟　张　璐**

7月12日，2023中国新媒体大会在湖南省长沙市举行。中共中央政治局委员、中宣部部长李书磊出席并发表主旨演讲。

湖南省委书记沈晓明，中央宣传部副部长、国务院新闻办公室主任孙业礼，中国记协主席何平，湖南省委副书记、省长毛伟明出席。中国记协党组书记、副主席刘思扬主持开幕式。

与会嘉宾认为，今年是习近平总书记作出"加快传统媒体和新兴媒体融合发展"重要指示10周年。这些年，新闻战线深入贯彻落实习近平总书记重要指示精神，全媒体阵地不断拓展，现象级融媒体产品不断涌现，党的声音通过网络渠道传得更开、更广、更深入，媒体融合发展取得显著成效。

与会嘉宾表示，党的二十大擘画了以中国式现代化全面推进中华民族伟大复兴的宏伟蓝图，对加强全媒体传播体系建设、塑造主流舆论新格局提出明确要求。深入贯彻党的二十大精神，担负起新的文化使命，建设中华民族现代文明，是新闻工作者的光荣责任。新征程上，要坚持以习近平新时代中国特色社会主义思想为指导，把握正确方向导向，推动主力军挺进主战场，持续营造良好网络生态，推动媒体融合发展再上新台阶，提高主流舆论传播力、引导力、影响力、公信力，为强国建设、民族复兴提供有力舆论支持。

中央网信办副主任牛一兵，国家广电总局副局长杨小伟，中国外文局局长杜占元，人民日报社副总编辑徐立京，新华社副社长刘健，中央广播电视总台副台长胡劲军，求是杂志社社长夏伟东，解放军新闻传播中心主任兼解放军报社社长张玉堂，光明日报社社长兼总编辑王慧敏，上海市委常委、宣传部部长赵嘉鸣，浙江省委常委、宣传部部长赵承，江西省委常委、宣传部部长庄兆林，上海交通大学党委书记杨振斌，省领导吴桂英、谢卫江、杨浩东、秦国文等出席。

本次大会由中央宣传部指导，中华全国新闻工作者协会、湖南省人民政府共同举办，来自中央有关部门、各省区市党委宣传部、中央和地方新闻单位、网站平台、新闻院校和研究机构的代表 800 余人参会。

《湖南日报》( 2023 年 7 月 13 日 )

# 融合十年　笃行致远

**吴齐强　颜　珂　申智林　王云娜**

从人民日报社的《CPC》中国共产党国际形象网宣片，到新华社的《创意微政论片 | 真理之光》，再到中央广播电视总台的《时政微记录 | 中国共产党第二十次全国代表大会胜利召开》……一组《党的二十大报道融创精品案例大赏》，近日"上新"2023中国新媒体大会官网。一件件融创精品，展现着主力军进军主战场的新面貌、新成效。

7月12日至13日，2023中国新媒体大会在湖南长沙举行。今年是习近平总书记作出"加快传统媒体和新兴媒体融合发展"重要指示10周年。大会以"融合十年　笃行致远"为主题，共话十年，共享经验，共商融合。

## 让党的声音传得更开更广更深入

融合十年，主力军进军主战场，成效如何？

2023中国新媒体大会主论坛，与会嘉宾的分享见底气、显活力——

人民日报社扎实推进媒体深度融合，发展成为拥有报、刊、网、端、微、屏等10多种载体，综合覆盖用户超过13亿人的新型主流媒体，不断扩大地域覆盖面、扩大人群覆盖面、扩大内容覆盖面，充分发挥在舆论上的导向作用、旗帜作用、引领作用。

新华社坚持内容为王、终端为重、移动为先、人才为本，以融合创新、渠道建设为重点，加快构建全球全媒体传播体系，抢占创新发展制高点，融合发展取得显著成效。"我们瞄准国际一流，以融合发展带动提升国际传播效能。"新华社党组成员、副社长刘健说。

中央广播电视总台创新升级"头条工程"，针对互联网受众特点进一步加强融合传播，打造新媒体品牌集群。"牢牢占据舆论制高点，让党的创新理论宣传阐释春风化雨、更具'网感'。"中央广播电视总台党组成员、副台长胡劲军说。

理念引领行动，方向决定出路。"精彩纷呈的探索实践和浓墨重彩的丰硕成果有力地表明，融合发展十年取得突破性进展、发生格局性变化，根本在于有习近平总书记掌舵领航、有习近平新时代中国特色社会主义思想科学指引。"人民日报社副总编辑徐立京说。

根深则叶茂，本固则枝荣。融合十年，内容创新是贯穿始终的一条主线。

《军装照》《中国一分钟》《时光博物馆》……在内容创新论坛上，人民日报社近年来推出的爆款新媒体产品，再次吸引人们目光。爆款频出靠什么？人民日报社新媒体中心主任丁伟认为，关键在于守正创新，要做"有料""有情""有用""有心"的新媒体，坚持内容为王。

让主流成为顶流，让正能量成为大流量，让党的声音传得更开更广更深入。"无论媒体形态如何发展变化，优质内容永远是舆论场上的'硬通货'。"经济日报社副总编辑季正聚表示，鲜明主题和专业报道始终是主流媒体精准掌握话语权、发挥舆论引导力的关键。

## 准确识变、科学应变、主动求变

在数字图卷里沉浸式感受历史文化，在虚拟演播室中领略 AI 数字主播风采……一场 2023 中国新媒体技术展，勾画着媒体智能化的未来图景。

人民网 2023 年 3 月发布的内容风控产品"人民审校"V3.0 版，带着全新上线的视频审校功能亮相展会，吸引众多体验者。"该产品自发布以来，已累计完成 300 多万篇稿件的审校。"展会现场负责人说。

基于华为云盘古大模型开发的数字人模型，在输入一段时长约 5 分钟，包含用户表情、口型、动作特征的视频，训练 1 个小时左右，就可以生成一个用户特有的数字人模型，其表情、动作匹配度可达 95% 以上。

科大讯飞携星火认知大模型及多款行业应用成果亮相展会，其中，具有配音、虚拟主播视频生产、AIGC（人工智能生成内容）工具箱三大功能模块的讯飞智作，已经应用于媒体、教育、短视频等领域。

媒体技术裂变式发展，AIGC 技术加速迭代演进，如何准确识变、科学应变、主动求变？

"去年以来，生成式人工智能技术引起广泛关注，并将对媒体传播带来深刻的变革。"上海交通大学党委书记杨振斌表示，"面对挑战和机遇，我们要主动谋划、提前布局，发挥人工智能对媒体融合发展的驱动引领作用，搭建更加优质有效、绿色安全的传播场域。"

在"新智媒　新机遇"技术应用论坛上，中国记协新媒体专业委员会从 2023"融媒有技"优秀案例征集展示活动众多报名案例中，首批挑选了在技术赋能媒体方面有代表性的 20 件产品或应用进行了发布展示，并同步上线"融媒有技"优秀案例库。

芒果 TV 副总经理、首席技术官卢海波在论坛上表示，新媒体的故事一定是从技术升级开始的，技术就是内容升级的工具。"面对新技术，应该是拥抱的态度。使用技术提高效率，辅助人类创新，人机协同发展。"

"人工智能对传媒人的技能水平，提出了更高要求。最重要的是，人应该成为技术的主导。"新华报业传媒集团技术装备部主任冯海青说。

## 催化融合质变，放大一体效能

7月13日，2023中国新媒体大会"AIGC发展与机遇"高峰论坛，由国家广播电视总局发展研究中心牵头的马栏山指数研究联合课题组，发布视频文创产业发展态势研究报告。

已连续推出5期、日益成为引导视频文创产业发展"晴雨表"的马栏山指数显示，当前，视频文创产业总体上从"新视听"和"视听+"两个方向发力，向外拓展延伸价值链、业务链、创新链、产业链，重塑数字化商业模式和运营模式；视听产业不断涌现政企联合、区域协同、媒体联盟等发展模式，以创新性、协同性持续推动产业高质量发展。

媒介资源、生产要素有效整合，信息内容、平台终端等共融互通——传统主流媒体在一体化发展中，不断催化融合质变，放大一体效能。

本届大会首设"省级融媒创新论坛"。"新闻+政务服务商务"新模式，成为论坛高频词。

湖北广播电视台（集团）党委书记、台长王彬在论坛上介绍，湖北广播电视台以"新闻+政务+服务"为定位，建设移动政务流媒体平台"长江云"，实现服务群众、参与社会治理、强化媒体监督等功能。目前，长江云已联动联通省市县三级122个云上系列客户端。

"我们做实'新闻+服务'。"湖南日报社党组副书记、总编辑邹继红说，湖南日报社代运维湖南省政府门户网站，新湖南客户端联通湖南省政府湘易办App；跨部门打造政法工作室、教育工作室、智库工作室等一批融媒工作室，推动融媒的集群发展。

同样首次设置的"媒体+"专题论坛，发布了首批"媒体+"创新案例。"人民好医生"客户端、"北京时间"新媒体平台、"我的长沙"城市融媒平台等15个优秀案例，描绘出汇聚资源、对接需求、赋能治理的服务型全媒体新面貌。

"新的起点上，我们要笃信党的创新理论，在筑牢政治'根与魂'中行稳致远；遵循媒体融合发展规律，在提升传播'效与能'上行稳致远；坚守初心使命，在履行媒体'职与责'中行稳致远。"中国记协主席何平说。

《人民日报》（2023 年 7 月 15 日）

# 让正能量更强劲、主旋律更高昂

**颜　珂　王云娜　申智林　孙　超**

2023 年是习近平总书记作出"加快传统媒体和新兴媒体融合发展"重要指示 10 周年。

湘江之畔，2023 中国新媒体大会，一场盛会，共话十年。

新闻战线深入贯彻落实习近平总书记重要指示精神，主力军全面挺进主战场，媒体融合发展取得显著成效。

党的二十大擘画了以中国式现代化全面推进中华民族伟大复兴的宏伟蓝图，对加强全媒体传播体系建设、塑造主流舆论新格局提出明确要求。

新起点、新征程，如何推动媒体融合发展再上新台阶，让正能量更强劲、主旋律更高昂？记者走进此次大会，倾听来自业界、学界的声音。

## 用优质内容吸引、服务用户

设立时事、财经、思想、文体等八大板块共计 90 多个栏目，日产原创全媒体内容超 400 条，其中资讯类视频超过一半，每年推出的原创直播也超过 1600 场……"优质原创内容是澎湃新闻的核心竞争力。"澎湃新闻副总编辑黄杨表示，澎湃新闻始终坚持内容为王，坚持影响力至上，加快全媒体内容供给侧改革，持续提升全媒体原创内容生产力，用好作品、好声音传播网络正能量。

2020 年以来，湖南广电"一年一主题"，《十讲二十大》《理想照耀中国》等 55 部主旋律作品覆盖新闻、文艺等全品类，主题牵引、矩阵传播，放大传播声量。"融合发展必须坚持内容为王，以内容优势赢得发展优势。"湖南广播影视集团有限公司（湖南广播电视台）党委书记、董事长张华立说，内容创新没有"新老"之分，物理平台导致的传播规律与效果却有"新老"之别。深度融合之后的内容创新，天地更加广阔。

融合发展给媒体带来了前所未有的变革和挑战，但无论生产模式、产品样式、传播手段如何变化，内容始终是最重要的竞争力。

"以优质内容构筑流量高地，在新的传播环境下流量是一种稀缺资源，比流量更为稀缺的是能够吸引用户、服务用户、引导用户的优质内容。把正能量和大流量结合起来，是主流媒体的使命所在、职责所在。"北京市委宣传部副部长，北京广播电视台党组书记、台长余俊生介绍，在优质融媒体内容的支持下，"北京时间"客户端下载量较 3 年前增加 6.2 倍，用户黏性实现了有效提升。

华龙网集团坚持党网姓党不动摇、新闻立网不动摇，连续 10 年共有

14 件作品获得中国新闻奖，其中 6 件作品获得一等奖。华龙网集团党委书记、董事长李春燕说，全媒体时代，主流媒体发展机遇与挑战并存，内容建设永远是根本，吸引受众、留住用户，引领舆论、凝聚共识，需要始终保持内容定力，不断深化内容生产供给侧结构性改

小朋友在 2023 中国新媒体技术展上体验智能设备（申智林　摄）

革，生产更多融媒体精品，让正能量产生大流量，好声音成为最强音。

## 主动拥抱新技术

"请为这场专题培训班写一份致词。"在聊天框中输入需求后，一段有模有样的活动文稿随即生成。

2023 中国新媒体大会"强'四力'促深融"专题培训班现场，授课嘉宾、北京师范大学新闻传播学院院长张洪忠，为学员现场演示了一段与 AI 聊天机器人的对话。

近年来，人工智能、大数据等信息技术加速发展，日新月异的技术浪潮下，媒体如何应对？

"当前人工智能技术快速发展，媒体行业是率先受到冲击的领域之一。"上海交通大学党委书记杨振斌介绍，2022 年以来，生成式人工智能技术引起广泛关注，将推动新闻行业深刻变革。要准确识变、科学应变、主动求变，坚持守正创新，以人工智能为发力点，强化技术创新和应用。

媒体深度融合发展跨入智媒时代。"在智能传播时代，技术是辅助性工具，媒体从业者应当拥抱技术。"张洪忠认为，智能传播时代对记者提出了更高的要求，不仅要打磨新闻采编功底，保持对新闻线索的敏锐捕捉、对社会现象深刻的思考，还要不断追赶、学习新技术。

内容与技术互融共生。上海报业集团党委书

观众在参观 2023 中国新媒体技术展（申智林　摄）

记、社长李芸介绍，上海报业集团聚焦新技术多场景应用，推动新技术在智能文案生成等应用场景的使用，运用 AI 技术制作短视频，尝试多模态内容合成技术应用，为头部融媒 IP、主流媒体大 V 量身打造数字人，集团多个媒体的数字人亮相世界人工智能大会，AI 数字人播报新闻效果良好。

"要实现媒体深度融合和创新发展，就必须要依靠新技术的引领，更重要的是要将新技术牢牢掌握在自己手中。"山东广播电视台党委副书记、总编辑周盛阔说，山东广电坚持自主研发，整合相关技术资源组建的山东广电信通网络运营有限公司，已拥有 10 项专利、63 项软件著作权、129 项客户端软件著作权。

### "融服务"创造"新价值"

"人民好医生"客户端、"我为群众办实事"网络平台、"北京时间"新媒体平台……2023 中国新媒体大会"媒体+"专题论坛，"媒体+"创新案例库首批上线的 15 个案例集中发布。

案例之一"我的长沙"城市融媒平台于 2019 年上线，集政务服务、便民服务、融媒体资讯于一体，累计上线服务 2000 多项，服务 4.2 亿人次，平均日活 20 万人左右。"可以说，目前'我的长沙'已经成为长沙地区用户规模最大、融合传播效果领先、数据服务能力领先的城市融媒平台。"长沙市广播电视台（集团）党委书记、台长彭勇说，随着媒体与大数据、与城市服务、与社会民生的深度融合，城市媒体的融合发展之路一定会越走越宽。

深度融合推动媒体开门跨界，社会治理需要媒体拓展边界。"过去我们曾经是记录者、观察者、监督者、瞭望者，现在更多的是需要我们站出来，成为社会生活的服务者，社会矩阵的组织者，综合信息的识别者，系统安全的保障者，公益行动的发起者。"中央广播电视总台视听新媒体中心副主任杨继红说。

主流媒体嵌入社会、城市、社区治理与服务，创新运营方式，提升服务能力，助力国家治理现代化——"融服务"正不断创造"新价值"。

浙江省安吉县融媒体中心 2022 年总收入达 4.87 亿元，其中智慧信息收入占比 79.3%，包括收视费、智慧城市项目、网络增值、App 移动端等。安吉县融媒体中心党委书记、主任祝青介绍，中心成立浙江文澜信息发展有限公司，专营数字化建设研发、安全运维和经营，目前已经在 24 个省份的 300 多个市县落地各类智慧产品。

"安吉经验就是凭借数智化技术和产品深度参与城市运营，通过大数据应用等服务政府，'媒体+'城市运营前景十分广阔。"中国记协新媒体专业委员会顾问、中国人民大学新闻学院教授宋建武说。

与会嘉宾表示，新征程上，要坚持以习近平新时代中国特色社会主义思想为指导，把握正确方向导向，推动主力军挺进主战场，持续营造良好网络生态，推动媒体融合发展再上新台阶，提高主流舆论传播力、引导力、影响力、公信力，为强国建设、民族复兴提供有力舆论支持。

《人民日报》(2023 年 7 月 17 日)

主流媒体深耕内容创新，推出精品——

# 内容为本　守正创新

孙　超

人民日报社推出的中国共产党国际形象网宣片《CPC》、经济日报社推出的《十画十说》、海南日报社发布的《看一粒种子"上天入海"，太奇妙了！》……7月12日，2023中国新媒体大会内容创新论坛会场外，一排排党的二十大报道融创精品案例展示灯箱，吸引了与会媒体人和专家学者驻足观看。这些风格各异、形式多样的案例，展现了近年来主流媒体深耕内容创新的新成效。

本次内容创新论坛以"坚守初心　内容为本"为主题，与会媒体人与专家聚焦内容建设，分享打造精品内容的经验。"内容为本"，是本次论坛中各大主流媒体的重要共识。

近年来，人民日报社新媒体产品爆款频出，《军装照》《中国一分钟》《时光博物馆》《少年》《复兴大道100号》等屡屡"破圈"。人民日报社新媒体中心主任丁伟认为，关键在于守正创新，要做"有料""有情""有用""有心"的新媒体，坚持内容为王。

新华社推出的话语创新专栏"千笔楼"，涌现了一系列爆款"刷屏"之作。新华社新媒体中心主任李俊总结经验，内容创新要"在场"，在话风上力求鲜活；要"在线"，与网民感受同频共振；要"在理"，把话说到网民的心坎上。

"无论媒体形态如何发展变化，优质内容永远是舆论场上的'硬通货'。"经济日报社副总编辑季正聚说，创刊40年的经济日报一直是经济宣传领域的"正声"和"正解"，"融到深处，回归内容，鲜明主题和专业报道始终是主流媒体精准掌握话语权、发挥舆论引导力的关键。"

近年来，一大批新媒体工作室在各大主流媒体孵化生长。这些工作室勇于探索机制创新、表达创新，成为一支支互联网舆论场上的轻骑兵，提升了主流媒体传播力、引导力、影响力、公信力。

小小工作室，如何发挥大能量？在"内容生产新空间 融媒发展新动能"圆桌论坛环节，侠客岛工作室、张扬工作室、小彭工作室、晏秋秋工作室、急先锋工作室等互联网上活跃的一批新媒体工作室相关负责人共同进行了探讨。

侠客岛工作室已经从文字内容向全媒体内容生产全面扩展。侠客岛创始人之一、人民日报海外版融合协调部副处长申孟哲认为，采用项目制的方式、高效决策、机制灵活，可以有效激发内部活力和动力。同时，侠客岛还吸纳更多创新性技术，开展与用户线上线下多层次的互动，致力于持久地产生优质内容。

论坛还举行了新媒体工作室优秀案例征集展示活动启动仪式，中国记协新媒体专业委员会面向全国范围征集新媒体工作室的优秀案例。

《人民日报》（2023 年 7 月 17 日）

# 马栏山指数阶段性成果发布

## 王云娜

7月13日，2023中国新媒体大会之"马栏山时间"文创活动举行。活动以"数实相生　智创视界"为主题，分为"AIGC发展与机遇"高峰论坛和科技文化展。其间，2023马栏山指数阶段性成果发布。

"AIGC发展与机遇"高峰论坛聚焦视频文创产业发展新趋势，探讨视频文创产业如何抢抓AIGC（人工智能生产内容）技术，增强内容创意、提升生产质效，促进视频文创产业与AIGC深入融合。

国家广播电视总局发展研究中心党委书记、主任祝燕南在会上发布了2023马栏山指数阶段性成果，深度解读视频文创产业的创新指标，揭示产业发展的新动向和前沿领域。

论坛举行了园区重点招商企业签约仪式，6家企业项目现场签约入驻马栏山视频文创产业园。科技文化展集中展示了园区头部企业在产业技术底座、产业平台建设、内容生产的AIGC技术应用等方面的创新成果。

《人民日报》（2023年7月17日）

# 15 个"媒体 +"创新案例发布

**申智林**

7 月 12 日，以"融服务 新价值"为主题的 2023 中国新媒体大会"媒体 +"专题论坛举行。作为中国新媒体大会举办以来首次设置的专题活动，本次论坛发布了 2023"媒体 +"创新案例库。

"人民好医生"客户端、"我为群众办实事"网络平台、"北京时间"新媒体平台、江西营商"营商帮办"应用、"我想 @ 领导"问政平台、"四川乡村"客户端、"民声"应用平台、"雷蒙帮忙团"直播、"我的长沙"城市融媒平台、牛咔视频、"汉新闻"融合云、贵阳"壹刻宝"社区平台、"南太湖号"移动开放平台、"清晨热线"综合服务平台、"最江阴"城市入口等首批 15 个创新案例集中上线。

主题演讲环节，来自湖南长沙、贵州贵阳、浙江安吉等地的政府部门和媒体单位负责人分享了一系列优秀案例，以及在媒体深度融合道路上的探索与实践。

《人民日报》( 2023 年 7 月 17 日 )

# "省级融媒协作圈"启动

## 王云娜

7月12日，以"融创新范式 区域新主流"为主题的2023中国新媒体大会省级融媒创新论坛举办。论坛对10年以来省级媒体的融合探索进行回顾总结，并在新的节点凝心聚力，探索未来融媒发展新模式与新动能。

论坛举行了"省级融媒协作圈"启动仪式。"省级融媒协作圈"将以中国新媒体大会省级融媒创新论坛为平台基础，加强交流合作共享。一是融合经验互享，不定期举行活动，交流研讨发展经验，共享互鉴创新机制、先进做法。二是人才交流互通，以地域相近为原则，加强互访互通，推动新媒体人才队伍建设。三是产业发展互联，围绕"新闻＋政务服务商务"新模式加强合作，推动省级媒体融合向纵深发展。

论坛上，各省级融媒创新典型单位的主要负责人等齐聚一堂，分享10年来省级媒体从"物理相加"到"化学相融"的经验成果，共议未来深度融合发展的战略方向。

《人民日报》（2023年7月17日）

# 内容创新·人机协同·边界拓展

## 白田田　阮周围　姚　羽

7月12日至13日，主题为"融合十年　笃行致远"的2023中国新媒体大会在湖南长沙举行。近十年来，传统媒体和新兴媒体从"相加"迈向"相融"，由"纸媒时代"进入"移动互联时代"，并正在迎来"智能媒体时

7月12日，2023中国新媒体大会主题活动中国新媒体技术展现场（陈泽国　摄）

代"。在大会上，"内容创新""人机协同""边界拓展"等一连串热词，折射出媒体深度融合的新特点、新趋势。

### 内容创新："正能量"收获"大流量"

从一张报纸到集纸、端、网、号于一体的全媒体平台，从一天一报到24小时全时传播，从发行量40万份到用户规模超1.1亿……在2023中国新媒体大会"省级融媒创新论坛"上，四川日报社社长陈岚用一组数据直观说明传统媒体如何"变身"。这种变化，是传统媒体和新兴媒

7 月 12 日，2023 中国新媒体大会开幕式在湖南长沙举行（陈思汗　摄）

体融合发展的缩影。

在开幕式上，中华全国新闻工作者协会主席何平表示，通过十年融合发展，主流媒体的影响力有效提升，主流舆论版图不断扩大。这是传统媒体改革创新之路，是主流媒体做大做强的必由之路。

如今的舆论场，"正能量"持续收获"大流量"。开幕式现场展示的《创意微政论片 | 真理之光》《100 秒见证中国创新》《今年我 10 岁》等一系列精品案例，均是唱响主旋律的现象级产品。

与会人士普遍认为，不论媒体形态如何改变，内容为王的"黄金法则"不变。随着爆款内容竞相出现，主流媒体的版图不断扩大，"有了传播力，才有影响力"。

在"内容创新论坛"上，与会人士纵论"众声喧哗时代，什么才是好内容"。有人讲"在场在线在理"，有人言"共情共振共鸣"，归根结底还是要贴近百姓、践行"四力"。

湖南广播影视集团（湖南广播电视台）党委书记、董事长张华立说，媒体深度融合发展要坚持内容为王，通过深植文化根脉、把握传播规律，用受众喜欢的方式打开内容创新空间，将内容优势转化为发展优势。

## 人机协同："新技术"催生"新机遇"

设定主题、轻点鼠标，人工智能系统便能自动生成文稿、匹配图片；无需穿戴设备，即可"进入"虚拟场景，在"数字人"的带领下置身新闻现场……

2023 中国新媒体大会设置了新媒体技术展区，观众在此深切感受到技术变革的风起云涌。以 AIGC（人工智能生成内容）为代表的人工智能技术以及由此产生的人机协同备受关注。

记者在展览现场看到，人工智能技术在辅助内容生产、精准匹配用户等方面开始大显身手。有的媒体推出全环节人工智能生成的短视频，脚本和图像生成、剪辑特效和语音合成等环节均由人工智能制作。

中国传媒大学新媒体

7 月 12 日，2023 中国新媒体大会中国新媒体技术展现场（陈泽国　摄）

7 月 12 日，在中国新媒体技术展的中国搜索展位，参观者在参观无人机设备（陈泽国　摄）

研究院院长赵子忠说，在"智能媒体时代"，人机交互提升用户体验、多模态大模型驱动全媒体创新发展、"数字人"成智能媒体超级入口等趋势开始显现。

面对技术变革的新机遇，各类媒体纷纷加大研发投入、组建专业团队。芒果 TV 副总经理、首席技术官卢海波认为，尽管技术替代不了优秀内容团队的创造力和表达力，但人工智能技术能够提高效率，辅助创新，实现人机协同发展。

与此同时，新技术可能带来的新挑战，在今年的新媒体大会上也受到热议。以人工智能生成内容技术为例，价值导向、数据与隐私泄露、虚假信息、知识产权保护等问题值得研究。

上海交通大学党委书记杨振斌认为，发挥好人工智能对媒体融合发展的驱动引领作用，还需形成系统的规范体系，积极进行基础设施搭建和技术开发，使人工智能在规范、有序中不断发展。

## 边界拓展："融服务"创造"新价值"

哔哩哔哩党委副书记朱承铭分享了此前向山西文物保护工作者发放守护包的公益活动案例。他表示，作为新媒体平台的 B 站不仅能提供物资装备支持，还能通过纪录片、漫画、主题宣传片、UP 主探访视频等形式，吸引更多年轻人关注并且参与到文物保护中来。

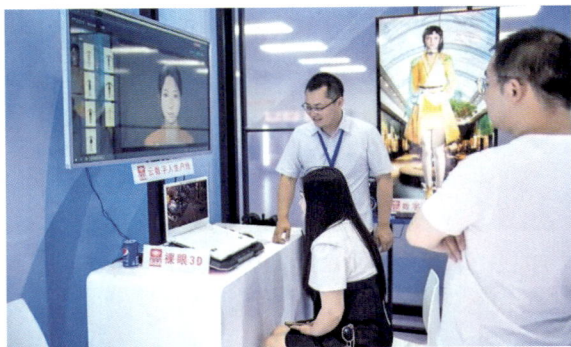

7 月 12 日，参观者（中）在中国新媒体技术展上体验裸眼 3D 技术（陈思汗　摄）

深度融合背景下，媒体不只是"传递信息"，其功能边界不断拓展。为此，2023 中国新媒体大会首次设立了"媒体+"论坛。除了"媒体＋公益"，"媒体＋政务""媒体＋服务""媒体＋商务"等模式遍地开花。

比如，财联社入选首批境内金融信息服务机构，拓展了金融与资本市场的服务功能；新湖南客户端上线政务、教育、生活、交通等领域 45 个服务功能；新华社"全民拍"收集消费维权、灾后救援等问题，成为社会治理交互平台。

中央广播电视总台视听新媒体中心副主任杨继红认为，过去媒体是记录者、观察者、监督者、瞭望者，现在新媒体越来越多地接入用户的生活场景，成为社会生活的服务者、社会管理的助力者，这是媒体融合过程中至关重要的角色转型。

　　浙江省安吉县融媒体中心主任祝青在分享"媒体＋"实践时说，他们不断推出文创、文产、城乡治理、民生共富等本地化服务，推动县级媒体在加强基层舆论引导、便利群众生活、提升社会治理等方面更好发挥作用。

　　"'融服务'创造'新价值'。"中华全国新闻工作者协会党组成员、书记处书记吴兢说，"媒体＋"是一场媒体与党政部门、人民群众的"三向奔赴"。

新华社长沙 2023 年 7 月 13 日电

# 从"相融"走向"深融"

**赵嘉伟　龙　军　禹爱华**

"化身"古装人物登上画卷与古人畅聊诗歌文化，现场动动键盘几秒钟就可创建多样化的虚拟主播播报新闻……从"相融"到"深融"，新技术的迭代升级、融合传播的深化推进，正在塑造媒体发展的新格局。

7月12日至13日，2023中国新媒体大会在湖南长沙举行，来自中央有关部门、各省区市党委宣传部、中央和地方新闻单位、网站平台、新闻院校和研究机构的代表等800多人参会，紧扣"融"与"新"，共话融媒发展的守正之道、创新力量。

## 重塑主流媒体新格局

面对百年变局的加速演进，数字化发展的时代潮流，如何推动媒体融合向纵深发展？如何塑造主流舆论新格局，打造具有强大影响力和竞争力的新型主流媒体？

在2023中国新媒体大会主论坛上，人民日报、新华社、中央广播电视总台等主流央媒负责同志，省级主流媒体以及高校主要负责同志共同分享了传统媒体转型发展的"破圈"秘诀，探讨媒体融合纵深发展的新路径、新方向。

"新闻内容与传播技术的相加、相融，生产出更多有思想、有温度、有品质、接地气的新闻内容,让党的声音传得更开、更广、更深入。"人民日报社副总编辑徐立京表示。

"鼓励支持总台'网红'记者、主持人在海外社交平台发声。"中央广播电视总台党组成员、副台长胡劲军介绍,这是总台认真总结《领航》国际版专题片成功经验,以网络为平台进一步提升中国智慧、中华文明传播力影响力的新做法。

2022 年以来,生成式人工智能技术方兴未艾,在推动新闻行业深刻变革的同时,也带来知识盲区、数据失真、产品侵权、舆论操控等诸多新挑战。上海交通大学党委书记杨振斌认为,要提前布局,发挥人工智能对媒体融合发展的驱动引领作用,搭建更加优质有效、绿色安全的传播场域,针对技术快速迭代的发展趋势形成系统的规范体系。

为了更好呈现媒体深度融合、加强国家治理体系现代化的探索经验,本次新媒体大会还首次设立了"媒体+"专题论坛,"人民好医生"客户端、"我为群众办实事"网络平台等 15 个案例被纳入"媒体+"创新案例库,这些优秀案例在媒体深度融合道路上的探索与实践,给了现场嘉宾很多启发。

## 优质内容是媒体立命之本

"10 年来我们经历了社交媒体的繁荣、短视频的流行、人工智能的爆发,最深的体会是内容创新是一切创新的根本和出发点。"在 2023 中国新媒体大会内容创新论坛上,新华社新媒体中心党委书记、主任李俊表示,承载着先进文化、主流价值的优质内容永远是主流媒体安身立命之本。

从漫谈时政大事的光明日报"破圈了"新媒体工作室,到亲切可人的工人日报社"工小妹"工作室;从正能量足、挺进新闻"无人区"的"青蜂侠"工作室,到热辣犀利的三湘都市报"犇视频"系列融媒体工作室，一间间"小而美"的工作室正靠着优质的内容逐渐成为主流媒体的"神兵利器"。

回首 10 年来融媒发展取得的成果和总结的经验，"内容为本"成了本次论坛中各大主流媒体负责人的高频词语。

"仅靠原来摄影部的几个记者背着相机到处跑，这样的生产能力远远不能满足各个媒体终端对新闻图片的需求。为此，我们搭建了光明网图片库，邀请全国各地对摄影有一定爱好、具备一定新闻素养的人，让他们来当摄影师。"光明日报社副总编辑陆先高以光明图片为例，分享了媒体内容生产方式创新的边界。

"互联网用户已经进入了存量时代，这更进一步说明主流媒体的命门就在传播力，没有传播力就没有一切，而内容始终是最有价值的投资。"南方报业传媒集团编委、南方＋传媒中心总编辑曹斯在演讲中说。

## 为内容插上技术"翅膀"

在 2023 中国新媒体技术展新华智云展区，一幅 10 多米长的数字图卷呈现在观众眼前，一个个先贤古人信步其间，浓浓的古风气息扑面而来。游客只需站在摄像机前拍张照，几秒钟后，自己就能"登"上画卷，与古人先贤"对话"。

"这是我们打造的一款可互动、可体验的数字文创产品，游客只需扫脸，就能通过短视频实时生成技术，跨越时空'进入'图卷中，感受江右文化。"新华智云文旅事业部商务经理梁超向记者介绍。江右，是江西在历史上的别称。这款产品深度挖掘大量与江西相关的文史资料，通过大模型、生成式人工智能、元宇宙等技术，让游客能在画中与古人"握手"，让更多人在互动体验中了解、体验江右文化。

"新媒体的故事一定是从技术升级开始的，技术就是内容升级的工具，传媒发展要用好这个工具。"芒果 TV 副总经理、首席技术官卢海波表示。在 2023 中国新媒体技术展上，众多"黑科技"登台亮相，让观众大开眼界。

在华为、科大讯飞等展区，AI 数字合成的主播正在进行现场播报，动作、表情，甚至口型都"自然"如同真人。科大讯飞消费者虚拟人平台业务部产品运营经理龙雪琴介绍，用户不仅可以定制虚拟人的形象和声音，甚至可以调整播报的语气和语调，满足不同类型新闻的播报要求。

2023 年，媒体融合发展走过 10 年，人工智能技术加速迭代演进，媒体融合进入媒体智能化快速发展新时代。本届技术展上，腾讯展出了自研 AI 通用作曲框架，用户利用图片、文字、视频乃至哼唱，便可生成对应的乐曲。马栏山视频产业云搭建了红色经典修复线，通过 AI 修复和 AI 上色技术，完成了《雷锋》《秋收起义》等老影片的数字化呈现，让红色经典焕发新的生机。

《光明日报》（2023 年 7 月 14 日）

# 十年融媒，踏浪前行

**邓正可　　廖慧文　　王梓赫**

7月12日至13日，"世界媒体艺术之都"长沙以入伏的热情迎来了2023中国新媒体大会，各路媒体精英云集于此，用一个个火花四溅的先锋观点、一个个"刷屏"的新闻"爆款"、一组组翔实的权威数据、一项项引领变革的前沿技术创造了比气温更滚烫的热度。

融合十年，笃行致远。如今的新型主流媒体该用怎样的姿态连接受众，用怎样的话语讲述中国故事，未来要往何处眺望？

短短两天，开幕式暨主论坛，内容创新论坛、国际传播论坛、社会责任论坛、技术应用论坛、"媒体+"论坛和省级融媒创新论坛6场论坛平行；中国新媒体技术展、"强'四力'促深融"专题培训班、"马栏山时间"文创活动等4场主题活动并进。大会启动了新媒体工作室优秀案例征集，成立"省级融媒协作圈"，发出新时代国际传播工作者"马栏山倡议"……

## 内容，与用户的"双向奔赴"

10年来，从简单"相加"走向深度"相融"，媒体融合迈入全面发力、构建体系的新阶段，拼速度还是拼深度，最终还是拼内容。

在内容创新论坛上，人民日报社新媒体中心主任丁伟提出做"四有"

新媒体。第一就是要"有料",坚持内容为王。在"强'四力'促深融"专题培训班上,人民日报社交媒体运营室主编、高级编辑徐丹表示,新媒体真正"新"的地方是与用户关系的重构,关键在于内容能否与用户的痛点、泪点、笑点等需求"双向奔赴"。

内容创新论坛上,一批优质新媒体产品让人眼前一亮。中央广播电视总台《主播说联播》《联播+》等栏目轻量化、接地气。一批新媒体工作室优秀案例,不断激发主流媒体的内容创新和传播活力,释放融媒发展的新动能。

新华社"张扬工作室"直观、感性地展示人物、讲述故事,成为"爆款制造机"。新华社新媒体中心主任、党委书记李俊说,内容创新要"在场",要还原感性地在场;内容创新要"在线",要感同身受地在线;内容创新要"在理",要一语道破地在理。简短的"金句",激起了一片掌声。

中华全国新闻工作者协会党组成员、书记处书记张百新说,全媒体时代,优质内容依然是舆论场中的"硬通货",解锁流量密码的"金钥匙",群众喜闻乐见的"营养餐"。新闻工作者要树立崇高职业理想,靠新闻的内涵吸引人、靠思想的力量感染人,推出更多有思想、有温度、有品质的"镇版""刷屏"之作。

"内容始终是最有价值的投资。"南方报业传媒集团编委、南方+传媒中心总编辑曹斯强调:"复制粘贴轻而易举,真知灼见愈加稀缺。"南方读+已推出700篇广东纵深观察文章,近2亿流量让海量受众感受真实、奋进的广东。

"2022年网络剧、网络综艺、网络电影、网络纪录片上线数量均呈精简收缩态势,其中网络电影上线数量仅为2018年的25%,但质量有大幅跃升,精品供给已成行业共识。""马栏山时间"文创活动上,引导视频文创产业发展的"马栏山指数"发布,直指优秀视听内容数量成为拉动该指标上扬的重要力量。

可见，媒体与用户"双向奔赴"，主流才能成为"顶流"。

## 传播，走向世界的星辰大海

十年深融，现象级融媒体产品不断涌现，从"融合"到"破圈"，带着美美与共的中国故事、中国形象走向世界。

"鼓励支持总台'网红'记者、主持人在海外社交平台发声。"在开幕式暨主论坛上，中央广播电视总台党组成员、副台长胡劲军介绍，这是总台认真总结《领航》国际版专题片成功经验，以网络为平台进一步提升中国智慧、中华文明传播力影响力的新做法。

湖南广播影视集团有限公司（湖南广播电视台）党委书记、董事长张华立在主论坛上透露，目前，湖南卫视、芒果TV双平台打造的《乘风破浪》等多部作品发行海外，最新一季《中餐厅》即将与匈牙利国家电视台同步上线播出，向世界讲述中国美食文化。

站在世界的"朋友圈"，作为大国媒体，应该聊些什么？

中国日报社副总编辑王浩认为，要立足与中华文明五个突出特性的"精准画像"，做好谋划设计，以文载道，以文传声，以文化人。深圳广播电影电视集团党组书记、总裁尚博英说，国际传播就像"朋友聚会"，要多谈具体的人和事，谈谈大家的兴趣爱好，也能让人更有亲近感，有助于传递中国主张。

7月4日，外交部发言人汪文斌在脸谱转发了由湖南国际传播中心、湖南日报社联合出品的新闻纪录片《袁隆平老师，我们来迟了》，该片独家报道了马达加斯加的朋友带着产自非洲的杂交水稻米来长沙祭奠袁老的故事，全网累计阅读量突破1亿次。湖南日报用一场温暖的"探亲"记录，将湖南故事、中国形象带给世界。

在大会首设的省级融媒创新论坛上，湖南日报社党组副书记、总编辑、总经理邹继红还展示了《出海记·走进非洲》的视频片段。3批记者，奔赴 6 个非洲国家，跨越万里山河，推出的《出海记·走进非洲》大型融媒体报道，全网阅读量突破 10 亿次，实现了真正的传播"出海"。

在国际传播论坛上，贵州日报国际传播中心副主任闵捷则手持一叠厚厚的"国际传播"手信，分享贵州对外交往的"秘诀"。这两套结合贵州各个节气的美景制作而成的双语明信片和"碳票"，从竹林、茶园、林业、海洋、农业 5 个角度，向世界展示中国生态文明建设成效。

## 技术，张开飞越高山的双翼

由从零起步到做产品、建平台，再到全面发力、构建体系……新媒体的故事是从新技术开始的。

在 2023 "智慧促深融"新媒体技术展上，国家重点实验室、主流媒体、科技企业以及视频文创园区等媒体"技术咖"齐齐炫了一把好"技"，让观展者玩得不亦乐乎——手机扫码、现场采集头像，就能立刻"穿越"到古画中，与肩披蓑衣的陶渊明来一场"古今对话"。

百度 AIGC 新产品"文心一言""文心一格"展现出人工智能多功能、个性化、便捷快速的内容生产方式；像航科技研发的无介质全息成像技术虚实交融、实时生产，为超大规模内容制播带来无限想象空间；新华智云等智媒企业研发的前沿技术，则打造出可互动、可体验的大型数字文旅融合产品。

在技术应用论坛上，央视网党委委员、董事、副总经理赵磊兴致勃勃地讨论起了数字人："面对元宇宙的兴起，数字人是进入元宇宙的入口，也是 AIGC 技术最佳的应用场景。"

然而，不断缩短的新闻报道生产周期和层出不穷的新技术也让媒体人产生隐忧。比如，横空出世的 ChatGPT，会抢走媒体人的饭碗吗？

北京师范大学新闻传播学院院长、新媒体传播研究中心主任张洪忠认为，媒体从业者应当消除"技术恐惧症"。消除的前提是学习，从业者不仅要打磨新闻采编功底，保持对新闻线索的敏锐捕捉、对社会现象深刻的思考，还要不断追赶、学习新技术，让新技术成为助推媒体融合向纵深发展的好帮手。

上海交通大学党委书记杨振斌则提醒，人工智能为新闻传播带来新机遇的同时，也可能带来知识盲区、数据失真、产品侵权、舆论操控等诸多新挑战。"要洞察潜在的风险与挑战，循序渐进地将人工智能新技术融入现实应用。"

技术发展风起云涌，但内容为王依然是不变的黄金法则。只有穿透人心的技术才会焕发时代光彩，彰显人性温度。不少与会代表说，主流媒体应该有信心，用好内容加上好技术，打开内容创新的广阔空间。

融合十年，笃行致远。处在时代浪潮中的媒体人，将继续踏浪前行。

《湖南日报》（2023 年 7 月 14 日）

# 共话十年！ 2023 中国新媒体大会观点大放送

2023 年是习近平总书记作出"加快传统媒体和新兴媒体融合发展"重要指示 10 周年。10 年来，主力军进军主战场成效如何，中国故事如何"破圈""出海"……在 7 月 12 日至 13 日举办的 2023 中国新媒体大会上，围绕这些话题，业界学界等围绕"融合十年　笃行致远"主题，共话十年，共享经验，共商融合。一起来看看。

## 主题一：站在新的起点，如何推动媒体融合向纵深发展？

人民日报社副总编辑徐立京：要砥砺初心使命、筑牢融合发展的"根"与"魂"，坚持系统观念、统筹融合发展的"破"与"立"，强化数字赋能、把握融合发展的"时"与"势"，充分发挥在舆论场上的导向作用、旗帜作用、引领作用。下一步，人民日报将强化创新驱动，拓展移动化优势，顺应视频化趋势，坚定平台化方向，建设兼具主流价值和创新活力的传播生态体系。

新华社副社长、党组成员刘健：我们始终保持对媒体融合发展的前瞻性和敏锐性，加强关键核心技术自主创新，通过创意赋能、技术赋能、美学赋能壮大主流思想舆论。我们将以开放、协作、联接的思维，加强与媒体同行的横向联合、与产业实体的跨界融合，促进媒体、政务、公共服务资源的融会贯通，共绘融合发展未来新篇章。

中央广播电视总台党组成员、副台长胡劲军：一个时代有一个时代的媒体故事，奋进中国式现代化新征程，媒体融合的未来将有无限可能。我们积极构建"5G+4K/8K+AI"战略格局，加快推进全链条、全方位、全领域创新，科技创新这个"关键变量"正成为推动总台高质量发展的"最大增量"。

上海交通大学党委书记杨振斌：高校承担为党育人、为国育才的重任，我们要以教育融媒体为载体，以数字化和新技术为驱动，聚焦青年关切，创新工作手段，加强高校与媒体平台之间的合作互动，在科技创新、内容创造、人才培养、智库建设等方面贡献力量。

湖南广播影视集团（湖南广播电视台）党委书记、董事长张华立：内容创新没有"新老"之分。物理平台导致的传播规律与效果却有"新老"之别。深度融合之后的内容创新，空间更加自由、天地更加广阔。

新华日报社党委书记、社长双传学：融合之路，没有现成模式，也不可能一蹴而就。我们一定深入学习习近平总书记关于媒体融合发展的重要论述，把握好社会效益与经济效益、传统媒体与新兴媒体、服务发展与自身发展的关系，推动媒体深融纵深挺进，让互联网"最大变量"化为报业脱胎换骨、凤凰涅槃的"最大增量"。

（以上文字摘编自中国记协网相关报道）

## 主题二：中国故事如何"破圈""出海"

新华网党委常委、总编辑钱彤：改变"西强我弱"的国际传播格局，国际传播事业面临的压力之大前所未有，责任之大前所未有，机遇之好也前所未有。各方力量要锚定时代大趋势，唱好精彩大合唱，谋局赛场新赛道。国际传播这台大合唱，队员越来越多，声部越来越丰富，旋律也越来越绚丽。

中国日报社副总编辑王浩：要把中国道路、中国之治、中国方案背后的历史文化逻辑讲清楚、说明白，驱走国外受众的"心中之魔"。通过"借嘴说话"模式，在他视角表达中让中国形象更加可亲可信，做到传播年轻态，在共鸣共情中为中国形象塑造注入青春的力量。

人民日报社新媒体中心副主任王恬：文化传播是讲好中国故事的重要一环。中华文明、中华文化在全世界从精英到民众都拥有庞大的粉丝群，具有文化底蕴的中国故事更加能够接近海外网友，并产生感染力。为了更好地讲述中国故事、塑造中国形象，需要更加了解我们面对的国际传播环境，更加了解我们自己，也要更加了解我们的传播对象。

中央广播电视总台 CGTN 副主任麻静：Z 世代具有个性化、圈层化的传播特点，对新技术接受度高，喜欢展示自我、乐于分享感受。利用好 Z 世代感兴趣的话题，调动他们自我表达、分享的热情，形成良性互动，可以取得"病毒式"传播的效果。

中国网副总编辑李莉娟：在媒体融合过程中，中国网始终坚持互联网传播的核心思维——用户思维，坚持从用户中来，到用户中去，无互动不传播。借助海外社交平台传播，使内容直接触达用户，激发网友互动，特别是评论、转发等强互动，形成涟漪式的传播效应，"借嘴传声"效果更加突出。

深圳广播电影电视集团党组书记、总裁尚博英：国际传播就像"朋友聚会"，不能老谈加薪升职；要多谈谈具体的人和事，谈谈大家的兴趣爱好，也能让人更有亲近感。聚焦共同价值，有助于传递中国主张。

湖南广播影视集团（湖南广播电视台）党委委员、副总经理、副台长徐蓉："广电湘军"发行海外的多件作品，巧妙运用流行艺术形式，通过"请进来"和"走出去"，组织国内外明星登台表演，叩开海外主流市场大门。

凤凰网副总裁、总编辑邹明：传播中国声音、讲述中国故事，绝对不只是在海外账号发表一篇文章、一个短视频，而是需要长期的努力，润物细无声的滋养，和海外建成紧密的联系。

复旦大学新闻学院副院长周葆华：中国与国际社会一定是相互需要的，并且是一种文化方面的长久沟通。我们应通过多元的传播主体、多样的传播渠道、多模态的传播形态、多种多样的科技手段以及核心的话语体系的多元传播，来实现在地化以及国际化的连接。

（以上文字摘编自中国网、新华网客户端等相关报道）

## 主题三：内容创新之路怎么走

人民日报社新媒体中心主任丁伟：要守正创新，做"四有"新媒体：坚持内容为王，做到"有料"；坚持贴近群众，做到"有情"；坚持拓展服务，做到"有用"；坚持人民至上，做到"有心"。

新华社新媒体中心主任、党委书记李俊：新华社在探索中总结出内容创新"在场、在线、在理"的新认识。感同身受的在线，是新媒体的基因。搞好网上传播，准确引导舆论而不"翻车"，必须知网民、懂网民，与网民感受同频共振。响应网络新闻热点，首先把功夫下在调研上，第一时间了解网民怎么看、怎么想、怎么说，从中寻找关注点和切入点。

中央广播电视总台融合发展中心主任汪文斌：优质短视频要大题"小"做，细节讲活故事。以小切口呈现大主题，引发舆论共振、共情与共鸣。

经济日报社副总编辑季正聚：无论媒体形态如何发展变化，优质内容永远是舆论场上的"硬通货"。不管媒体融合以何种方式推进，不管互联网的风口如何变幻，优质内容都是我们的核心优势，也是我们的安身立命之本。

湖南广播影视集团（湖南广播电视台）台长、总经理、总编辑龚政文：在内容同质化严重的时代，如何找到核心竞争力和支撑之道，我们认为还是应该坚守高品质、高价值的内容制作传播标准。能够形成购买的传播才是最有效的传播，通过内容变现，让内容产生价值获得回报，才能形成良性循环。

南方报业传媒集团编委、南方＋传媒中心总编辑曹斯：南方＋的内容生产守住的是3个初心坐标，一是国之大，二是省之要，三是民之盼。互联网用户已经进入了存量时代，这更进一步说明主流媒体的命门就在传播力，没有传播力就没有一切，而内容始终是最有价值的投资。

澎湃新闻副总编辑黄杨：主流媒体必须全方位挺进互联网主战场、占领主阵地、掌握主动权。澎湃新闻不断探索将主题报道IP化，原创内容品牌化，通过系列IP运营带来用户黏性、用户增长、播放增长，实现放大声量、"破圈"突围。

重庆华龙网集团党委书记、董事长李春燕：华龙网连续10年共14件作品获得中国新闻奖，其中6件作品获得一等奖。这背后得益于华龙网在内容创新方面的探索实践：紧扣主题，深挖选题；心系百姓，捕捉"活鱼"；技术驱动，赋能精品；革新机制，深融生产；渠道运营，裂变传播；锻造队伍，激发活力。

南京报业传媒集团党委书记、南京日报社社长马正华：要用年轻人喜欢的方式、用他们听得懂的话语体系弘扬主旋律、传播正能量。年轻化不仅仅指内容和活动等传播层面上的年轻化，还需要在产品层面符合青年人的阅读场景、习惯和需求，让年轻用户愿意看、愿意转。

（以上文字摘编自大象新闻、华龙网、新湖南等相关报道）

## 主题四：省级媒体如何成"顶流"

北京市委宣传部副部长，北京广播电视台党组书记、台长余俊生：创新是北京台的发展基因，也是我们永远不变的精神追求，如何让媒体的内容技术优势与商业模式相互催化，产生创新蝶变，实现价值变现，一直是高度重视的战略问题。我们打通政府、媒体和市场之间的资源壁垒，逐步构建起广告、电商培训、版权、文旅等多元营销体系；我们积极拓展

"新闻+"服务，将用户需求转化为品牌优势，有效提升了市场竞争力。

上海报业集团党委书记、社长李芸：锐意创新，开拓前沿新局。在扩大主流价值影响力方面：一要让主力军挺进主战场，重塑主流媒体新格局。二要以高质量赢得大流量，增强主流舆论引导力。三要以融媒发力创新，提升主流队伍融合力。四要以新技术赋能采编，强化主流平台驱动力。勇于改革，主动应事变，才能不断扩大主流价值的影响力。

湖南日报社党组副书记、总编辑、总经理邹继红：坚持创新、改革转型，以深融催生内容生产新生态，聚合加速发展新动能、壮大主流舆论新格局。

湖北广播电视台（集团）党委书记、台长、董事长王彬："长江云"以"新闻+政务+服务"为定位，是全国首个移动政务融媒体平台。未来将强化"长江云"平台服务供给，打造业务更智能、数据更安全、能力更开放的"长江云"平台。

中国记协副主席、黑龙江日报报业集团党委书记、社长张春姣：移动客户端的特性是由互联网的根本属性决定的，内容生产要和互联网跨界、开放、交互的属性共同谋划，在实现媒体自身闭合式的小融合的基础上，走向面向社会的开放式的大融合。

山东广播电视台党委副书记、总编辑周盛阔：改革以来，我们坚持自主研发，推动关键核心技术的突破，让媒体融合走实发展。面对极为严峻的发展态势，我们加速资源整合与重构，积极探索全媒体产业链的运营，不断开发新的利润增长点。

贵州多彩新媒体股份有限公司董事长、总经理毛健：按照开放融合的战略思想，围绕下沉加贴近的运营策略，通过不断的探索，打造本土内容的品牌集群，实现本土内容的供给侧的改革；新的技术方面，加强自研，建立前中后台的技术体系；通过模式上的创新，不断地构建包括科技内容服务在内的供应链体系，为用户提供全生命周期的全媒体的商业服务体系；在生态方面，充分发挥主流媒体的优势，期望实现生态的跃迁，推动区域文化和产业的发展。

广东广播电视台党委书记、台长蔡伏青：传统广电诞生于技术，新兴媒体更加依赖技术，技术始终是广电媒体区别于其他媒体的核心竞争力之一。基于这一认识，我们这几年聚焦技术赋能，打造融媒产业发展体系，建立建设全媒体传播体系，传统端与新兴端都不能少。

四川日报报业集团党委书记、董事长，四川日报社社长陈岚：全域融入现代治理，建设智库驱动的全媒服务体系，把建设智库型媒体作为融合转型的战略工程，深度融入省域治理体系，促进治理能力现代化。构建智库服务矩阵，深入开展智库服务，打造特色鲜明的问、参、论、评4大产业系统，助力各级党委政府和企事业单位解决真问题。

浙江日报报业集团党委委员、副社长，传播大脑科技（浙江）股份有限公司董事长钱伟刚：在互联网上怎样做好内容？打造省市县一体化的全媒体传播引擎，通过用户打通、内容打通和运营打通，构建起省市县一体化的融媒体技术平台，大大加快技术迭代。打造两大传播新平台，全面实现先端后报，移动优先，内容为王，流量说话；全面进行内容工具升级，以直面热点、解剖难点、亮出观点的态度打造新闻精品。

微博政府媒体事务副总裁、微博总编辑陈丽娜：依托当地的优势资源，加强媒体的矩阵账号矩阵化特色化的建设。设计者需要因时、因势、因地制宜，进一步地明确发展定位，以宏观的视野和未来眼光为省级媒体融合发展把舵定向。在新的视角、新的切面中展示地域特色、时代精神、中国力量，推动提升省级媒体在主流媒体中的权威性和影响力。

（以上文字摘编自新湖南相关报道）

中国记协网（2023 年 7 月 20 日）

编辑：吕彩虹　陈果静　张　君

# 全媒体时代"内容为王"依然是不变的黄金法则

**叶文波　饶明康　王江玲　郭浚哲**

7月12日在湖南国际会展中心（芒果馆），中国新媒体大会内容创新论坛顺利召开。中华全国新闻工作者协会、人民日报社、湖南省人民政府新闻办公室相关负责人以及湖南日报社主要负责人出席活动并致辞。

论坛以"坚守初心　内容为本"为主题，内容精彩纷呈、亮点频现。在主题演讲环节，人民日报社新媒体中心主任丁伟，新华社新媒体中心主任、党委书记李俊，中央广播电视总台融合发展中心主任汪文斌，光明日报社副总编辑陆先高，经济日报社副总编辑季正聚，湖南广播影视集团（湖南广播电视台）台长、总经理、总编辑龚政文，南方报业传媒集团编委、南方＋传媒中心总编辑曹斯，澎湃新闻副总编辑黄杨，重庆华龙网集团党委书记、董事长李春燕，南京报业传媒集团党委书记、南京日报社社长马正华为论坛送上精彩的主题演讲。

2023年，是中国媒体融合发展具有里程碑式意义的第十年。10年来，经历了从行业探索到国家战略的夯基筑本阶段，迈过了从物理叠加到化学相融的起柱架梁阶段，迎来了从融合媒体到全媒体的大放异彩阶段。演讲嘉宾说道，全媒体时代，渠道可以改变，平台可以拓展，形式可以创新，但"内容为王"依然是不变的黄金法则，且伴随着媒体深度融合的进程，更显砥柱中流。

"内容生产新空间 融媒发展新动能"圆桌论坛，由中国社会科学院新媒体研究中心副主任兼秘书长黄楚新主持。《侠客岛》工作室负责人、人民日报海外版融合协调部副处长申孟哲，"张扬工作室"负责人、新华社记者张扬，"小彭工作室"负责人、中国日报社记者彭译萱，"晏秋秋工作室"负责人、新民晚报社运营协调部主任晏秋秋，"急先锋"融媒体工作室负责人、安徽交通广播新媒体部主任鲁俊，新浪微博执行总编辑、媒体合作部总经理于琪现场论道。

圆桌论坛结束后，与会嘉宾代表共同开启了"新媒体工作室优秀案例征集展示活动"的大幕，通过发掘一批守正创新、导向鲜明、富有影响力、感染力、号召力的新媒体工作室优秀案例，不断激发主流媒体的内容创新和传播活力，释放融媒发展的新动能，推动主流媒体平台走向深度融合。

此次中国新媒体大会内容创新论坛由中华全国新闻工作者协会、湖南省委宣传部指导，中国记协新媒体专业委员会、湖南省新闻工作者协会主办，人民日报社新媒体中心、湖南日报社联合承办。

极目新闻（2023 年 7 月 12 日）

# 2023 中国新媒体大会
# 国际传播论坛举办

全国各地从事国际传播工作的代表，12 日在长沙共同倡议，携手奏响交响乐、大合唱，全面提升国际传播效能，加快形成同我国综合国力和国际地位相匹配的国际话语权。

在这场以"讲好中国故事　共塑中国形象"为主题的国际传播论坛上，中国外文局局长杜占元，中国记协党组成员、书记处书记田玉红，湖南省委宣传部副部长（兼）、湖南省文化和旅游厅党组书记、厅长李爱武发表致辞，知名媒体人、专家学者、"出海"品牌企业代表等领域相关人士分享了各自面向海外受众发出中国声音，塑造中国形象的创新实践、成功经验和睿智思考。

杜占元说，世界之变、时代之变、历史之变正在以前所未有的方式展开。媒体在"中国走向世界、世界读懂中国"中，肩负着更大的责任。

他指出，国际传播要聚焦中国式现代化，构建具有感染力和说服力的中国叙事，并提出要提升外文网络传播能力，拓展新技术应用，"为中国故事插上新技术的翅膀。"

新华网总编辑钱彤认为，近年来，各级地方媒体、"出海"企业等各方在加强国际传播能力建设方面进行了积极尝试和深入探索。"国际传播这台大合唱，队员越来越多，声部越来越丰富，旋律也越来越绚丽。"

中国日报社副总编辑王浩分享了《中国日报》的"借嘴说话"模式，

指出知华友华爱华护华的外籍人士是讲好中国故事的一支特殊重要力量，"他们'联接中外'的独特视角和表达，让故事的讲述更容易被海外受众接受。"

地方媒体同样积极作为，弘扬中华文化，增进中外交流。深圳广电集团总裁尚博英说，为了破解"讲了传不远"难题，深圳广电集团与各国驻华使馆、媒体机构、深圳"出海"企业等各方广泛合作，形成"多圈层"渠道联盟。"拓宽中国声音'音域'，需要更多的合唱团。"

湖南广播影视集团副总经理徐蓉介绍，湖南广电在海外发行了大量影视作品，其中《理智派生活》作为2021年国内首部被全球最大在线视频平台奈飞采购的作品，登上了奈飞全球热度榜。湖南广电还巧妙运用流行艺术形式，通过"请进来"和"走出去"，组织国内外明星登台表演，叩开海外主流市场大门。

在沙龙对话环节，企业界代表、知名学者围绕中国品牌如何通过新媒体打开海外知名度展开了讨论。他们认同，透过优质品牌产品和服务，通过新媒体传播展现中国的技术水平和现代化程度，以树立品牌形象来提升国家形象。

与会中央和地方媒体代表还共同向新时代国际传播工作者发出《马栏山倡议》，呼吁全国"国传人"秉持中国立场，展现国际视野；讲好中国故事，传播中国声音；发挥融媒优势，助力"破圈""出海"；弘扬中华文明，促进文明互鉴。

此次论坛由中华全国新闻工作者协会新媒体专业委员会、中共湖南省委网络安全和信息化委员会办公室、湖南省广播电视局、湖南省新闻工作者协会主办，新华网、湖南广播影视集团承办，是2023中国新媒体大会的平行论坛之一。

新华网长沙 2023 年 7 月 12 日电

# 2023 中国新媒体大会发布
# 新时代国际传播《马栏山倡议》

7 月 12 日，在 2023 中国新媒体大会国际传播论坛上，中华全国新闻工作者协会新媒体专业委员会联合 21 家国际传播机构发布新时代国际传播《马栏山倡议》。

与会中央和地方媒体代表共同向新时代国际传播工作者们发出呼吁：全国"国传人"应秉持中国立场，展现国际视野；讲好中国故事，传播中国声音；发挥融媒优势，助力"破圈""出海"；弘扬中华文明，促进文明互鉴。

此次论坛由中华全国新闻工作者协会新媒体专业委员会、中共湖南省委网络安全和信息化委员会办公室、湖南省广播电视局、湖南省新闻工作者协会主办，新华网、湖南广播影视集团承办，是 2023 中国新媒体大会的平行论坛之一。

倡议全文如下：

## 让中国故事愈来愈精彩　中国声音愈来愈洪亮
### ——新时代国际传播《马栏山倡议》

新时代国际传播工作者们：

讲好中国故事、传播中国声音，展示真实、立体、全面的中国，塑造可信、可敬、可爱的中国形象，形成同我国综合国力和国际地位相匹配的国际话语权，是新时代加强国际传播能力建设的重要任务。在此我们向全国从事国际传播工作的新闻工作者发出倡议：

秉持中国立场，展现国际视野。我们要立足中国、胸怀世界，以中国视角、世界眼光，加快构建中国话语和中国叙事体系，积极打造融通中外的新概念、新范畴、新表述，广泛宣介中国主张、中国智慧、中国方案，让世界更好读懂中国，为开创人类文明新形态、共建人类命运共同体、弘扬全人类共同价值贡献力量。

讲好中国故事，传播中国声音。我们要努力挖掘生动、鲜活的故事内容，打造精彩、精炼的故事载体，不断提高讲故事的能力水平，着力讲好中国特色社会主义的故事，讲好中国梦的故事，讲好中国人的故事，讲好中华优秀文化的故事，讲好中国和平发展的故事，让新时代中国的声音传得更远、更广、更深。

发挥融媒优势，助力破圈出海。我们要积极适应国际传播领域移动化、社交化、可视化的趋势，实现中国故事全媒体、多形态、矩阵式传播，推进中国声音全球化、区域化、分众化表达，全面提升国际传播效能，不断提高国际传播影响力、中华文化感召力、中国形象亲和力、中国话语说服力、国际舆论引导力。

弘扬中华文明，促进文明互鉴。我们要坚定文化自信，坚守中华文化立场，提炼展示中华文明的精神标识和文化精髓，增强表达底气、提高传播艺术，让世界看到中华文明之美、现代中国之美，以情感沟通、理性说服、价值共鸣，增进文明交流，深化文明互鉴，繁荣各美其美、美美与共的世界文明百花园。

让我们携起手来，奏响交响乐、大合唱，把中国故事讲得愈来愈精彩，让中国声音愈来愈洪亮，向世界发出建设中华民族现代文明的时代强音！

2023 年 7 月

中国长沙马栏山

# 中华全国新闻工作者协会新媒体专业委员会和
# 参与倡议单位名单（21家）

人民日报社新媒体中心

新华网

CGTN

中国日报社新媒体中心

中新网

中国网

湖南广播电视台国际频道

江苏 Now 国际传播中心

浙江广播电视集团海外中心（国际频道）

江西国际传播中心

河南广播电视台国际频道

湖北国际传播中心

广西广播电视台国际频道

海南国际传播中心

重庆国际传播中心

四川国际传播中心

贵州日报国际传播中心

云南省南亚东南亚区域国际传播中心

深圳广电国际传播中心

太原国际传播中心

济南国际传播中心

湖南国际频道（2023 年 7 月 13 日）

# 2023 中国新媒体大会
## "数融新时代　共益新生态"
## 社会责任论坛在长沙举行

**王　嫣　刘志雄**

为进一步推动数字时代媒体深度融合、做大做强主流舆论，7 月 12 日下午，2023 中国新媒体大会"数融新时代　共益新生态"社会责任论坛在长沙举行。

中华全国新闻工作者协会书记处书记苏荣才；中国行业报协会会长张超文；国家乡村振兴局政策法规司副司长曾佑志；中国文明网副总编辑周黎明；中华全国新闻工作者协会新闻培训中心主任、新媒体专委会秘书长陈建平；中共湖南省委网信办副主任刘亚楼；中共河北省委宣传部部务会成员、省记协专职副主席崔文武；中共西藏自治区委员会宣传部副部长普布；浙江广播电视集团党委副书记、总编辑赵磊；湖南出版投资控股集团党委副书记、副董事长、总编辑、总经理，中南出版传媒集团副董事长杨壮；湖南出版投资控股集团党委委员、分管日常工作的副总经理舒斌出席。

媒体大咖主题演讲、2023 中国新媒体公益研修班（第三期）开班、2023 中国新媒体联合公益行动暨优秀案例征集启动……作为今年中国新媒体大会的一场重量级平行论坛，此次论坛精彩纷呈，让人目不暇接。

中央有关部门负责人，中央主要新闻单位、地方新闻单位负责人，新闻院校、研究机构等专家学者，互联网技术公司、商业传播平台代表等近 200 人参加了此次论坛。

## 聚焦：数实融合　服务国家战略

促进数字经济和实体经济深度融合，是党的二十大报告中明确提出的战略任务。如何利用数字技术和新媒体优势推动公益事业向纵深发展、持续释放新的社会价值，成为全行业乃至全社会的重要议题。

论坛上，中央广播电视总台视听新媒体中心副主任杨继红、喜马拉雅副总裁王冬梅、澎湃新闻编委李云芳 3 位主流媒体代表和新平台负责人分别围绕《新媒体人设：AI 态势下的媒体融合创新》《用声音行大爱》《当那些焦急的声音被听见》等主题进行了分享，这些来自不同领域的鲜活案例，感染了在座的每一位观众。

为充分展示新媒体公益的创新理念与生动实践，当天，论坛现场，特别设立了中国新媒体联合公益行动暨优秀公益案例成果展区，利用"红网数字小屏"等新媒体载体向社会公众充分展现新媒体参与社会治理、履行社会责任的生动实践。

## 传承：授人以渔　赋能文化振兴

文物是历史的印记，生动诠释着中华民族文化自信的底气与底蕴。

媒体如何发挥自身作用，让更多受众感受到中华文明的璀璨光芒？论坛现场，哔哩哔哩党委副书记朱承铭，湖南卫视副总监、芒果 TV 党委委员方菲，爱奇艺副总编辑徐铁忠分别就《做好社会公益，履行社会责任》《让青年文化"乐土"成为中华文明"热土"》《以精品内容启智润心汇涓滴之力传递温暖》主题，根据自身所在媒体或平台的特色与创新实践，进行了深入浅出的分享。

随后，在中华全国新闻工作者协会书记处书记苏荣才，北京师范大学中国公益研究院副院长程芬，阿里巴巴公益部副总裁、阿里巴巴乡村振兴基金总经理王威，湖南红网新媒体集团党委书记、董事长贺永祥的共同启动下，2023中国新媒体公益研修班（第三期）正式开班。

### 践行：数字向善　助力乡村焕新

数字乡村是乡村振兴的战略方向，也是建设数字中国的重要内容。媒体如何运用数字力量，助力振兴？

论坛上，新华社新媒体中心全媒创新中心副总召集人、全民拍事业部负责人高洁，新华日报全媒体社会新闻部主任王晓映，阿里巴巴公益部副总裁、阿里巴巴乡村振兴基金总经理王威分别以《全村都在等一场篮球赛》《从东到西：栀子花香可以飘多远》《探索数字化助力乡村振兴之路》为题，进行了生动的分享。

作为本次论坛的一个亮点，会上，中华全国新闻工作者协会书记处书记苏荣才，国家乡村振兴局政策法规司副司长曾佑志，中国文明网副总编辑周黎明，中华全国新闻工作者协会新闻培训中心主任、新媒体专委会秘书长陈建平，湖南省委网信办副主任刘亚楼，湖南出版投资控股集团党委委员、分管日常工作的副总经理舒斌共同启动了"2023中国新媒体联合公益行动暨优秀案例征集活动"，让现场氛围达到了高潮。

据了解，本次活动由中华全国新闻工作者协会、中共湖南省委宣传部指导，中华全国新闻工作者协会新媒体专业委员会、中共湖南省委网络安全和信息化委员会办公室、湖南省新闻工作者协会主办，湖南出版投资控股集团承办，湖南红网新媒体集团执行，旨在交流探索新媒体公益的新模式新方法，共同构建"传递正能量、弘扬主旋律"的社会责任新生态。

红网时刻新闻（2023年7月12日）

参与报道记者：朱丽萍　刘　璇　卢　欣

## 2023 中国新媒体大会技术应用论坛在长沙举行

# 共话智媒体时代新机遇新挑战

**谢　璐**

今天，2023 中国新媒体大会"新智媒　新机遇"技术应用论坛在湖南国际会展中心举行，来自新闻宣传部门、行业组织、新闻媒体等方面的 200 多位嘉宾齐聚长沙，共话智媒体时代新机遇、新挑战。

2023 年是媒体融合发展作为国家战略整体推进的第十年，媒体融合进入了媒体智能化快速发展新阶段，如何运用好人工智能技术为媒体深度融合提供强有力支撑，成为本次论坛探讨的重点。

主题演讲环节，人民网党委委员、董事、副总裁潘健以《建设主流价值语料库　促进 AIGC 安全发展》为题演讲，提出主流价值语料库建设方案与实施路径；新华社技术局研发中心主任、中国新闻技术工作者联合会副秘书长成鹏围绕《以数智化之利　推动媒体生产流程再造》，介绍新华社在数字化智能化技术赋能下衍生出的新生产能力；央视网党委委员、董事、副总经理赵磊发表《AIGC– 智慧媒体的内生动力》主题演讲，系统介绍央视网在 AIGC（人工智能生成内容）技术领域的创新应用。中科闻歌、华为、腾讯 3 家国内头部科技企业，均发布了企业自研的行业大模型与最新的数智技术，进一步助力传媒行业智能化进程。

"智媒新挑战"主题圆桌环节，芒果 TV 副总经理、首席技术官卢海波等来自主流媒体、技术企业的 6 位嘉宾，聚焦智媒时代人与技术之间的协作关系，就强化技术环节"把关人"作用、用主流价值驾驭"算法"、智能化时代人才培养体系建设等智媒体实践中遇到的现实问题进行充分交流讨论。

论坛还举行了 2023 "融媒有技"优秀案例库上线仪式。中国记协新媒体专业委员会于 2023 年 2 月启动 2023 "融媒有技"优秀案例征集展示活动，得到全行业的广泛关注与踊跃支持。该委员会从众多报名案例中首批挑选了在技术赋能媒体方面有代表性的 20 件产品或应用，在论坛上进行发布展示，并同步上线"融媒有技"优秀案例库。

*《湖南日报》*（2023 年 7 月 12 日）

# 让"融服务"创造"新价值"，2023 中国新媒体大会"媒体 +"专题论坛举行

**陈张书　　王春雨**

走过十年，融到深处。7 月 12 日下午，2023 中国新媒体大会"媒体 +"专题论坛在长沙举行。本次"媒体 +"论坛系中国新媒体大会举办以来首次设置，论坛以"融服务　新价值"为主题，设置了"主题演讲"和"圆桌论坛"两大板块，发布了 2023"媒体 +"创新案例库。

"今天，我们探讨'媒体 +'，就是要深入贯彻落实习近平总书记关于媒体融合发展的重要论述，打造汇聚资源、对接需求、赋能治理的服务型全媒体，来一场媒体与党政部门、人民群众的'三向奔赴'，让'融服务'创造'新价值'。"中国记协党组成员、书记处书记吴兢在致辞时指出。

长沙市委常委、市委宣传部部长陈澎认为，在推进深度融合、做强新型主流媒体的探索与实践中，媒体要把主业做强，把数据做活，把服务做优，走出一条数字城市建设与媒体融合发展的"双向赋能"之路。

在主题演讲环节，来自湖南长沙、贵州贵阳、浙江安吉等地的政府部门和媒体单位负责人分享了以"媒体 +"推动媒体深度融合、助力国家治理体系现代化的探索经验。以数据赋能着力打造的"城市服务 + 融

媒体"深度融合平台——"我的长沙"App、聚焦"教业文卫体 老幼食住行"等功能的贵阳"壹刻宝"社区平台以及"爱安吉"新闻客户端等优秀案例，在媒体深度融合道路上的探索与实践，给了现场嘉宾很多启发。

在圆桌论坛环节，北京广播电视台、陕西广播电视台、三明市融媒体中心、江阴市融媒体中心、万达信息、东软集团文化传媒等传媒界、互联网技术企业相关负责人跨界对话，交流"媒体+"融合发展成果，探讨了新媒体发展趋势，共话"融服务，新价值"。

本次论坛由中华全国新闻工作者协会、中共湖南省委宣传部指导，中华全国新闻工作者协会新媒体专业委员会、湖南省新闻工作者协会、长沙市人民政府共同主办，中共长沙市委宣传部、长沙市广播电视台（集团）承办。

《潇湘晨报》（2023 年 7 月 13 日）

# 2023 中国新媒体大会
# 首设"省级融媒创新论坛"，
# 回顾融合成果探索发展动能

**肖依诺　郭薇灿　肖　帅**

7月12日，以"融创新范式区域新主流"为主题，2023中国新媒体大会首次设置省级融媒创新论坛并成功举办。2023年是习近平总书记作出"加快传统媒体和新兴媒体融合发展"重要指示10周年，论坛对过去10年以来省级媒体的融合探索进行集中回顾与梳理总结，并在新的节点凝心聚力、再次出发，继续探索未来融媒发展新模式与新动能。

中华全国新闻工作者协会党组书记、副主席刘思扬与湖南省人民政府党组成员、副省长秦国文为论坛致辞。

刘思扬表示，10年来，在中央顶层设计有力指导推动下，中央和省级主流媒体举全媒之力，谋融合创新，正在走出一条高质量发展之路。主力军全面挺进主战场，一批内容生产能力强、技术引领能力强、舆论引导能力强的新型主流媒体迅速成长。要着力探索推动内部管理体制机制改革，再造策划、采编、播发、反馈全流程，优化组织架构，整合资源配置，建设全媒体人才队伍，推动实现全媒体生产和传播。

媒体融合发展已是大势所趋。面对舆论生态、媒体格局、传播方式发生的深刻变化，秦国文表示，媒体湘军始终坚守主流舆论阵地，在媒体融合赋能高质量发展的答卷上留下了浓墨重彩的湖南印记。希望共同打造省级融媒协作圈，以系统协同构筑全媒体传播生态体系，实现资源共享和优势互补，形成整体联动、差异发展、协同高效的全媒体发展新格局。

国家广播电视总局网络视听司一级巡视员董年初，中华全国新闻工作者协会副主席，黑龙江日报报业集团党委书记、社长张春姣，湖南省委网信办副主任郭天保，湖南省广播电视局党组成员、副局长蒋强先，以及湖南广播影视集团有限公司（湖南广播电视台）党委委员、副总经理、副台长蔡怀军等出席。

此外，各省级融媒创新典型单位的主要负责人与互联网内容平台与科技公司代表也齐聚一堂，分享10年来省级媒体从物理相加到化学相融的众多经验成果，共议未来深融发展的战略方向。

2023中国新媒体大会省级融媒创新论坛上，举行了"省级融媒协作圈"启动仪式。"省级融媒协作圈"将以中国新媒体大会省级融媒创新论坛为平台基础，加强交流合作共享。一是融合经验互享，不定期举行活动交流研讨发展经验，组织媒体融合先进案例学习会，共享互鉴好的创新机制、先进做法；二是人才交流互通，以地域相近为原则，加强互访互通，推动新媒体人才队伍建设；三是产业发展互联，围绕"新闻＋政务服务商务"新模式，取长补短、加强合作，推动省级媒体融合向纵深发展。

## 坚持初心，扩大主流价值影响力版图

从习近平总书记作出"加快传统媒体和新兴媒体融合发展"的重要指示，到主流媒体逐步形成全端全时全覆盖的传播体系，融合10年以来，传播环境与媒介形态早已深刻变革，媒体融合从"选答题"到"必答题"，作为主流舆论场中流砥柱的省级媒体也经历了深度融合与价值再造的过程。

论坛中，中共北京市委宣传部副部长，北京广播电视台党组书记、台长余俊生以"首善标准"解析北京台自有新媒体平台"北京时间"的生成密码，分享了"北京时间"充分发挥首都主流媒体独有优势，以优质内容构筑流量高地、以先进技术夯实转型底座、以持续创新打开未来空间的探索历程。

上海报业集团党委书记、社长李芸围绕上报集团 10 年奋楫，深融致远的实践，坚定转型重塑媒体格局，以内容优势赢得发展优势，不断提升主流媒体集团竞争力。

湖南日报社党组副书记、总编辑、总经理邹继红分享"新湖南"客户端发展壮大的历程以及 AI 所支撑的全媒体智能化、数据化的解决方案，展示湖南日报社以"深融"催生内容生产新动态的成果。

湖北广播电视台（集团）党委书记、台长、董事长王彬介绍了湖北台"主流新表达、传播新矩阵、垂直新生态、发展新格局"的系统构建，表态将强化长江云平台服务供给，推动所有频道频率成为长江云垂直频道和长江号的编辑部，把全台所有新媒体账号纳入长江云品牌朋友圈，努力"在长江云上再造一个湖北广电"。

## 多项并举，走好融媒高质量发展之路

推进媒体融合发展的 10 年，是主流媒体阵地转变、平台跨越与技术创新的 10 年，从报、台到互联网主阵地，深度整合产业资源、全面加强外部合作、坚定自我革新突围，构成了主流媒体应对复杂多元的传播环境、持续发挥影响力的高质量发展基石。

跨域发展，实现优势互补。张春姣以向"智"、向"新"、向"融"为关键词，阐述黑龙江日报报业集团龙头新闻客户端成为东北地区移动传播旗舰的历程，以及龙粤合作"三端四频一微"融媒体平台，探索党媒跨区域联动融合的创新性举措,通过平台管理智能化、传播体系立体化、媒体合作联动化,黑龙江日报报业集团打造"龙头"阵地,构建"龙头+"融媒传播新生态。

平台内容技术产业协同发力,加速建设一流新型主流媒体。山东广播电视台党委副书记、总编辑周盛阔阐述了山东台聚力打造移动内容聚合平台闪电新闻、山东省县级融媒体中心省级技术平台、山东IPTV集成播控平台三大平台,推动主流价值重塑和传播能力升级的探索实践。分享了山东广电引导全台内容创作主体转型,生产导向正确、内容优质、适合不同媒体传播特点的新媒体产品,让正能量实现大流量的融合传播经验。

多维创新,促进高质量发展。贵州多彩新媒体股份有限公司董事长、总经理毛健分享了"多彩新媒"的发展路径,以"开放+融合""下沉+贴近"的方式,多彩新媒5年半完成从公司成立到深交所IPO过会,实现IPTV从传统视听向新视听、新生活方式的全面跃迁,打造全生命周期、全媒体服务体系的"破与立"的加速度故事。

而除了媒体的自我探索,与互联网平台的合作碰撞也激发巨大的创新能量。论坛中,抖音集团副总编辑、媒体合作总经理郎峰蔚分享了抖音与各大媒体平台深度合作、以品质内容撬动亿万关注、推高传播声量的众多案例。

"省级融媒协作圈"启动仪式现场

## 笃行不怠,坚持省媒融合的长期主义

十年深融,十年跨越,融媒发展,久久为功。始终坚守内容为王,才能提升融媒竞争力;搭建并持续运营优质平台,方可实现价值双赢;

对传播环境、技术革新、观众需求的保持持续观察并敢于行动，才能在媒体融合发展路途中始终充能前进。

广东广播电视台党委书记、台长，中国广播电视社会组织联合会副会长，广东南方新媒体股份有限公司董事长蔡伏青展示了大湾区媒体的行动，以"触电"新闻客户端为切入口，分享广东台以技术、文化和服务为新型主流媒体建设赋能，打造湾区融媒新范式，以市场造血实现媒体融合的"敢为人先"的探索。

四川日报报业集团党委书记、董事长，四川日报社社长陈岚表示，四川日报大步挺进互联网主战场，以互联网思维优化资源配置，从一张报纸转变为一个集"纸、端、网、号"于一体的全媒体平台，从以报纸为中心转变为以新媒体为中心，从发行量超 40 万跨越到用户规模超 1.1 亿，从以人为主采写内容跨越到人机协同智能传播，着力打造"智能＋智慧＋智库"的智媒体，构建"全时全面全域"的智媒发展新格局。

浙江日报报业集团党委委员、副社长，传播大脑科技（浙江）股份有限公司董事长钱伟刚分享浙江传媒融合"三步走""三打通"与践行技术引领、迭代与强化技术投入的经验，他特别强调合理增加技术投入在行业竞争中的重要性，描摹奋力跃进省域融媒新格局的浙江实践。

微博政府媒体事务副总裁、微博总编辑陈丽娜分析了微博目前在省域融媒合作中承担的重要角色，探讨了未来各省级融媒体与微博合作的方向及合作模式与内容运营升级。例如，加强媒体账号矩阵化、特色化建设，深化地方传统文化等区域 IP 挖掘包装，弘扬正能量，于新视角、新切面中展示地域特色、时代精神、中国力量等。

融媒十年，笃行致远。在新的起点与全新的"省级融媒协作圈"机制下，省级主流媒体还将不断创新理念与内容，拓展方法与手段，加强体制机制优化，探索融合发展新路径，塑造主流舆论新格局。

红网（2023 年 7 月 12 日）

# "智慧促深融"中国新媒体
# 技术展在长沙举办

**叶文波　饶明康　王江玲　郭浚哲**

7月11日至13日，以"智慧促深融"为主题的2023中国新媒体技术展，在湖南国际会展中心（芒果馆）举办。

2023年，媒体融合发展走过10年，以AIGC（人工智能生产内容）为代表的人工智能技术加速迭代演进，媒体融合进入媒体智能化快速发展新时代。中国新媒体技术展作为2023中国新媒体大会主题活动之一，是大会贯彻落实中宣部关于数字赋能媒体融合发展指示精神的创新举措。

活动现场

2023 中国新媒体技术展旨在打造新技术、新应用、新场景展示交流合作的平台，服务媒体深度融合发展。展会聚焦人工智能与媒体深融、城市运营与媒体工具两大"技术场景"，集中展示和探讨智慧媒体如何利用智媒技术延伸"脚力"、提升"眼力"、增强"脑力"、创新"笔力"，用主流价值导向驾驭"算法"，全面推进媒体融合高质量发展，助力推动以内容建设为根本、先进技术为支撑、创新管理为保障的全媒体传播体系建设。

技术展上，新华社、中央广播电视总台、中国传媒大学旗下国家重点实验室；人民日报、湖南广电、新华报业、浙江日报、贵州日报、深圳广电、南方报业、长沙广电（微链科技）、无锡广电等智慧媒体；华为、东软集团、新奥特、中科闻歌、格非、拓尔思、百度、腾讯、抖音、新华智云、南京硅基、中科汇金、科大讯飞、中国搜索、深信服等智媒技术企业；以及"科技 + 文化"马栏山文创园企业将携自主研发的新技术精彩亮相，展示智媒技术赋能媒体深融的新应用、新场景。

为提升行业引领性和权威性，中国新媒体技术展组委会将与中国传媒大学媒体融合与传播国家重点实验室新媒体研究院，联合出品《中国智能媒体创新发展报告（2023—2024）》。该报告持续聚焦中国智媒创新发展赛道，记录中国智媒成长风雨历程，解析研判中国智媒发展突围之路，深入挖掘中国智媒案例经验，共同见证中国智媒的创新力量和无限潜能。

本届技术展由中国记协、湖南省委宣传部指导，中国记协新媒体专业委员会、湖南省广播电视局、湖南省记协、长沙市人民政府共同主办，湖南广播影视集团（湖南广播电视台）、中国（长沙）马栏山视频文创产业园承办，中国新闻技术工作者联合会协办，湖南国际会展中心有限公司策划运营。

极目新闻（2023 年 7 月 11 日）

# 新媒体爆款是怎样炼成的？
# 2023 中国新媒体大会
# 这场培训干货满满

邓正可

7月11日，2023中国新媒体大会"强'四力'促深融"专题培训班在长沙开班。培训为期一天，全省宣传系统280多名负责人和采编人员参加。

徐丹、张洪忠、张磊、杨川源4位业界和学界的专家学者结合新闻实践和鲜活案例，从策划创意、传播规律、大数据赋能、用户思维、报道创新等角度分享了打造主流爆款的新媒体做法和经验，探讨媒体融合发展的规律

2023 中国新媒体大会"强'四力'促深融"专题培训班现场（傅聪　摄）

人民日报社交媒体运营室主编、高级编辑徐丹讲课（傅聪　摄）

北京师范大学新闻传播学院院长、北师大新媒体传播研究中心主任张洪忠讲课（傅聪　摄）

湖北日报融媒体中心负责人张磊讲课（傅聪　摄）

和趋势。

"文字、图片、音频、视频、直播等媒介形态需要在移动互联网语境下被重新定义。"人民日报社交媒体运营室主编、高级编辑徐丹以《中国一点都不能少》《丫丫回家了》《生死金银潭》《中国一分钟》等海报、漫画、主题短视频、纪录片、互动 H5 等作品为案例，分享人民日报媒体融合十年取得的丰硕成果，探析用户至上的新兴媒体传播规律，以及如何进一步推动新媒体实现高质量发展。

"请介绍一下 2023 年中国新媒体大会。"输入指令 3 秒钟后，一条信息准确、逻辑清晰的消息出现在大屏幕上。北京师范大学新闻传播学院院长、北师大新媒体传播研究中心主任张洪忠以当下最热的 ChatGPT（聊天生成预训练转化器）为例，讲解了 GPT 大模型目前在文本、视频、图像、音频与跨模态生成等方面的应用，并分析了语言大模型为媒体、教育、金融、文娱、广告等不同领域带来的机遇和挑战。

"没人看的新闻千条万条也是白条，没人听的宣传千讲万讲也是白讲。"湖北日报融媒体中心负责人张磊结合新媒体矩阵建设的实践，以大量生动的短视频案例分析移动互联网时代爆款的底层逻辑、制作和传播规律，阐述主流媒体接地气的重要性，探寻进一步提升党报新媒体传播力、引导力、影响力、公信力的科学路径。

"我所理解的中国新闻奖是业务的进取力、职业的影响力、改革的推动力、人生的成长力。蹲是方法、是态度、是作风、是能量。"浙江广电集团融媒体新闻中心主任助理、高级记者杨川源结合创作经历重点分享了连续获中国新闻奖的秘诀，讲述了沾泥土、带露珠、冒热气、暖人心的新闻是如何"蹲"出来、"挖"出来的。

湖南日报经济频道记者于淼表示，本次学习让她更加理解媒体深度融合的含义，认识到新媒体与受众进行情感连接的重要性。"张洪忠老师现场展示人工智能写作，讲解技术背后的逻辑，让我感到记者也要加强理科知识的学习，让新技术更好地为我所用。"

浙江广电集团融媒体新闻中心主任助理、高级记者杨川源讲课（傅聪　摄）

"'融媒体的一个重要传播模式是服务用户'这一观点给我留下了深刻印象。县级融媒体中心最有机会听到最真实最一线的群众声音，也有优势、有能量通过打通信息沟通渠道、搭建意向交流平台等，推动解决群众急难愁盼的问题，做有温度的服务也能让县级融媒体中心吸粉能力更强，更牢固地守好基层主流舆论阵地。"长沙市芙蓉区融媒体中心工作人员邓蓓莉说。

"我从中学习了主流媒体运用新媒体开展重大主题报道的方式，还了解了最前沿的人工智能技术在媒体领域的运用等。"怀化市靖州融媒体中心党组书记、主任王纯一表示，此次培训班的授课内容专业性、指导性很强，老师们结合大量生动案例深入浅出的讲解让他很受启发。

"此次学习让我认识到，将'四力'贯穿于融合发展全过程，就要将内容建设作为根本，把笔触和镜头对准基层，以清新自然的文风推出更多优秀的新闻作品，做好内容的技术呈现，让用户获得更多健康、全面的信息。"湖南出版投资控股集团党委宣传部副部长田毗说。

此次培训班由中国记协新媒体专业委员会、湖南省新闻工作者协会主办，中国记协新闻培训中心、湖南日报社承办。

《湖南日报》(2023 年 7 月 13 日)

# 2023 中国新媒体大会 "马栏山时间"文创活动 "AIGC 发展与机遇"高峰论坛举行

　　7 月 13 日上午，2023 中国新媒体大会之"马栏山时间"文创活动在马栏山视频文创园创智园 1 号演播厅举行。中华全国新闻工作者协会党组成员、书记处书记吴兢，国家广播电视总局发展研究中心党委书记、主任祝燕南出席。湖南省广播电视局党组书记、局长贺辉，长沙市委常委、市委宣传部部长陈澎出席并致辞讲话。

　　活动以"数实相生　智创视界"为主题，分为科技文化展和"AIGC 发展与机遇"高峰论坛两个部分。科技文化展聚焦"牢记总书记嘱托加快建好马栏山"和"技术服务内容　内容服务人民"两个主题，全方位展示在习近平总书记亲切嘱托指引下，园区在产业技术底座建设以及经典电影 4K 修复、人工智能实时手语播报、4K 超高清视频技术等方面成果和作品，集中展示华为云音视频产业创新中心、创梦天地、中影年年、蓝亚盒子、维智科技等园区头部企业在产业技术底座、产业平台建设、内容生产的 AIGC 技术应用等方面的创新成果，参观人员在现场可沉浸式体验裸眼 3D 数字人互动装置、元宇宙空间等数字文创成果。

　　"AIGC 发展与机遇"高峰论坛聚焦视频文创产业发展新趋势，通过现场推介、主题演讲、圆桌对话、展示互动等方式，宣传推介马栏山发展的新机遇、新优势和投资的新机会，并探讨视频文创产业如何抢抓

AIGC 技术，增强内容创意、提升生产质效，促进视频文创产业与 AIGC 深入融合、和谐共生。

陈澎在致辞中指出，在中国新媒体大会召开之际，园区举办"数实相生　智创视界"马栏山时间文创活动，是全面贯彻党的二十大精神，落实习近平总书记重要讲话指示精神，加快推进媒体深度融合的重要实践和具体举措。两年多来，园区坚持"文化＋科技"发展方向，集聚了一批内容和技术创新能力较强的文化科技企业，形成了以高新视频为特色，内容、制作、储存、播发、交易全链条的数字文化产业生态。

他表示，未来，马栏山将把发展人工智能作为优先战略选择，不断强化创新资源、应用示范、政策供给和人才集聚，开放更多应用场景，推动协同创新，为推动人工智能时代媒体行业变革与深度融合发展探索新路径，为加快打造具有全球影响力的数字视频产业链基地和媒体融合新地标，建设中华民族现代文明贡献马栏山力量。

贺辉对各位领导和来宾的到来表示诚挚的欢迎，并对马栏山时间文创活动之 AIGC 发展与机遇高峰论坛的盛大开启表示热烈的祝贺。他表示，近年来，湖南省大力推动文化数字化战略，马栏山作为湖南省乃至全国视频文创产业的前沿阵地，以"守正创新"点题，积极推进文化数字化战略，在人工智能领域取得了多项发展成果。

他强调，在新一轮数字化科技革命和产业变革中，园区要坚持人才为本，打造数字化人才高地。健全完善数字化人才培养工作机制，完善人才"引育留用"政策体系，加速数字化人才在马栏山聚集。要坚持内容为王，创新内容表现形式。坚持以社会主义核心价值观为引领，借助人工智能浪潮的东风，使内容"靓起来"，更要"火起来"。要坚持科技为翼，建强数字化技术支撑。加快推进数字基础设施建设，不断释放人工智能效能，以先进技术为内容生产提供强大支撑，推进媒体融合向纵深发展，力争将马栏山打造成全国"规模最大、种类最全、质量最高、成本最低、速度最快"的文化产业数字化园区，成为"具有全球影响力的数字视频产业链基地和媒体融合新地标"。

马栏山（长沙）视频文创园党工委副书记、管委会主任易鹰在推介致辞中指出，马栏山在战略机遇、资源禀赋、产业生态、服务品质四个方面拥有天生优势，是创新创业创富的天然沃土。他诚挚希望各位企业家和朋友们来马栏山投资兴业并且安居乐业，成为马栏山的"合伙人""一家人"。园区将以最优环境、最好政策、最高礼遇，让每一位创业投资者在马栏山创业一路顺心、办事一路"绿灯"、发展一路长虹！

现场还举行了园区重点招商企业签约仪式。马栏山（长沙）视频文创园党工委委员、管委会副主任胡朝晖代表园区管委会，现场与华为技术有限公司、博特智能科技有限公司等 6 家企业现场签约。本次签约的项目，包括了技术研发、内容制作、数字营销等领域，是马栏山深化"文化 + 科技"融合发展的又一重大成果，必将助力马栏山进一步延长产业链、丰富产业生态。

在主题演讲环节，马栏山（长沙）视频文创园首席专家周苏岳，芒果 TV 智能算法部多媒体算法负责人杨杰，华为云计算技术有限公司华为云 EI 产品总监吴雷，摩尔线程摩尔学院院长李丰，蓝亚盒子科技有限公司创始人、董事长谢成鸿，维享时空信息科技有限公司 CEO 范晓，分别以《马栏山大模型 +AIGC 生态架构》《AIGC 在芒果 TV 的应用实践》《盘古大模型，传媒领域新的动力引擎》《全功能 GPU 助力生成式 AI》《LAYABOX：AIGC 时代元宇宙核心技术探索者》《基于空间计算和 AIGC 的空间编辑与数智运营平台》为主题进行了现场分享。

圆桌论坛以"大模型 +AIGC 产业机遇"为主题，由周苏岳主持，邀请了湖南出版投资控股集团有限公司党委委员、中南出版传媒集团股份有限公司副总经理梁威，中广天择传媒股份有限公司常务副总经理、湖南马栏山天择微链科技有限公司董事长关敬蓉，创壹科技文化有限公司联合创始人、CEO 梁子康，中影年年文化传媒有限公司合伙人、CTO 苑朋飞，马栏山视频先进技术研究院有限公司副总经理谢松县出席，探索前沿趋势、凝聚创新思维、共谋产业发展。

此外，祝燕南在会上发布了 2023 马栏山指数阶段性成果，深度解读视频文创产业的创新指标，揭示产业发展的新动向和前沿领域，为视频文创产业相关的政府决策和市场主体发展提供有效参考。

本次活动由中华全国新闻工作者协会、中共湖南省委宣传部、长沙市人民政府指导，中共长沙市委宣传部主办，马栏山视频文创产业园承办。来自省市有关部门、中央和地方新闻单位、网站平台、研究机构、新媒体企业代表和园区头部视频文创企业代表等共计 200 余人参加。

湖南日报·新湖南客户端（2023 年 7 月 13 日）

## 湖南加快推进媒体融合纵深发展

# 打造新型传播平台　建设新型主流媒体

**颜　珂　王云娜**

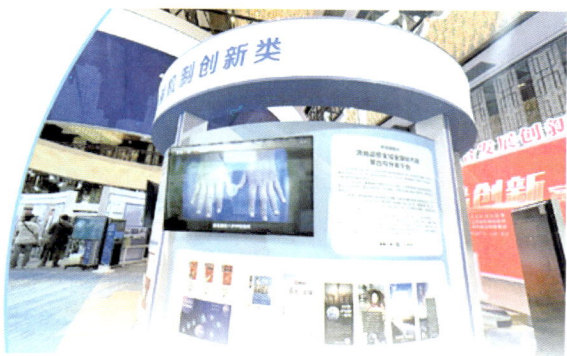

6月27日，第二届中国报业创新发展大会在南京召开，潇湘晨报展出了深度融合发展创新成果（潇湘晨报社供图）

又到水稻丰收季。在东非岛国马达加斯加马义奇镇，杂交水稻田内迎来了忙碌喜悦的人们。其中的稻种，来自万里之遥的中国湖南……

前不久，一段名为《走进非洲丨马达加斯加：一粒稻种的万里行程》的新闻视频，在第三届中非经贸博览会开幕前夕亮相。杂交稻种里的湖南故事，勾连起跨越山海的万里情谊。

这是中非友谊篇章下的一抹"剪影"，浸润浓浓的湖南元素，也是媒体融合浪潮下的一朵小"浪花"，展现湖南媒体人的创新活力。

湖南认真贯彻落实习近平总书记关于媒体融合发展的重要论述，加快推进媒体融合纵深发展，打造新型传播平台，建设新型主流媒体，扩大主流价值影响力，着力探索媒体融合发展的"湖南路径"。

## 坚持内容为王，加强优质内容生产

湖南日报社"出海记"融媒体报道团队到马达加斯加采访（湖南日报社供图）

《走进非洲丨马达加斯加：一粒稻种的万里行程》，源自湖南日报社《出海记·走进非洲》大型国际传播融媒体报道。

第三届中非经贸博览会，恰逢共建"一带一路"倡议、真实亲诚对非政策理念和正确义利观提出 10 周年。特殊时间节点下，新闻报道如何出新出彩？

3 批记者，6 个非洲国家，万里行程。2023 年 3 月至 4 月，湖南日报社"出海记"融媒体报道团队走进非洲，紧扣湖南积极参与"一带一路"建设，特别是中非合作的生动实践，选取杂交水稻、基建、工程机械、电商等特色元素，推出《出海记·走进非洲》大型国际传播融媒体报道，从"读""看""听"3 方面为受众带来沉浸式体验。

截至目前，该系列报道已密集推出 12 个整版图文报道、9 期中视频、40 多个短视频，以及 H5、手绘长卷、海报等系列新媒体产品，全网阅读量破 10 亿次，为第三届中非经贸博览会烘托了良好氛围，形成了舆论声势。"这是媒体深度融合能力的检阅，也是媒体深度融合效果的展现。"湖南日报社有关负责同志说。

湖南坚持内容为王，用好新媒体技术手段，不断创新表达，省内各媒体加强精品工程建设，持续加强优质内容生产，打造"领航新征程""思想领航"等一批全媒体品牌栏目节目，推出一批群众喜闻乐见、适于网络传播的融媒体产品，不断提升传播力、引导力、影响力、公信力。

湖南省广播电视台（以下简称"湖南广电"）每年确定一个主旋律创作主题，近年来主投主控，

湖南推出的相关节目栏目海报

连续打造"脱贫攻坚三部曲""庆祝建党百年交响乐""奋进新时代洪波曲""新征程上谱新篇"等系列年度主题创制，包括新闻片《给青年的信》《国之大者》、理论片《十讲二十大》、影视剧《麓山之歌》《底线》《问苍茫》、综艺《声生不息》、纪录片《中国》等 52 部作品。目前，湖南广电已是国内主投主控主旋律作品规模最大的省级广电媒体。

湖南推出的相关节目栏目海报

"潇湘晨报·晨视频"把优质内容可持续供给作为工作重心，做大短视频、长视频、H5 等融媒体产品增量。今年 3 月，"飞向北极——跟着候鸟去迁徙"大型融媒体报道，综合运用短视频、直播、深度报道等多种方式，以候鸟迁徙之路展现"守护好一江碧水"的中国故事、湖南担当，全网浏览量超过 2 亿次。

2018—2022 年，湖南省共有 66 件作品获中国新闻奖，其中有 21 件新媒体作品获奖，6 件新媒体作品获一等奖。

## 坚持技术引领，创新赋能融合发展

"让我们的笑容，充满着青春的骄傲，让我们期待明天会更好！……"6月3日晚，湖南卫视、芒果TV双平台共创的音乐文化交流节目《声生不息·宝岛季》收官，台上台下共唱经典歌曲《明天会更好》。节目累计视频播放量86.9亿次，微博主话题阅读量达85.6亿次；除内容深入人心之外，4K高清画质等技术"硬实力"同样广获好评。

节目实现4K画质，难点在成本控制。《声生不息·宝岛季》设置拍摄机位超过100个，4K画质视频拍摄、传输和制作成本巨大。湖南广电通过自主研发的光芒5G密集传输系统和光芒云制播系统，突破了4K拍摄传输制作成本极高的瓶颈问题——在节目现场就能实现视频数据同步上云，在云端制作审核和分发真4K超高清综艺节目，比过去的线下生产模式，成本节约了近九成。

"新媒体的故事始于新技术。"湖南广电相关负责人告诉记者，近年来湖南广电将新技术的触角延伸至各领域，依托近700人的技术团队，实现了长视频最复杂的新技术应用，打磨了《中国》《舞蹈风暴》《声生不息》等一批极致视听享受的内容精品。

## 主动拥抱新技术，才能在数智化转型中赢得未来

湖南广电自主研发的AIGC（人工智能生产内容）视频自动拆条技术，提高视频的转化率和吸引力，极大提升短视频制作能力，日产可突破6000条。其旗下5G智慧电台运用AIGC技术，5分钟生成一家电台，实现音频内容分发创新，现已签约全国946家电台。AIGC系统已帮助湖南广电减少了50%的运营人工成本。

## 技术引领，创新赋能，融合发展

红网充分利用人工智能、移动网络及新兴媒体技术，以技术变革带动理念革新。党的二十大召开期间，红网精心推出《总编辑面对面》，运用"5G+AI+数字人动作捕捉+AR"技术逻辑，以红网、时刻新闻总编辑的全真数字分身作为栏目主持人，与党的二十大代表进行远程连线。真人与"数字人"同上一屏、双界呈现，进行实时"面对面"交流。

创新赋能下，湖南不断拓展媒体服务功能。围绕解决农产品销售难问题，湖南省委宣传部指导芒果超媒、红网打造"芒果振兴云超市""湘农荟"等公益助农直播营销平台，卖火了炎陵黄桃、保靖黄金茶等农特产品，2022年助力炎陵县近4万名桃农人均增收1.2万元。

## 坚持一体发展，优化流程再造平台

"连推'十二个不得'，条条直指症结，招招命中靶心，让久为'文山会海'所困的干部为之叫好……"7月9日，"指点"微信公众号刊文《辛小湘｜整治"文山会海"，湖南再出重拳》，语言简洁有力，读来酣畅淋漓。

运营"指点"微信公众号的是湖南省委机关刊《新湘评论》杂志社。《新湘评论》原是一本半月刊杂志，如今加速多平台发展，打造"一刊一网三微多平台"全媒体传播矩阵。

湖南坚持一体化发展方向，通过流程优化、平台再造，实现各种媒介资源、生产要素有效整合，催化融合质变，放大一体效能，打造新型主流媒体。

湖南日报社以机构优化为切入口，推动新闻生产组织架构的调整与优化，建立适应全媒体生产传播发布运营的一体化组织架构。以部门设置为例，湖南日报社按照新媒体内容生产的垂直细分要求，对延续多年围绕报纸生产形成的部门架构进行改革优化，重新调整设置 8 个频道、6 个中心。湖南日报社所有采访力量迁移到新湖南客户端的相应频道，新湖南客户端原有采编人员融入湖南日报社全媒体报道团队。此外，新组建的频道和中心实行扁平化管理，采编、美工、视频、技术、运营等人才既相对集中又灵活机动，力争实现一支队伍服务多个平台，一个平台上有多支队伍。

湖南广电多年之前便举全台之力开办芒果 TV，推动传统媒体与新媒体融合发展。2022 年 3 月起，为了更好履行党媒职责使命，湖南广电推进湖南卫视、芒果 TV 双平台深度融合，完成综艺节目、电视剧、广告等板块的资源要素整合和机制融合，媒体融合从物理层面走上价值层面，构建起更具价值引领的全媒体传播生态，释放出巨大融合效应。在内容规划上，双平台实现统一谋划、统一运作。

湖南省委、省政府把推进媒体融合发展作为文化强省建设重要内容，写入全省"十三五""十四五"规划纲要，印发关于推动传统媒体和新兴媒体融合发展的实施方案、关于加强县级融媒体中心建设的实施方案等文件，加快推进媒体融合纵深发展，着力构建省、市、县布局合理的全媒体传播体系。目前，全省 123 个县级融媒体中心全部建成，永州、张家界市级媒体深度融合发展试点建设也正加快推进中。

《人民日报》（2023 年 7 月 12 日）

## 湖南扎实抓好县级融媒体中心建设

# 高质量融合　高效率服务

### 孙　超

能写稿、会拍片，能出镜、会直播，全媒体时代越来越需要技能多样的青年记者。近年来，湖南加快推进媒体深度融合发展，打造层次分明、结构合理的人才梯队架构，构建装备齐全、技术先进、开放融合的媒体矩阵。全省123个县级融媒体中心不断创新方式方法，围绕更好引导群众、服务群众发挥更大作用。

前不久，在湘西土家族苗族自治州吉首市河溪镇河溪社区，社区第一书记张申蓉在黄桃基地进行直播。虫鸣鸟叫、绿意盎然的乡村画面，吸引了近4万人观看。

这段直播来自湖南各县级融媒体中心携手打造的融媒产品《小镇新青年·奋进新时代》。"这几年，小镇青年备受社会关注。他们扎根故乡、发挥所长，为乡村振兴贡献力量。"湖南日报社机构融媒体中心负责人唐志军说："我们邀请一批优秀的小镇青年出镜讲述他们自己的故事，起到了良好效果。"

《小镇新青年·奋进新时代》一炮打响，湖南各县级融媒体中心持续发力，擦亮"小镇新青年"融媒体品牌，先后推出28个主题专栏、近550件原创作品，让党的好声音深入基层、深入群众。

县级融媒体中心大多由多家县级新闻单位融合组建而成，怎么"融为一体、合而为一"？

走进浏阳市融媒体中心，架构一体化、流程项目制的改革探索，令人印象深刻。浏阳市融媒体中心整合内部平台、市场、人才等资源，实行中心与集团"一个党组、两个机构、一体运行"的管理模式。"我们按照事业性质、集团运行、绩效管理模式，打破事业单位工资结构和身份限制，极大提升了员工工作积极性。"浏阳市融媒体中心负责人说。

顺应移动互联网时代大潮，进一步巩固壮大基层宣传文化阵地，湖南各县级融媒体中心通过省级技术平台"新湖南云""红网云"赋能，构建包括"端网微台"等多形态终端的传播矩阵。各县级融媒体中心 App 下载量和日活率不断提升，部分地区已达到或超过县域常住人口的 25%。

为支持传统广播"焕发新生"，湖南省委宣传部为 84 家具备条件的县级融媒体中心统一配置了"5G 智慧电台"系统，不断延伸服务触角，成为县域主流媒体阵地生力军。

年久失修坑坑洼洼，一遇下雨更难以通行——浏阳市集里街道西湖村村民周早清前不久用手机拍下自己走过的一条背街小巷，并通过"村（居）民联系服务群众"小程序上报。没过多久，在街道、住建部门等的联合协调下，这条小巷被纳入全市背街小巷微改造项目。为这套诉求交办系统提供技术支持的是浏阳市融媒体中心。"县级融媒体中心是基层社会治理的重要抓手。"浏阳市融媒体中心负责人说："近年来浏阳市融媒体中心深度参与智慧城市和大数据建设运营，开发建设运营了政务办理、信息发布、学习购物等系列便民利民智慧项目 28 个。"

扎根基层，引导群众，服务群众，县级融媒体中心虽小，却也能够大有可为。

在常德市鼎城区，区融媒体中心运管的"鼎级商城"已成区域内知名电商平台。该中心把直播间搬到田间地头，曾在不到 2 小时内，在线销售荸荠 6000 多公斤；在洪江市，市融媒体中心打通宣传群众、服务群众的"最后一公里"，打造多个志愿服务品牌，已累计开展理论政策宣讲 500 余场次，志愿服务活动 1560 余场次，支农服务 1800 余次，为群众解决实际问题 2100 多个。

《人民日报》（2023 年 7 月 12 日）